Kohlhammer

Die Autoren

Dr. Petra Thees und Lutz Karnauchow engagieren sich seit vielen Jahren für die Themen Alter und Altenpflege. Ende der 1990er Jahre erkannten sie, dass eine Pflege erforderlich ist, die Menschen nicht nur versorgt, sondern ihnen auch hilft, so selbstständig wie möglich zu leben. Mit ihrem gemeinnützigen Unternehmen domino-world und einem eigenen Betreuungskonzept gehen sie seitdem erfolgreich neue Wege. Aktuell beschäftigen sie über 800 Mitarbeitende, die täglich mehr als 2.500 alte Menschen in Berlin und Brandenburg betreuen.

Dr. Petra Thees ist 1963 in Bergen/Rügen geboren und hat 1988 in Linguistik promoviert. Seit 1992 arbeitet sie für domino-world und führt seit 2020 die Geschäfte als Vorstand.

Lutz Karnauchow, Jahrgang 1953, gründet domino-world 1982 nach dem Psychologiestudium an der FU Berlin. Parallel führt er fünf Jahre lang eine eigene Praxis für systemische Familientherapie und Gesprächspsychotherapie. 2020 übergibt er sein Vorstandsamt bei domino-world an Dr. Petra Thees und wird Vorstand der gemeinnützigen domino-coaching Stiftung.

Thees und Karnauchow sind verheiratet und leben in der Nähe von Berlin.

Lutz Karnauchow
Petra Thees

Alt, fit, selbstbestimmt

Warum wir Alter ganz neu denken müssen

Verlag W. Kohlhammer

Dieses Werk einschließlich aller seiner Teile ist urheberrechtlich geschützt. Jede Verwendung außerhalb der engen Grenzen des Urheberrechts ist ohne Zustimmung des Verlags unzulässig und strafbar. Das gilt insbesondere für Vervielfältigungen, Übersetzungen, Mikroverfilmungen und für die Einspeicherung und Verarbeitung in elektronischen Systemen.

Pharmakologische Daten, d. h. u. a. Angaben von Medikamenten, ihren Dosierungen und Applikationen, verändern sich fortlaufend durch klinische Erfahrung, pharmakologische Forschung und Änderung von Produktionsverfahren. Verlag und Autoren haben große Sorgfalt darauf gelegt, dass alle in diesem Buch gemachten Angaben dem derzeitigen Wissensstand entsprechen. Da jedoch die Medizin als Wissenschaft ständig im Fluss ist, da menschliche Irrtümer und Druckfehler nie völlig auszuschließen sind, können Verlag und Autoren hierfür jedoch keine Gewähr und Haftung übernehmen. Jeder Benutzer ist daher dringend angehalten, die gemachten Angaben, insbesondere in Hinsicht auf Arzneimittelnamen, enthaltene Wirkstoffe, spezifische Anwendungsbereiche und Dosierungen anhand des Medikamentenbeipackzettels und der entsprechenden Fachinformationen zu überprüfen und in eigener Verantwortung im Bereich der Patientenversorgung zu handeln. Aufgrund der Auswahl häufig angewendeter Arzneimittel besteht kein Anspruch auf Vollständigkeit.

Die Wiedergabe von Warenbezeichnungen, Handelsnamen und sonstigen Kennzeichen in diesem Buch berechtigt nicht zu der Annahme, dass diese von jedermann frei benutzt werden dürfen. Vielmehr kann es sich auch dann um eingetragene Warenzeichen oder sonstige geschützte Kennzeichen handeln, wenn sie nicht eigens als solche gekennzeichnet sind.

Es konnten nicht alle Rechtsinhaber von Abbildungen ermittelt werden. Sollte dem Verlag gegenüber der Nachweis der Rechtsinhaberschaft geführt werden, wird das branchenübliche Honorar nachträglich gezahlt.

Dieses Werk enthält Hinweise/Links zu externen Websites Dritter, auf deren Inhalt der Verlag keinen Einfluss hat und die der Haftung der jeweiligen Seitenanbieter oder -betreiber unterliegen. Zum Zeitpunkt der Verlinkung wurden die externen Websites auf mögliche Rechtsverstöße überprüft und dabei keine Rechtsverletzung festgestellt. Ohne konkrete Hinweise auf eine solche Rechtsverletzung ist eine permanente inhaltliche Kontrolle der verlinkten Seiten nicht zumutbar. Sollten jedoch Rechtsverletzungen bekannt werden, werden die betroffenen externen Links soweit möglich unverzüglich entfernt.

Titelbild: © piai - stock.adobe.com

1. Auflage 2025
Alle Rechte vorbehalten
© W. Kohlhammer GmbH, Stuttgart
Gesamtherstellung: W. Kohlhammer GmbH, Heßbrühlstr. 69, 70565 Stuttgart
produktsicherheit@kohlhammer.de

Print:	ISBN 978-3-17-045381-4

E-Book-Formate:
pdf:	ISBN 978-3-17-045382-1
epub:	ISBN 978-3-17-045383-8

Inhalt

Einladung zu einem neuen Blick aufs Alter 11

1 Alter ist nichts wert 17
   Ein Versuch, Alter zu definieren 18
   So sehen wir (und andere) das Alter 20
   Unser Denken und unsere Sprache sind altersfeindlich 22
   Was wir erwarten, geht in Erfüllung 24
   Wir denken uns alt 28
   Warnhinweis: Leben ist riskant 30

2 Diese Pflege braucht kein Mensch 33
   Immer mehr Pflegebedürftige, dank Demografie und Politik 34
   Man pflegt Hobbys, Räume und Menschen 36
   Eine kurze Geschichte der Altenpflege 37
   Achtung, hier pflegen Laien 40
   Der angebliche Mangel an Geld und Personal 41
   Ein Konzept für alle, wirklich alle Fälle 45
   Was die Pflegeversicherung leistet (und was nicht) 49
   Sprache ist verräterisch, auch in der Altenpflege 50
   Hier liegt (im Sinne des Wortes) das Hauptproblem 53
   Bis hierhin wenig Gutes über die Pflege 57

3 80 ist das neue 60 59
   Alter ist nur eine Zahl, die Stars machen es vor 60
   Von Generation zu Generation fühlen wir uns immer jünger 62

Inhalt

Nie mehr arbeiten – wirklich ein Traum? 66
Platz da, hier kommen die echten Influencer 68
Glück ist (k)eine Frage des Alters 70
In den „Blauen Zonen" blüht das Alter 75
Lang, länger, Longevity 77
Weniger Beige, mehr Mick Jagger und Iris Apfel 80

4 Lang lebe die Reha 83
Reha im Wandel: Liegen ist out, Bewegen ist in 84
Muskelzellen scheren sich nicht um unser Alter 87
Die beste Medizin der Welt kostet so gut wie nichts 90
Der Wunderstoff aus dem körpereigenen Apothekenschrank 95
Auch das Gehirn lässt sich trainieren 97
Bewegung als Antidepressivum ohne Nebenwirkungen 102
Motivation ist (fast) alles 107
Im Alter werden wir weise statt dumm 115

5 Unser Weg der Erkenntnis 121
Lutz liest Marx und landet im Ghetto 122
„Erfindung" der häuslichen Pflege, Putschversuch und Mauerfall 123
Auf der Suche nach dem Schlüsselproblem 126
Endlich wirkt der USP – aber anders als gedacht 133
Eine Stiftung soll den Durchbruch bringen 135
Und sie bewegt sich doch, die Pflegewelt 137

6	Alles beginnt mit Kommunikation	141
	Altes Paradigma raus, neues Paradigma rein	142
	Entwicklung geht immer, in jedem Alter	145
	Jeder Mensch ist liebenswert, auf seine Art	147
	Was die Mitarbeitenden davon halten	150
	Auf Augenhöhe mit dem Patienten sein – wie beim Tanzen	153
	Besser verstehen, was der Patient wirklich sagt	162
	Offene Fragen bringen Gedanken und Gefühle ans Licht	167
7	Training bringt den Erfolg	171
	Erste Phase: Wir erfassen den aktuellen Zustand und die Entwicklungsgeschichte der Patienten	173
	Zweite Phase: Wir bewerten die Leistungsfähigkeit und die Gesundheit	176
	Dritte Phase: Wir betrachten die größten Stärken und Schwächen	181
	Vierte Phase: Wir vereinbaren die Entwicklungsziele	183
	Fünfte Phase: Wir planen das Therapieprogramm	188
	Sechste Phase: Wir binden Angehörige, Ärzte und weitere Mitarbeitende ein	194
	Siebte Phase: Wir überprüfen den Therapieerfolg	199
8	Damit es auch funktioniert	205
	Mitarbeitende zu Mitstreitern schulen	206
	Supervision als echte Superpower einsetzen	208
	Führungskräfte in Überzeugungskräfte verwandeln	210
	Zeit als relative Größe begreifen (so wie Einstein)	212
	„Leuchttürme" als Vorbilder nutzen	215

Inhalt

9	Jetzt sind Sie gefragt	221
	Beige oder Silver? Das ist hier die Frage	222
	Gegen „falsches" Denken hilft richtig gute Ausbildung	224
	Pflege braucht Profis, die besser managen und führen	228
	Burn, baby, burn!	230

Die Kunst des guten Alterns 233

Danksagung 237

Literatur 239

„Das Alter ist kein Kampf; das Alter ist ein Massaker."

aus "Jedermann" von Philip Roth (2006, S. 156)

„Youth is a gift of nature... but age is a work of art."

Stanislaw Jerzy Lec

Einladung zu einem neuen Blick aufs Alter

Wir müssen verrückt sein. Ein Buch übers Alter und über Altenpflege, wer soll, ja, wer will das lesen? Beide Begriffe sind Reizwörter, denen der Mensch des 21. Jahrhunderts lieber aus dem Weg geht. Niemand will alt sein. Niemand will gepflegt werden. Wir wollen jung bleiben, so lange wie es geht. Wir wollen aktiv und selbständig leben, möglichst bis zum Ende unserer Tage.

Alt sind höchstens die anderen. Unsere Eltern oder Großeltern. Die Nachbarin mit ihrem Rollator. Dieser Schauspieler, der jetzt Alzheimer haben soll. Für uns selbst hätten wir gerne eine Ausnahme. 60 ist das neue 40, sagt man doch jetzt. „Alter ist nur eine Zahl.", hören wir von anderen. Also alles gar nicht so schlimm? Schön wäre es. Warum fahren wir hoch, wenn uns Jüngere als „alt" bezeichnen? Warum fühlen wir uns beklommen, wenn wir an unser Leben in zehn, zwanzig, dreißig Jahren denken? Irgendetwas scheint da in uns zu arbeiten. Ein bohrendes Gefühl. Die Frage, was alt sein für uns heißen wird.

Denken wir nun noch das Thema Altenpflege hinzu. Wann immer es uns begegnet, in den Medien, in Gesprächen, fühlen wir uns unangenehm berührt. Pflege riecht. Pflege kostet. Pflege nervt. Wer gepflegt wird, ist praktisch fast tot. Die Frau X ist jetzt ein Pflegefall, sagen wir und schreiben die Betroffene ab. Die wird nicht mehr. Die können wir vergessen.

Hoffnung? Freude? Glück? All das verbinden wir auf keinen Fall mit Pflege. Und unvorstellbar erscheint uns, dass Pflege kein Endzustand sein muss. Dass sie einen Weg zurück ins Leben darstellen kann.

Einladung zu einem neuen Blick aufs Alter

Eine neue positive Haltung gegenüber älteren Menschen, ein radikal anderes Konzept von Pflege und damit die Chance auf ein glückliches Leben im Alter – darum geht es uns in diesem Buch. Für uns hängt das alles zusammen. Weil unsere Gesellschaft das Alter, oder genauer: die Alten, diskriminiert, ist unsere heutige Altenpflege in einem so beklagenswerten Zustand. Und weil die Pflege so schlecht ist, ist die Lebensqualität vieler alter Menschen so gering.

Allein das Image der Pflege ist erschreckend. Laut einer bundesweiten Umfrage der Deutsche Stiftung Patientenschutz (2022) würden 30 % der Befragten lieber Suizid begehen, als in ein Pflegeheim zu ziehen, wenn eine häusliche Pflege nicht möglich ist. Und auch bei den Menschen, die im Pflegesystem arbeiten, ist die Gefühlslage kaum besser. Jeder zweite Beschäftigte in der Pflegebranche denkt angeblich an den Ausstieg. In den Medien taucht Pflege nur mit Warnschildern auf. *Vorsicht, Missstände! Achtung, Beitragserhöhung!*

Selbst in Filmkomödien kommt Pflege nicht gut weg. Im deutschen Blockbuster „Fack ju Göthe" präsentiert ein Berufsberater einer Schulklasse zwei Berufsbilder mit Nachwuchssorgen. Den Jungs empfiehlt der Berater, Klärwerker beim örtlichen Wasserversorger zu werden. Den Mädels legt er eine Ausbildung zur Altenpflegerin nahe. Die Klasse kringelt sich vor Lachen bei dem Gedanken, wie beides wohl riechen mag.

Aber im Ernst: Die Pflege in Deutschland hat kein Problem. Sie ist das Problem. Es liegt nicht am Geld. Es hat nichts mit dem Fachkräftemangel zu tun. Es geht nicht um Strukturen und Prozesse. Die Ablehnung, die das Pflegesystem von allen Seiten erfährt, gründet auf Gedanken und Gefühlen. So wie bei einem Eisberg nehmen wir nur die Spitze wahr. Unser Unbehagen zum Beispiel, wenn wir uns mit dem Thema Pflege beschäftigen müssen. Doch leider reicht der Eisberg weit tiefer. Er ist ein Gigant aus Vorurteilen, Klischees und negativen Assoziationen, aus Ängsten, Grübeleien und dummen Sprüchen. Es ist der Eisberg der Altersdiskriminierung.

Wir behandeln alte Menschen schlecht, weil wir uns selbst für unser Altwerden verachten. Die Alten halten uns den Spiegel vor: Schau, so wirst auch du einmal sein. Auch du wirst grau und faltig aussehen. Auch du wirst etwas humpeln, schlecht sehen und kaum noch von den Jungen beachtet werden. Was für eine Demütigung. Wir können sie nicht auf uns sitzen lassen. Jedes graue Haar, jedes Fältchen nährt die Angst in uns, bald zum alten Eisen zu gehören. Zu einer Bevölkerungsgruppe, der wir alles absprechen, worauf wir uns so viel einbilden. Kraft, Schönheit, Erfolg, Lebendigkeit.

Das Kind in uns ist tief gekränkt. Es wehrt sich gegen den Gedanken, alt zu werden. So herumlaufen wie die seltsamen Gestalten aus der Seniorenfreizeitstätte nebenan? No way.

Aus dieser Ablehnung des Alters erwächst nichts Gutes. Der Zustand der Altenpflege ist für uns der sichtbare Beleg hierfür. Aus negativem Denken wird negatives Handeln. Höchste Zeit also, den Teufelskreis zu unterbrechen und alten Menschen ein besseres Leben zu ermöglichen.

Wie das gelingen kann? Dazu hätten wir ein paar Ideen.

Als Sozialunternehmer treiben uns die Themen Alter und Pflege seit mehreren Jahrzehnten um. Anfang der 1980er Jahre ging es in Berlin-Spandau los, mit einem ganz normalen Pflegedienst. Mitte der 1990er Jahre kam dann die große Pflegereform. Plötzlich wurde Pflege zum Business, der Wettbewerb nahm zu, überall schossen Pflegedienstleister wie Pilze aus dem Boden. Wir mussten uns etwas einfallen lassen. Wir brauchten einen USP, ein Alleinstellungsmerkmal.

Die Frage, die uns leitete, war: Was wünschen sich pflegebedürftige Menschen und ihre Angehörigen am meisten? Mehr Sauberkeit und Hygiene? Gesünderes Essen? Freundlicheren Service? Wir sprachen mit vielen Betroffenen. Die Antwort, die wir am häufigsten hörten, überraschte uns: Nein, die Menschen wollten nicht mehr „satt, sauber, trocken". Die meisten Pflegebedürftigen hatten eine große Sehnsucht. Sie vermissten ihre Freiheit, ihre Unabhängigkeit. Einfach mal wieder einen Kaffee trinken gehen mit der besten Freundin. Im Garten sitzen und lesen. Im Supermarkt einkaufen. So wie früher. Diese Wünsche bewegten die Menschen, denn kaum etwas wiegt wohl schwerer als der Verlust der Eigenständigkeit. Auf die Hilfe anderer angewiesen sein, die einfachsten Verrichtungen nicht mehr alleine erledigen können, vom gesellschaftlichen Leben ausgeschlossen sein.

Wir hatten verstanden. Die bisherige Form der Altenpflege konnte nicht die Lösung sein. Sie hielt die Menschen in der Unfreiheit. Sie versorgte, aber sie förderte nicht. Was wir brauchten, war ein neuer Ansatz, der auf Rehabilitation setzt. Auf mehr Motivation und Bewegung, mehr Freude am Leben.

So entwickelten wir den Ansatz „Coaching statt Pflege" und eine neue Phase unserer Arbeit begann. Wir bauten mehrere Heime in Berlin und im Umland auf, die das neue Konzept umsetzten. Wir schulten das Personal um, von reiner Versorgung auf Reha-Arbeit. Und während wir noch mitten im Aufbau waren, stellten sich bereits die ersten Erfolge ein. Wir erlebten alte Menschen, die wieder neue Kraft schöpften. Die wieder ohne fremde Hilfe spazieren gehen, essen, sich ankleiden konnten. Die selbst gesteckte Ziele erreichten, die sie zuvor für unerreichbar gehalten hatten. Das alles waren keine Wunder. Es waren die Ergebnisse eines veränderten Blicks aufs Alter – und eines neuen Handelns in der Pflege. Wenn Sie an dieser Stelle denken „Die können mir viel erzählen", dann verstehen wir das völlig. Wir sind Skepsis und Widerstände gewohnt.

Sie begleiten unsere Arbeit seit jeher. Einen Teil unserer Zeit verbringen wir deshalb damit, andere Menschen zu überzeugen und für unsere Sache zu gewinnen. Zum Glück ist die Gesellschaft heutzutage nicht mehr ganz so altersfeindlich wie vor Jahren noch. Es tut sich etwas.

Wir laden Sie ein, bei diesem Wandel mitzuwirken. Ob Sie nun selbst schon „zu den Alten gehören", auf dem Weg dahin sind oder sich um ältere Menschen in ihrem Umfeld kümmern.

Dieses Buch ist keine Bibel. Wir predigen nicht, wir wollen aufklären, inspirieren, aktivieren. Es wird um die Diskriminierung des Alters gehen, um den (vermeintlichen) Kampf gegen das Altern, um schlechte Pflege, um erste Anzeichen von neuen positiveren Altersbildern, um die heilende Kraft von Motivation und Bewegung, und nicht zuletzt um die Chance auf einen neuen Umgang mit dem Alter und alten Menschen.

Wir hoffen, dass Sie als Leserin oder Leser mindestens diese eine Einsicht gewinnen werden: Ein glückliches Leben im Alter ist möglich, für meine Eltern, meine Verwandten und Freunde, meine Partnerin, meinen Partner, für mich selbst einmal.

1 Alter ist nichts wert

Ein Berliner Sonntagnachmittag mit Regenwolken und Wind. Da könnte man doch mal wieder ins Museum gehen, denken wir uns. Alte Meister anschauen vielleicht, passend zum Thema. Schnell sind zwei Tickets für die Gemäldegalerie gebucht und los geht es. Das Kulturforum liegt etwas versteckt hinter den Neubauten des Potsdamer Platzes: Philharmonie (Karajan!), Neue Nationalgalerie (Mies van der Rohe!) und eben auch, ganz bescheiden im Hintergrund, die Gemäldegalerie mit Werken von Dürer, Vermeer, Botticelli & Co.

Wir lassen uns durch die Räume treiben, bewundern romantische Landschaftskunst, üppige Blumenstillleben und erhabene Marienfiguren. Vor einem Gemälde bleiben wir länger stehen. Ein recht bekanntes Werk von Lucas Cranach dem Älteren. Vor fast 500 Jahren hat er es gemalt. „Der Jungbrunnen" zeigt einen ebensolchen, ein rechteckiges Becken, fast wie ein Swimmingpool. Auf der linken Seite steigen alte Frauen hinein, auf der rechten Seite entsteigen sie dem Brunnen in verjüngter Form. Die Landschaft unterstreicht das Ganze. Auf der Seite des Alters ist sie grau, bergig und steinig. Auf der Seite der Jugend blüht die Natur auf, ein wahrer Lustgarten. Die Männer müssen sich der Prozedur übrigens nicht unterziehen, sie verjüngen sich allein durch den Umgang mit jungen Frauen. Cranachs Werk wird aber eine gewisse Ironisierung dieser damals nicht gerade unüblichen Sichtweise unterstellt.

Bei aller künstlerischen Leichtigkeit und Ironie bleibt der Eindruck: So richtig cool war das Alter schon Mitte des letzten Jahrtausends nicht. Die alten Frauen sind grau, matt und faltig, teils mangelt es ihnen sogar an Mut und Kraft, in das Becken zu steigen. Ganz anders sieht es in der anderen Hälfte des Bildes, auf der „jungen Seite" aus. Hier tobt das pralle Leben, hier strahlen die Teints. Ein Sinnbild für die Art und Weise, wie wir bis in die heutige Zeit hinein das Alter wahrnehmen: als bittere, traurige Realität, der wir entfliehen möchten. Sei es durch einen Jungbrunnen, sei es durch Abgrenzung von „den Alten".

Lassen Sie uns über die negativen Bilder vom Alter und über die damit verbundene Altersdiskriminierung sprechen. Es ist ein großes Wort, ein starker Vorwurf, den wir da erheben. Doch die Weise, wie wir im Alltag über alte Menschen und das Altsein denken und reden, lässt kaum einen anderen Schluss zu: Wer alt ist, wird belächelt, unterschätzt, übersehen und im schlimmsten Fall abgeschoben. Die erschreckendste Erkenntnis ist aber, dass alte Menschen sich auch selbst diskriminieren. Warum das so ist, dem wollen wir in diesem Kapitel nachgehen.

Ein Versuch, Alter zu definieren

Beginnen wir mit einer recht harmlosen Frage. Was ist Alter eigentlich? Im ersten Moment fällt uns die Antwort leicht: Alter ist die Phase des Lebens, in der unser Körper abbaut. In der sich alles rückwärts entwickelt. Statt Wachstum und Entwicklung bemerken wir nun Verfall und Niedergang. Die Muskeln schrumpfen, die Haare fallen aus, das Gedächtnis lässt nach.

Es geht um den Abbau und Verfall von körperlichen, geistigen und sozialen Fähigkeiten. Eine Rückentwicklung, oder anders gesagt, eine Art seitenverkehrtes Spiegelbild der Entwicklung von Kindern und Jugendlichen. Deren Lernen und Kompetenzzuwachs empfinden wir als völlig natürlich und normal. Diese Vorstellung projizieren wir auf den

Prozess des Älterwerdens. Wir empfinden diesen als ebenso natürlich und der Norm entsprechend.

Damit wäre das Alter einigermaßen gut beschrieben, oder? Wenn es nur so einfach wäre. Je mehr wir darüber nachdenken, umso unschärfer wird diese grobe Definition des Alters. Weitere Fragen kommen uns in den Sinn. Zum Beispiel, ab wann sind wir eigentlich alt? Eine kurze Recherche, was die Wissenschaft hierzu sagt, zeigt uns: Eine natürliche bzw. biologische Schwelle, die den Übergang zum Alter markiert, gibt es nicht. 50., 60., 70. oder 80. Geburtstag? Wir sind nicht ab einer bestimmten Anzahl an Lebensjahren alt.

Das Alter schleicht sich irgendwie an, versteckt sich im Schatten, tritt erst dann plötzlich hervor, wenn uns jemand als „alt" bezeichnet oder entsprechend behandelt. Das kann zum Beispiel der nette junge Mann in der U-Bahn sein, der uns seinen Platz anbietet. Ein echter Schock. Sehen wir wirklich so aus, als könnten wir nicht mehr auf zwei Beinen stehen? Nun, ein solches Erlebnis mag noch viele Jahre entfernt sein. Aber es wird kommen, in dieser oder einen anderen Form.

Was ist Alter dann, wenn wir es nicht einfach an einer Zahl oder an einer Schwelle des Lebens festmachen können? Wenden wir uns wieder an die Wissenschaft. Aber nicht an die Biologie, sondern an die Soziologie. Diese hält eine Definition bereit, die Sie vielleicht überraschen wird: *Alter ist ein soziales Konstrukt*. Das heißt vereinfacht gesagt, dass wir Menschen das Alter erfunden haben. So wie die Kindheit oder die Mittelschicht. Es handelt sich um Konstrukte, die einen bestimmten Zweck erfüllen. Der Begriff der Kindheit etwa hilft uns zu verstehen, dass Kinder nicht einfach kleine Erwachsene sind, wie man bis ins Mittelalter hinein dachte. Wir behandeln sie anders, schützen und fördern sie besonders. Über die Jahrhunderte hinweg hat sich unsere Vorstellung von Kindheit entwickelt und gewandelt. Und auch heute gibt es keineswegs eine weltweit einheitliche Vorstellung von ihr.

1 Alter ist nichts wert

Wie sieht das mit dem Alter aus? Wozu dient uns dieses Konstrukt? Gebraucht wird es vor allem von denen, die sich (noch) nicht in diesem Lebensabschnitt wähnen. In Abgrenzung zu dem, was man nicht ist, nicht werden möchte. Altsein verweist auf die Nähe zum Tod. Das erzeugt Angst in uns. Vielleicht fürchten wir uns aber noch mehr vor dem Verlust an gesellschaftlicher Relevanz. Als Alte gehen wir keiner Erwerbsarbeit mehr nach. Wir leisten nichts mehr. In einer Gesellschaft, in der Leistung das Goldene Kalb ist, ist das fast so schlimm wie tot sein.

Interessanterweise ist „das Alter" in Deutschland erst seit den Bismarck'schen Sozialreformen und der Einführung einer Rentenversicherung ein Thema (Kollewe, 2016). Damals, Ende des 19. Jahrhunderts, stieg die Zahl älterer Menschen an. Dank besserer ökonomischer und sozialer Bedingungen erhöhte sich die Lebenserwartung. Die Wissenschaft befasste sich stärker mit den Alten. Je mehr Alte es gab, umso intensiver wurde über sie geforscht und diskutiert. Bis in die heutige Zeit hinein, in der wir ganz selbstverständlich vom Alter als Lebensphase sprechen – und diese deutlich von der wertschaffenden Erwerbsphase des Lebens abgrenzen.

An dieser Stelle als Einschub ein kleines Gedankenexperiment: Was wäre wohl, wenn jeder Mensch bis zu seinem Tode der arbeitenden Bevölkerung angehören würde? Würden sich dann der Begriff *Alter* und die damit verbundenen Klischees auflösen? Gehen wir davon aus, dass sie sich zumindest stark wandeln würden.

So sehen wir (und andere) das Alter

Einige Male haben wir den Begriff *Altersbild* schon verwendet. Ein einziges Bild vom Alter gibt es nicht. In unseren Köpfen schwirrt eine

Vielzahl von ihnen herum. Zusammengesetzt ergeben sie, vereinfacht gesagt, unsere Alterswahrnehmung.

Wir glauben gerne, dass in anderen Gesellschaften, Kulturen und Ländern ganz andere Bilder vom Alter dominieren. In Asien, da gelten alte Menschen noch etwas! Sie werden verehrt und umsorgt, weil man sie so schätzt. Oder war das in Südamerika? Jedenfalls wähnen wir uns im weltweiten Vergleich in Sachen Altersdiskriminierung eher auf einem vorderen Platz. Woanders sei man mitfühlender mit den Alten als in unserer „westlichen" Gesellschaft, so meinen wir zumindest. Laut einer Studie der Robert Bosch Stiftung (2009) sieht die Lage aber weitaus differenzierter aus.

Untersucht wurden die jeweiligen Altersbilder in sieben Ländern: Brasilien, Frankreich, Großbritannien, Japan, Kanada, Norwegen und den USA. Die Ergebnisse überraschen. Negative wie auch positive Assoziationen fanden sich in allen untersuchten Gesellschaften. Alter bedeute Gewinne und Verluste, Stärken und Schwächen, Potenziale und Belastungen für die Gesellschaft. Länder, in denen Alter in erster Linie mit Weisheit und Lebenserfahrung assoziiert werde, fand das Forschungsteam wider Erwarten nicht. Die Altersphase, das sogenannte „vierte Lebensalter", wurde in den sieben Ländern zwar nicht als „inferiore Phase", also minderwertige Lebensphase, gesehen, dennoch gab es starke Unterschiede beim Umgang mit ihr. Vor allem Brasilien und den USA attestierte man einen starken Hang zu „Anti-Aging" und „Jugendwahn". In Japan zeigte sich ein recht ambivalentes Bild. Zwar wurde im öffentlichen Diskurs gerne dem Alter gehuldigt. Aber auch hier gaben die Menschen wie in den beiden zuvor genannten Ländern viel Geld für Schönheitsoperationen und Anti-Aging-Produkte aus.

In welchem Maße Alter als negativ gesehen wurde, schien nach Ansicht des Forschungsteams stark von der sozialen Schicht anzuhängen. Je geringer die finanziellen Ressourcen, je niedriger der Bildungsstand, umso negativer die Altersbilder der Befragten.

Unser Denken und unsere Sprache sind altersfeindlich

Kehren wir zurück in die Realität unseres gesellschaftlichen Alltags. Ach, so schlimm ist das alles gar nicht mit der Altersdiskriminierung? Hören wir uns doch einfach einmal an, wie wir übers Alter reden. Reflektieren wir kritisch, was uns durch den Kopf geht, wenn wir über das Altsein nachsinnen.
Negative Sprachbilder und Formulierungen rund um das Altsein und alte Menschen gibt es wie Sand am Meer. Eine kleine Auswahl:

- „Da sieht man schnell alt bei aus."
- „Du alter Sack."
- „Ihr Vorschlag wirkt recht altbacken."
- „Der geht ja schon wie ein Rentner."
- „Sie hat ihre besten Tage hinter sich."
- „Dort hinten sitzt die Stützstrumpffraktion."
- „Ich will noch nicht zum alten Eisen gehören."
- „Alt und verkalkt ..."

Zum Beleidigen und Verspotten von reiferen, aber auch jüngeren Menschen eignet sich die Referenz „alt" scheinbar ideal. Wie viele Witze und dumme Sprüche wurden über den ehemaligen US-Präsidenten Joe Biden gemacht? Ihn als „Greis" zu bezeichnen, gehörte da noch zu den netteren Bemerkungen. Und Frauen, die in der Öffentlichkeit stehen, trifft es meistens noch viel härter. Je älter sie werden, umso gnadenloser die Urteile. Madonna kann seit Jahrzehnten (!) ein Lied davon singen. Hillary Clinton galt 2016 vielen als „zu alt" für eine Kandidatur für die Präsidentschaft.

Im Alltag kommt uns das Wort „jung und sexy" mit einem Lächeln über die Lippen. Würden wir von „alt und sexy" sprechen, hätten wir eher die Lacher unserer Zuhörer im Blick. „Alt und runzlig" klingt schließlich viel vertrauter.

Die Sprache spiegelt nur wider, wie Menschen übers Alter denken, was sie empfinden, wenn sie sich mit diesem Thema beschäftigen. Setzen Sie sich doch einmal hin, so wie wir es zu Beginn unserer Arbeit für dieses Buch gemacht haben, und schreiben Sie auf, was Ihnen beim Stichwort *Alter* durch den Kopf geht. Unser Brainstorming löste eine Lawine an Negativbegriffen aus: Krankheit, Verfall, Armut, Einsamkeit, schlechter Geruch und mehr. Nur wenige positiv besetzte Begriffe kamen uns in den Sinn – Weisheit und Würde etwa. Geht es Ihnen ähnlich? Die negativen Stereotypen überwiegen deutlich. Und dass vielen Zeitgenossen beim Gedanken an Menschen und Wesen wie den Dalai Lama, Yoda oder die verstorbene Queen Elizabeth II. zumindest ein paar positive Eigenschaften einfallen, ist ein schwacher Trost.

Man könnte meinen, Alter passt einfach nicht in unsere Welt. Das Neue in Form von Innovation und Fortschritt gilt als Motor der Gesellschaft, es erscheint überlebenswichtig für uns. Das Alte steht da im Weg. Es blockiert und bremst ab, wo man doch eigentlich zügig vorangehen wollte. Alte Menschen sind also nicht nur langsam zu Fuß, sie stellen den Jüngeren auch noch ein Bein. Gemein! Kein Wunder, dass diese Sichtweise nicht gerade zu einem entspannten Umgang mit dem Alter beiträgt.

Uns selbst brachte das kurze Brainstorming über den Begriff *Alter* zu dieser Einsicht: Die allermeisten unserer Assoziationen haben

1 Alter ist nichts wert

mit Angst zu tun. Angst vor dem Tod. Angst vor Pflegebedürftigkeit und Heimeinweisung. Angst vor chronischen Krankheiten. Angst vor Einsamkeit. Angst vor sozialem Abstieg. Angst vor Verarmung. Angst vor Diskriminierung und Verachtung. Angst vor Abhängigkeit.

Es gibt keine andere Deutung. Wir fürchten uns vor dem Alter. Und damit vor uns selbst. Vor dem, was aus uns werden könnte, wenn die Jahre immer rascher vorbeistreichen, die Jugend nur noch eine ferne Erinnerung ist und selbst die Midlife Crisis wie eine Zeit des Glückes erscheint.

Alles nur „keine gute Denke"? Leider ist es so, dass unser Denken, unser Bewusstsein oder „Mindset", wie man heutzutage so schön sagt, sich auf unsere körperlichen Prozesse auswirken kann. Wie das im Falle des Alters und der Altersdiskriminierung funktioniert, ist eine äußerst spannende Sache.

Was wir erwarten, geht in Erfüllung

Bislang haben wir uns den Problemkomplex oder „Eisberg" Altersdiskriminierung an der Oberfläche angeschaut. Tauchen wir nun tiefer ein, erforschen wir die Grundlagen. Unsere Bilder vom Alter hängen nicht einfach wie ein Gemälde an der Wand. Sie sind etwas Lebendiges und wie ein Organismus reproduzieren sie sich fortlaufend. Das geschieht durch bestimmte Denk- und Verhaltensmuster, die wir verinnerlicht haben – und die enorme körperliche Auswirkungen haben. Körper und Geist sind schwer zu trennen, wie wir wissen.

In unserem Falle geht es um eine doppelte Negativschleife aus negativen Denkweisen einerseits und negativem Verhalten andererseits. Wie beide Negativschleifen (landläufig bezeichnet man sie als Teufelskreise) ineinandergreifen und zusammenwirken, wollen wir genauer betrachten.

Los geht es mit einem Begriff, den Sie sicher schon oft gehört haben und vielleicht selber öfter gebrauchen. Wir meinen die sich selbsterfüllende Prophezeiung. Die Kurzbeschreibung: Wir glauben, dass etwas passieren wird, und dadurch passiert es. Für die etwas längere Beschreibung lehnen wir uns an Robert K. Merton (1995) an. Er hat in den 1950er Jahren das sogenannte Thomas-Theorem bekanntgemacht. Dieses besagt, dass eine selbsterfüllende Prophezeiung eine anfänglich falsche Bestimmung einer Situation ist, die jedoch ein neues Verhalten bewirkt, sodass die ursprünglich falsche Auffassung richtig wird. Quasi handelt es sich um einen Irrtum, der sich durch den Gang der Dinge plötzlich in eine Wahrheit verwandelt. Anders gesagt: „Falsches" Denken verändert die Wirklichkeit und bestätigt sich so selbst. Wir kennen das zum Beispiel aus Prüfungssituationen. Je mehr wir befürchten, in der Prüfung zu versagen, desto wahrscheinlicher wird ein schlechtes Ergebnis. Die Furcht vor dem Blackout macht diesen erst möglich. Übrigens schildert Paul Watzlawick in seinem Bestseller „Anleitung zum Unglücklichsein" (2021) viele anschauliche und unterhaltsame Beispiele für selbsterfüllende Prophezeiungen. Eine gute Gelegenheit also, dieses schöne Buch einmal wieder aus dem Regal zu holen.

Eng verbunden mit dem Prinzip der selbsterfüllenden Prophezeiung ist ein Phänomen, das Sie sicher ebenfalls kennen. Es geht um Placebos. Unter einem Placebo versteht man ein Scheinmedikament. Eine Wirkung dürfte es eigentlich nicht haben, weil es keinen Wirkstoff enthält. Dennoch wirkt es in vielen Fällen. Denn allein die Erwartung, eine hochwirksame Substanz einzunehmen, die Schmerzen lindert oder Fieber senkt, kann mit recht hoher Wahrscheinlichkeit zu genau dem erwarteten Effekt führen. Eine simple Zuckertablette kann sich so als Wundermittel erweisen. Wie gut dieses Scheinmedikament „wirkt", hängt übrigens auch von Größe, Farbe und Form ab. Große Tabletten wirken stärker als kleine; farbige Pillen besser als weiße. Injektionen (mit Kochsalzlösung) kommen besser als Tabletten (ohne Wirkstoff) an, und Tabletten wiederum besser als Tropfen. Kaum zu glauben, der Placebo-Effekt ist auch bei Operationen zu beobachten. Zum Beispiel sollen sich mit „Scheinoperationen" des Knies annähernd gute therapeutische Erfolge erzielen lassen wie mit „echten" Eingriffen.

Es wird vermutet, dass die Wirkung von hochwirksamen Medikamenten bis zu einem Drittel auf dem Placebo-Effekt beruht. Damit die selbsterfüllende Prophezeiung funktionieren kann, muss aber eine wichtige Bedingung erfüllt sein: Das jeweilige Placebo muss auf glaubhafte Weise dargeboten werden. Fachleute wie Apothekerinnen, Ärzte, Therapeutinnen oder Wissenschaftler sollten unbedingt Teil der Inszenierung sein. Enorm hilfreich sind ebenfalls „Waschzettel", am besten mit zahlreichen Hinweisen zur richtigen Einnahme und langen Listen von Nebenwirkungen.

Falls Sie beim Lesen grinsen mussten – das geht den meisten Menschen so, wenn sie sich mit Placebos beschäftigen. Wir können es kaum fassen, dass unser Verstand so leicht zu überlisten ist. Sofern ein paar Bedingungen erfüllt sind, siehe Form, Farbe, Größe und Art der Darreichung, fallen wir gerne auf Placebos herein.

Die positive Erwartung bewirkt eine Verbesserung des Gesundheitszustands. Dieser Prozess spielt sich aber, entgegen vielen Vorstellungen, nicht allein im Kopf der Patientin oder des Patienten ab. Es steckt nicht nur reine Psychologie dahinter. Die Erwartung greift direkt in physiologische, also körperliche Vorgänge ein. Unser Denken verändert die stofflichen Vorgänge in unserem Körper.

Sie werden ahnen, hier liegt das Problem. Leider funktioniert das Prinzip der selbsterfüllenden Prophezeiung auch in negativer Hinsicht.

Während positive Erwartungen in der Regel positive körperliche Auswirkungen zeitigen, können negative Erwartungen durchaus negative körperliche Auswirkungen haben.

Analog zum Placebo-Effekt wird diese negative Wirkung als „Nocebo" bezeichnet. In Versuchen bekamen Probanden ungewöhnlich aussehende Tomaten zu essen. Die Studienleiter wiesen sie darauf hin, dass es sich um schwach giftige Tomaten handeln würde. Man bräuchte sich allerdings keine Sorgen machen, da geeignete Gegenmittel zur Verfügung stünden. Was denken Sie, was passierte? Prompt bekamen etliche Versuchsteilnehmende heftige Bauchschmerzen, manche klagten über Übelkeit oder zeigten andere Vergiftungssymptome. Die Tomaten waren natürlich vollkommen in Ordnung. Kein Gift, sondern giftige Erwartungen führten zu den beschriebenen Symptomen.

Das weiter oben beschriebene Prüfungsversagen zählt ebenfalls zum Nocebo-Phänomen. Denken wir nun einmal an unsere schlechten Altersbilder. Unschwer zu vermuten, dass sie wie ein Nocebo, also eine negative selbsterfüllende Prophezeiung wirken.

Wir erwarten mit zunehmendem Alter bei anderen, aber auch bei uns selbst, dass alles schlechter wird, in körperlicher wie auch in geistiger Hinsicht. Wir halten es für völlig normal und geradezu unvermeidlich, dass wir mit fortschreitendem Alter abbauen, an Kraft und Beweglichkeit verlieren, dass unsere allgemeine Belastbarkeit sinkt.

Schon Jahre vorher hatten wir entdeckt, dass wir die Nächte nicht mehr durchfeiern können wie damals mit 20. Nun erwarten wir, dass wir langsamer, unkonzentrierter, vergesslicher werden und schnell ermüden. Und genau so kommt es auch. Es gibt viele Studien, die zeigen, wie eine negative Erwartungshaltung die Leistung von Versuchsteilnehmenden signifikant sinken lässt. Das Ganze funktioniert übrigens auch in umgekehrter Richtung. Suggeriert die Studienleitung den Probanden auf raffinierte Weise eine Leistungssteigerung, ganz gleich ob körperlicher oder geistiger Natur, steigen die jeweiligen Leistungsparameter der Teilnehmenden nachweislich an.

Wir denken uns alt

Unser schlechtes Bild von uns selbst verschlechtert unsere körperlichen und geistigen Prozesse. Aus negativen Bildern in unserem Kopf wird bittere physische Realität. Ein Teufelskreis, eine negative Schleife, denn die so veränderte Realität bestätigt unsere falsche Annahme. Die Erwartung, dass im Alter alles schlechter wird, erscheint uns als zutreffend. Dass es nicht zwangsläufig so sein muss, dass Alter nicht automatisch Verfall bedeutet, kommt uns nicht in den Sinn. Aus Irrtum wird Realität. Der Nocebo wirkt.

Doch nicht genug damit. Nun kommt eine zweite negative Schleife, ein weiterer Teufelskreis also, hinzu, der mit der ersten Negativschleife eng zusammenhängt.

Jeder weiß, dass ein kaum oder wenig benutzter Muskel nach und nach schrumpft und an Stärke verliert. Unterschätzt wird allerdings oft, wie schnell dieser Prozess einsetzt. Gut sieht man dies beispielsweise am berüchtigten Beinbruch durch Skiunfall. Schon nach wenigen Wochen im Gipsverband verlieren die Beinmuskeln an Umfang und Kraft. Dieses Phänomen nennt man Muskelatrophie.
Als die NASA in den 1960er Jahren begann, Astronauten in den Weltraum zu schießen, war man erstaunt, wie schnell die Muskulatur in der Schwerelosigkeit zu schrumpfen begann. Seitdem gehört Krafttraining zu den täglichen Aktivitäten im All.

Alle Organe atrophieren, also schrumpfen, bei mangelnder Belastung und büßen an Funktionsfähigkeit ein. Was schon bei jungen Leuten gilt, verschärft sich im Alter, denn der Verlust von Muskelmasse und damit an Muskelkraft ist ein ganz normaler Prozess beim Älterwerden. Der Fachbegriff dafür heißt Sarkopenie. Dieses Wort leitet sich aus den beiden griechischen Wörtern „Sarx" für Fleisch und „Penia" für Verlust ab.

Zu unser aller Leidwesen verliert ein ansonsten gesunder Mensch zwischen dem 30. und dem 80. Lebensjahr etwa die Hälfte seiner Muskelmasse. Die Muskelfasern werden kleiner und weniger und durch Bindegewebe ersetzt, wodurch wir nach und nach an Kraft verlieren. Die Faustformel für diesen Vorgang lautet: Ab dem 30. Lebensjahr geht jedes Jahr ungefähr ein Prozent der Muskelmasse verloren, das heißt mit 50 Jahren verfügen wir noch über 80 %, mit dem 70. Lebensjahr sind die Muskeln auf 60 % geschrumpft. Dies gilt, wie gesagt, für ansonsten gesunde Menschen mit durchschnittlicher körperlicher Belastung.

Für unseren „Kopfmuskel" gilt übrigens prinzipiell das Gleiche. Die Nervenzellen im Gehirn, die Neuronen, von denen es rund 100 Milliarden gibt, sind über Knotenpunkte, die Synapsen, untereinander verbunden. Neuronen und ihre Verbindungen werden ständig neu gebildet. Dieser Vorgang, man spricht von Neurogenese, hängt wiederum eng mit Gebrauch und Belastung des Gehirns zusammen. Es verhält sich hier ganz ähnlich wie bei der Atrophie der Muskeln. Nichtgebrauch führt zur Verkümmerung, das heißt zur Minderung unseres Denkvermögens. Analog zur Sarkopenie nimmt also die Anzahl der Neuronen mit zunehmendem Alter ebenfalls ab. Im Alter von 80 Jahren liegt die Verlustrate bei rund 30 %.

Was geschieht nun, wenn wir fest davon überzeugt sind, dass wir im Alter an körperlicher und geistiger Belastbarkeit verlieren? Wir verhalten uns gemäß dieses Altersbildes. Wir gehen in das, was man landläufig als „Schonhaltung" bezeichnet. Wir schalten also ein bis zwei Gänge zurück, passen unsere körperlichen und geistigen Aktivitäten an unsere vermeintlich geringeren Fähigkeiten an. Ein Rückzug in die

Komfortzone. Hier fühlen wir uns wohl. Mach mal halblang, sagen wir uns. Pantoffeln und Kräutertee stehen bereit.

Aus Furcht, uns zu überlasten, treten wir kürzer. Wohin das wohl führt? Unsere Muskeln atrophieren stärker als zuvor, die Sarkopenie beschleunigt sich. Unsere geistigen Fähigkeiten bauen ab, weil die Zahl unserer Neuronen und ihrer synaptischen Verbindungen durch Mindergebrauch schrumpft. So kommt ein körperlicher und geistiger Verfallsprozess in Gang. Er wird hauptsächlich durch unsere negativen Altersbilder ausgelöst und getriggert. Auch hier haben wir es mit einer selbsterfüllenden Prophezeiung zu tun.

Fassen wir das alles zusammen: In der ersten Negativschleife verschlechtert sich unsere Leistungsfähigkeit durch den Nocebo-Effekt von negativer Erwartung und dadurch geminderter Leistung. In der zweiten Negativschleife sinkt unsere Leistungskraft durch den Rückzug in eine Schonhaltung, die den Abbau und die Leistungsminderung unserer Muskel- und Gehirnzellen beschleunigt. Beide Negativschleifen sind miteinander verschränkt und verstärken sich gegenseitig.

Das Resultat ist immer dasselbe: Wir erleben spürbar, dass wir abbauen und verfallen. Diese Entwicklung halten wir für naturgegeben. Es kommt uns nicht in den Sinn, dass unser negatives Denken, unsere negativen Stereotypen und Altersklischees dafür die Ursache sein könnten. Ganz im Gegenteil. Wir sehen unsere Altersbilder bestätigt, Tag für Tag. Alter tut weh. Alter ist bitter. Alter geht gar nicht.

Warnhinweis: Leben ist riskant

Natürlich wollen wir nicht behaupten, dass alle Alterserscheinungen auf negatives Denken und das damit einhergehende Verhalten zurückzuführen sind. So sind Demenz, Alzheimer und viele andere Erkrankungen eng mit dem Alterungsprozess des Körpers verbunden. Hier handelt es sich jedoch um Ernstfälle, die nur einen Teil der alten Menschen betreffen. Die Sorge, im Alter eine dieser Krankheiten zu bekommen, ist aber weit verbreitet und trägt zur Angst vorm Altwerden bei. Betrachten wir sie nüchtern als Risiken. Unser gesamtes Leben ist riskant, nicht nur das Alter. Wir können 25 Jahre alt sein und im Urlaub verunglücken. Wir können mit Anfang 30 einen Arbeitsunfall erleiden. Oder wir können mit Mitte 40 schwer an Krebs erkranken. Dass es uns ausgerechnet im Alter schwer erwischen könnte, ist möglich, aber längst nicht zwingend. Ein wenig mehr Gelassenheit täte uns gut. Viele alte Menschen haben ein oder mehrere „Zipperlein", lassen sich davon aber nicht das Leben vermiesen. Nehmen wir uns ein Beispiel an ihnen.

2 Diese Pflege braucht kein Mensch

Eigentlich müsste unser Pflegesystem selber in ein Pflegeheim. Es scheint ihm richtig elend zu gehen, nach allem, was man so hört, sieht und liest. „Pflegenotstand!" posaunt es seit Jahren aus den Medien. Es mangele an Geld, Personal und Qualität, heißt es. Regelmäßig erhitzen Pflegeskandale die Gemüter, klagen Pflegekräfte in Talkshows über ihr mühsames Tagewerk. Die meisten Deutschen wollen weder in ein Pflegeheim einziehen noch dort arbeiten.

Also sind wir besorgt um die Pflege. Schaut nur, wie sie schwankt, zittert, stottert. Da mag man gar nicht mehr hinschauen. Könnte sich bitte mal jemand um sie kümmern? Mehr Geld, mehr Pflegekräfte! Schnüren wir Reformpakete, heben wir die Beiträge an, fliegen wir Krankenschwestern aus Ecuador ein. Muss halt sein, sonst geht der Pflege bald die Puste aus. Was würde dann aus den armen Pflegebedürftigen? Millionen von ihnen haben wir bereits. Und Jahr für Jahr steigt ihre Zahl an.

Heillos überfordert, chronisch unterfinanziert – die Pflege kann einem leidtun. Oder?

Uns verwundert die Diskussion über das Pflegesystem immer wieder. Wie gebannt scheinen Öffentlichkeit und Politik auf die Probleme zu starren. Doch anstatt die richtigen Maßnahmen zu ergreifen, wird eher Öl ins Feuer gekippt. Oder man lässt die Dinge einfach laufen.

Höchste Zeit für eine nüchterne Betrachtung. Lassen wir zunächst Zahlen, Daten, Fakten sprechen. Schauen wir uns danach an, was Pflege bedeutet, was sie leisten soll, wie sie aktuell gestaltet ist und welche Folgen sie für die Menschen hat. Für die Pflegebedürftigen wie auch für die Beschäftigten.

2 Diese Pflege braucht kein Mensch

Stehen wir vor einem Systemkollaps? Machen andere Länder es besser? Wie gut oder schlecht ist die Altenpflege wirklich? Die Antworten sind überraschend und nicht immer beruhigend.

Immer mehr Pflegebedürftige, dank Demografie und Politik

Laut amtlicher Statistik gab es 1999 rund zwei Millionen pflegebedürftige Menschen in Deutschland. 2021 waren es bereits rund fünf Millionen. Der Großteil von ihnen wurde zu Hause versorgt. Betreut durch Angehörige oder durch ambulante Pflegedienste. Jeder sechste Pflegebedürftige war in einem Altenpflegeheim untergebracht.

Anfang 2023 hatten wir in Deutschland nach amtlicher Statistik 11.683 Pflegeheime mit 918.084 Pflegeplätzen. 17.122 ambulante Pflegedienste versorgten rund 1,8 Millionen Menschen. Die Zahlen schwanken, je nach Zählweise. Damit betrug das Verhältnis zwischen ambulanter Pflege und Heimpflege 2:1.

Darüber hinaus gab es zu diesem Zeitpunkt 6.547 Tagespflegeeinrichtungen mit rund 106.000 Plätzen und 7.545 Wohnanlagen mit 379.000 Wohneinheiten.

Die Leistungen der Pflegeeinrichtungen lagen im Jahr 2022 bei über 60 Milliarden Euro (Gesamtbudget pro Jahr) und damit doppelt so hoch wie im Jahr 2015. Das entspricht einer Verdoppelung innerhalb von sieben Jahren.

Der Beitragssatz für die Beschäftigten stieg von 1 % bei Einführung der Pflegeversicherung 1996 (damals wurde dafür unter anderem der Buß- und Bettag abgeschafft, nur zur Erinnerung) auf mittlerweile 3,4 %, für Kinderlose wurde er auf 4 % angehoben (Eltern mit mehr als einem Kind wurden um 0,25 % pro 2. Kind entlastet).

Hinter dem Wachstum der Zahl der Pflegebedürftigen von zwei Millionen in 1999 auf rund fünf Millionen in 2021 steckt aber nicht nur die Demografie. Denn im Zuge der Pflegereformen, insbesondere der großen Reform von 2017, hat sich die Definition, wer pflegebedürftig und damit leistungsberechtigt ist, geändert.

Immer mehr Menschen werden durch politische Entscheidungen zu „Pflegebedürftigen" erklärt und sind plötzlich anspruchsberechtigt. Die Alterung der Gesellschaft ist also nicht die alleinige Erklärung für den Anstieg.

Wohlmeinende werden dies begrüßen. Schließlich kommen immer mehr Menschen in den Genuss der Pflegeleistungen. Kritische Geister mögen eher den Verdacht hegen, dass der Sozialstaat die Menge der „Bedürftigen" bewusst ausweitet. So kann er sich als unverzichtbar legitimieren.

Wie man auch darüber denken mag, Fakt ist, dass die Zahl der Pflegebedürftigen steigt und steigt. Und dass die Prognosen stets von der Realität übertroffen werden. 2014 sagte eine Bertelsmann-Studie (2012) für das ferne Jahr 2030 „nur" 3 bis 3,4 Millionen Pflegebedürftige voraus. Faktisch hatten wir dann 2021 schon rund 5 Millionen. 2024 wagte man die Prognose, dass diese Zahl bis 2040 auf 6 Millionen anwachsen wird. Wir vermuten: Auch diese Vorhersage wird sich als stark untertrieben erweisen.

Kommen wir zu den Pflegekräften. Die Zahl der Beschäftigten in der Altenpflege liegt derzeit bei 1,25 Millionen. Das sind mehr Arbeitnehmer, als in der deutschen Automobilindustrie beschäftigt sind. Die Einschätzungen, wie viele Altenpflegekräfte aktuell fehlen, schwanken zwischen 200.000 und 300.000. Für 2030 wird ein Mangel von 500.000 Altenpflegekräften erwartet.

Soweit die wichtigsten Zahlen. Die Pflegedebatte kreist sehr oft um solche quantitativen Angaben. Dabei ist Pflege mehr als reines Zahlenwerk, mehr als steigende Kosten oder sinkende Personalschlüssel. Was ist Pflege genau?

Man pflegt Hobbys, Räume und Menschen

Wir machen es uns einfach und blättern im Wörterbuch von Google. Pflege wird dort als „Behandlung mit den erforderlichen Maßnahmen zur Erhaltung eines guten Zustands" definiert. Aha. Allgemein geht es um Fürsorge und Obhut, um Erhaltung, Schutz und Konservierung eines Zustands. Und ganz praktisch um fürsorgliche Aufsicht, Betreuung und Versorgung von Menschen und Tieren zu ihrem Schutz und Wohlbefinden.

Das Wort Pflege kommt vom althochdeutschen „phlegen", was so viel heißt wie sorgen, kümmern, verantwortlich sein. Wir pflegen Freundschaften und Bekanntschaften, unsere Hobbys, aber auch Haut und Haare. Die Raumpflegerin pflegt unser Zuhause, unsere Autopflege übernimmt die Waschanlage. Kleine Kinder pflegen wir, indem wir sie füttern, waschen und pampern. Aber auch Alte, die sich nicht mehr allein versorgen können, pflegen wir.

Pflege bedeutet im Großen und Ganzen, den Zustand einer Sache oder Person durch eine verantwortungsvolle Fürsorge zu erhalten und zu schützen. Diese Beschreibung deckt sich haargenau mit dem, was in Deutschland im besten Fall mit alten und kranken Menschen geschieht. So weit so gut, könnte man meinen. Aber leider führt dieser Pflegebegriff zu einem Riesenproblem, wenn wir ihn auf alte Menschen anwenden, die durch chronische Erkrankungen in ihrer selbstbestimmten Lebensführung beeinträchtigt sind. Und die sich nicht in einem guten, sondern in einem ausgesprochenen schlechten Zustand befinden.

Im Krankenhaus macht die Sache noch Sinn: Die Ärztin sorgt durch eine Therapie für einen besseren Zustand, die Pflege sorgt für die Befriedigung der Grundbedürfnisse. Auch bei Kindern macht Pflege Sinn, weil sie die elterliche Erziehung ergänzt.

Aber: Ein schlechter Zustand wird nicht durch Fürsorge besser, die ausschließlich schützt, erhält und konserviert. Schlimmer noch: Was gut gemeint ist, schadet nur. Die nicht bewegte Hand, das stillgelegte Bein, die nicht mehr beanspruchten Hirnzellen – sie büßen ruckzuck an Fähigkeit und Funktion ein.

Das gut gemeinte „Ich mach das schon für dich" ist nicht nur falsch, wenn Vater und Mutter die Hausaufgaben ihrer Kinder erledigen. Diese Art von Nächstenliebe, so angenehm sie auch für den Empfänger sein mag, ist ein großer Fehler. Sie schwächt, weil sie Unselbstständigkeit und Abhängigkeit vergrößert. Sie verschlimmert Krankheit und Hilflosigkeit und erweist sich am Ende eher als „Sargnagel", denn als Hilfe.

Wir sehen also, der Begriff *Pflege* beschreibt sehr treffend die Art und Weise, wie wir mit sogenannten Pflegebedürftigen in Deutschland umgehen – und wie grundverkehrt dieser Umgang leider ist.

Eine kurze Geschichte der Altenpflege

Wir sprachen gerade von sogenannten Pflegebedürftigen. Was bedeutet es, pflegebedürftig zu sein? Tatsächlich ist der Begriff noch sehr jung.

2 Diese Pflege braucht kein Mensch

Im Alltag verwenden wir ihn im Prinzip erst seit Einführung der Pflegeversicherung in Deutschland im Jahr 1995. Ein junges Wort also, dem Sprachgebrauch von Juristen und Verwaltungsbeamten entlehnt. Aus dem Gesetzestext einer Sozialversicherung hat er sich in die Alltagssprache eingeschlichen. Der uns mittlerweile gut bekannte Begriff „Pflege" wird ergänzt durch ein „bedürftig", abgeleitet von „bedürfen". Sofort kommen uns ähnliche Kombinationen wie „renovierungsbedürftig" oder „gewöhnungsbedürftig" in den Sinn.

Unter Bedürftigkeit versteht das Familienrecht einen wirtschaftlichen Zustand, in dem Personen nicht mehr in der Lage sind, aus eigener Kraft für ihren Unterhalt zu sorgen. Sie sind also auf fremde Hilfe angewiesen. In diesem Sinne suggeriert der Begriff „pflegebedürftig" einen Mangel an selbstständiger Versorgung, der nur mithilfe von Pflege, also fremder Fürsorge und Obhut, ausgeglichen werden kann. Die pflegebedürftige Person bedarf dieser Versorgung. Nicht mehr und nicht weniger. Genau darauf ist die Pflegeversicherung ausgelegt. Und genau so sieht die Altenpflege in Deutschland aus.

Altenpflege ist ebenfalls ein noch recht junger Begriff, entstanden in den 1950er Jahren. Die Pflege von Kranken selbst kann man anhand von Berichten und Ausgrabungen bis in die Antike zurückverfolgen. Hauptsächlich war die Pflege der Kranken eine Aufgabe von Familien und Sippengemeinschaften. Im alten Ägypten sollen Kranke und Alte in Tempeln durch Tempelfrauen und Priesterinnen versorgt worden sein. In Indien soll es bereits 250 v. Chr. erste Krankenpflegeschulen gegeben haben. Betrieben wurden sie übrigens von Männern.

Im Mittelalter wurde Pflege dann auch in Glaubens- und Ordensgemeinschaften, also von Mönchen und Nonnen praktiziert. Schon ab dem 13. Jahrhundert lehrte man in den damaligen Universitäten die pflegerische Versorgung.

Eine kurze Geschichte der Altenpflege

Als Begründerin der modernen Krankenpflege gilt eine Frau, von der wir alle schon gehört haben. Es ist die englische Krankenschwester Florence Nightingale, 1820 geboren. Durch ihr unermüdliches Wirken trug sie dazu bei, dass wir Pflege als eigenständige Profession neben der „regulären" Medizin verstehen. Sie schuf auch die ersten Pflegetheorien. Anlässlich ihres 200. Geburtstags erklärte die Weltgesundheitsorganisation WHO das Jahr 2020 zum Jahr der professionellen Pflegenden.

Die 1869 geborene Deutsche Agnes Karll orientierte sich an den Gedanken von Nightingale. Sie wurde als Reformerin der Krankenpflege bekannt und begründete die Berufsorganisation der Krankenschwestern. Sie gilt sogar als Erfinderin der Bezeichnung Krankenschwester. Ihr Verständnis von Krankenpflege: „jemandes Lebensabend trotz körperlicher und mentaler Einschränkungen so angenehm wie möglich zu machen". In dieser Tradition entstand Mitte des 20. Jahrhunderts unter kirchlicher Leitung das, was wir heute als Altenpflege bezeichnen, ironischerweise handelt es sich also um eine sehr junge Disziplin. 1969 trat die erste bundesweite staatliche Ausbildungsverordnung der Altenpflege in Kraft. 1980 wurde sie auf zwei Jahre und 1990 dann auf drei Jahre verlängert. In der DDR gab es übrigens keine spezielle Ausbildung für Altenpflege, in den Pflegeeinrichtungen arbeiteten Krankenschwestern.

Der langjährige Sozialminister Norbert Blüm sorgte 1995 dafür, dass eine gesetzliche Pflegeversicherung in Deutschland eingeführt wurde. Sie sollte die Angehörigen entlasten, aber vor allem die Sozialämter. Bis dahin war es Aufgabe der Sozialhilfe gewesen, für die Kosten von Pflegeheimen und ambulanter Hilfe aufzukommen. Die Krankenkassen waren ebenfalls beteiligt.

Damit entstand neben Kranken-, Renten- und Arbeitslosenversicherung ein eigenständiger Zweig der Sozialversicherung, finanziert je zur Hälfte von Arbeitnehmenden und Arbeitgebenden. Ein epochaler Schritt für den Sozialstaat. Und der Einstieg in eine marktwirtschaftliche Versorgung von Pflegebedürftigen in Deutschland – mit positiven wie negativen Konsequenzen.

Achtung, hier pflegen Laien

Ganz im Geiste von Nightingale und Karll ist die soziale Pflegeversicherung (SGB XI) als Laienpflege gestrickt. Die Anspruchsberechtigten können zwischen Geldleistung und Sachleistung wählen. Geldleistungen bekommen alle, die sich durch Angehörige versorgen lassen können und wollen. Sachleistungen erhalten diejenigen, deren familiäres und soziales Umfeld dies nicht ermöglicht. Heime und ambulante Pflegedienste sollen die Angehörigenpflege, die ja immer private Laienpflege bedeutet, durch externe Laienpflege ersetzen.

Dieses System der Laienpflege erscheint auf den ersten Blick ausreichend. Es geht schließlich darum, siehe Agnes Karll, „jemandes Lebensabend trotz körperlicher und mentaler Einschränkungen so angenehm wie möglich zu machen". Die Altenpflege im Heim oder ambulant als nachrangige Ersatzversorgung gegenüber der familiären Fürsorge. Deshalb fordert und finanziert das Gesetz zum Beispiel für ambulante Dienste im Kern auch nicht mehr als Pflegehelferinnen und Pflegehelfer, also Beschäftigte, die keine Qualifizierung als Pflegefachkraft haben.

So gesehen ist es nicht verwunderlich, dass es in diesem System bisher keine Berufskammer gibt. Bei Ärztinnen und Ärzten vertritt zum Beispiel die Bundesärztekammer die berufspolitischen Interessen in Deutschland. Deren Kernaufgaben umfassen Weiter- und Fortbildungen, Berufsrecht und Qualitätssicherung. Eine solide Standesvertretung also.

Anders sieht das in einem System der Laienpflege aus. Laien scheinen keine Vertretung zu brauchen. Die gesetzliche Versicherung legt fest, was die Beschäftigten zu tun haben. Sie definiert Qualität und Standards und bestimmt mit Geldflüssen und Auflagen die Inhalte der Dienstleistung. Eine Mischung aus marktwirtschaftlichem und staatlichem System. Ein „hybrides System", wie man heute sagt, in dem die Akteure quasi Erfüllungsgehilfen staatlicher Vorgaben sind.

Merken Sie was? Hier kommt einiges zusammen. Pflege, Pflegebedürftigkeit, Altenpflege, soziale Pflegeversicherung, Laienpflege – immer wieder dreht sich alles um ein Altersbild, das gemeinhin als „Lebensabend" beschrieben wird. Eine Phase, in der es gilt, mangelnde Selbstversorgung durch fremde Fürsorge und Obhut auszugleichen. Die Betroffenen sollen es so angenehm wie möglich haben. Bemühte Laien helfen ihnen dabei nach allen Kräften. Therapie und Rehabilitation? Spielen hier keine Rolle. Sie passen weder zur Logik noch zum Geiste dieses Systems. Und irgendwie scheint das aktuelle Pflegesystem schon mit Fürsorge und Obhut überfordert zu sein. Die Gründe hierfür sucht man gerne bei zwei Faktoren: Geld und Personal.

Der angebliche Mangel an Geld und Personal

Müssen die Betroffenen unter schlechter Pflege leiden, weil den Einrichtungen zu wenig Personal zur Verfügung steht? Wird die Pflege kaputtgespart? Haben wir zu wenig staatliche Aufsicht? Liegt das Grundproblem in der privatwirtschaftlichen Ausrichtung der Altenpflege? Sind also Renditejäger verantwortlich für die beklagten Missstände?

Auch wenn es schwierig ist, wollen und können wir in diesem Buch keine politischen Positionen vertreten. Dennoch kommen wir nicht darum herum, Ursachen und Zusammenhänge der Pflegekrise einzuordnen und zu bewerten. Alles Dinge, die man auch anders interpretieren und bewerten könnte. Je nach politischem Blickwinkel.

Beginnen wir mit der Personalausstattung in der deutschen Altenpflege. Der Tenor, der seit Jahren unisono zu hören ist: zu wenig Personal, zu wenig Zeit. Hätten wir mehr von beidem, wäre alles besser. Entspanntes Arbeiten, liebevolle Zuwendung, einfühlsame Gespräche. Stattdessen, Pflege im Minutentakt. Nur das Notwendigste kann getan werden, und selbst das klappt nicht immer. Eine Fließbandpflege, die nicht nur die Alten unterversorgt, sondern auch für die Jungen, die Beschäftigten, eine Zumutung ist. Schuften im Zeitkorsett, Stress ohne Ende, eine Arbeit, die krank macht, ohne Anerkennung durch die Gesellschaft und dazu noch unterbezahlt.

Diese negativen Bilder waren sicherlich auch in den Köpfen der Bevölkerung, als die Menschen während der Corona-Pandemie den Pflegebeschäftigten applaudierten. Die Beschäftigten konterten, nicht ganz unberechtigt, dass Klatschen allein nicht genügt.

Nun ist es eine Binsenweisheit, dass die meiste Arbeit leichter und besser von der Hand geht, wenn sie durch mehr Beschäftigte erbracht wird. Mehr Personal im Dienstleistungssektor, im Hotel, im Restaurant, im Handel, bei Transportunternehmen ist meist ein Qualitätsmerkmal und unterscheidet das Luxussegment vom Konsumbereich. Dennoch ist es in vielen Fällen ein Fehler, Personalmenge und Qualität gleichzusetzen. Was getan wird und wie es getan wird, entscheidet oft stärker über das Ergebnis als schiere Quantität.

Tatsächlich sind in den letzten Jahrzehnten die Personalschlüssel in der deutschen Altenpflege immer wieder angehoben worden. Die größte Anhebung erfolgte Anfang 2017 mit dem zweiten Pflegestärkungsgesetz (PSG II). Quasi über Nacht standen unseren Häusern zwischen 10 bis 15 Prozent mehr Personalstellen zur Verfügung. So wurden aus 96 Vollzeitstellen eines Hauses rund 110 Stellen. Unsere Führungskräfte waren anfangs verwirrt und sorgten sich um die Arbeitsmoral. Sie befürchteten einen steigenden Krankenstand. Diese Sorgen verflogen dann recht schnell und alle gewöhnten sich an das „Übermaß" der Personalkapazitäten.

Die praktische Pflegequalität blieb davon aus unserer Sicht fast unberührt. Wo die Besetzung ohnehin gut war, veränderte sich nichts. Und in jenen Bereichen, in denen es Probleme gab, verbesserte sich wenig.

Wie sieht es in anderen europäischen Ländern aus? In Skandinavien und in der Schweiz zum Beispiel liegt der Personalschlüssel weitaus höher als in Deutschland. In Norwegen beträgt er ungefähr das Doppelte, die Schweiz arbeitet mit dem anderthalbfachen Personalschlüssel.

Wir haben uns Schweizer Pflegeheime angeschaut und sind dort den gleichen Problemen wie in Deutschland begegnet. Die Hauptklage der Beschäftigten lautet auch dort: „zu wenig Personal". Die Schweizer Kolleginnen und Kollegen wunderten sich übrigens, wie wir in Deutschland mit so wenig Personal zurechtkommen würden. Die Qualitätsprobleme in der Schweiz sind aus unserer Sicht nicht kleiner und nicht größer als bei uns.

Kommen wir zum Thema Geld. Ist die deutsche Altenpflege unterfinanziert? Die Antwort können Sie sicher schon erahnen. Wir sind nicht dieser Meinung. Interessanterweise hat sich die Politik dem Tenor „zu wenig Personal, zu wenig Geld" angeschlossen. Ob das aus schlechtem

Gewissen geschieht oder weil in Deutschland immer alles über „noch mehr Geld" verschlimmbessert wird, lassen wir offen. Die tatsächliche Finanzlage erkennt man an den bereits genannten statistischen Daten: Die Leistungen der Pflegeversicherung haben sich innerhalb von sieben Jahren (2015–2022) glatt verdoppelt. Jahr für Jahr satte 15 % mehr, und das bei damals noch sehr niedriger Inflationsrate.

Jährlich fließen 60 Milliarden Euro in das deutsche Altenpflegesystem. Eine gigantische Geldsumme, aufgebracht von den Beitragszahlenden der Pflegeversicherung. Hinzukommen die Eigenbeteiligungen der Bürgerinnen und Bürger sowie die Leistungen der Sozialämter. Nur zum Vergleich: Für Bildung gaben die öffentlichen Haushalte im Jahr 2023 rund 181 Milliarden Euro aus. Für Verteidigung waren es im selben Jahr knapp 66,8 Milliarden Euro. Die Altenpflege liegt nur knapp darunter. Immer noch ein vergleichsweise stattlicher Etat. Der zudem wächst und wächst. Von chronischer Unterfinanzierung zu sprechen, erscheint uns hier mehr als übertrieben.

Wenn es also nicht an zu wenig Geld liegt, könnte es dann vielleicht sein, dass wir zu viel Privatwirtschaft in der Pflege haben? Wären staatliche Institutionen eher in der Lage, die Altenpflege so zu organisieren, dass Betroffene und Beschäftigte darin glücklicher wären?

Schauen wir uns die aktuelle Situation bei den Pflegeheimen an. Die Zahl öffentlicher Träger ist relativ klein und über die Jahre 1999 bis 2021 leicht zurückgegangen, von 750 auf 727. Freigemeinnützige bzw. kirchliche Träger hingegen haben stark zugenommen. 1999 waren es 5.017, im Jahr 2021 schon 8.512. Stark aufgeholt haben private Träger. Sie wuchsen am stärksten und haben sich mehr als verdoppelt. Von 3.092 im Jahr 1999 auf 6.876 im Jahr 2021.

Markt oder Staat, die Frage lässt sich schwer objektiv beantworten. Hier geht es unter anderem um politische Grundüberzeugungen. Dennoch wollen wir uns dazu positionieren.

Aus unserer Sicht ist der Markt auch bei Sozial- und Gesundheitsthemen den staatlichen Akteuren deutlich überlegen. Unter Marktakteuren verstehen wir dabei private wie auch freigemeinnützige Träger. Unser Unternehmen ist übrigens freigemeinnützig, das heißt, wir handeln zwar unternehmerisch, aber eben nicht rein gewinnorientiert. Entscheidend sind für uns Moral, Anspruch und Ehrgeiz bei unseren unternehmerischen Handlungen. Die Rechtsträgerschaft spielt aus unserer Sicht nur eine nachgeordnete Rolle.

Fassen wir also zusammen: Die Misere der Altenpflege liegt nicht in zu knapp bemessenen Personalschlüsseln. Verglichen mit anderen Ländern, die weitaus höhere Personalkapazitäten einsetzen, ergeben sich dort keine wesentlichen Vorteile. Das System der Altenpflege ist auch keineswegs unterfinanziert. Es sind genügend Mittel im System vorhanden. Sie sind höchstens nicht optimal verteilt, Leistungsanreize sind falsch gesetzt. Eher könnte man mutmaßen, dass in einzelnen Bereichen sogar eine Überfinanzierung erfolgt. Wir erkennen auch nicht, dass es wesentliche Vorteile bringen würde, wenn der Staat die komplette Versorgung übernähme.

Ein Konzept für alle, wirklich alle Fälle

Nun gut, wenn die Krise weder am Geld noch am Personal liegt, könnte dann vielleicht das „Gesamtkonzept" schuld sein? Pflegen wir also nach den falschen Modellen und Theorien?

Machen wir eine kleine Zeitreise zurück in die 70er Jahre. Lutz studierte damals Psychologie in Berlin und qualifizierte sich danach zum systemischen Familientherapeuten weiter. Es war eine Zeit, in der psychotherapeutische Richtungen und „Schulen" um die beste therapeutische Praxis rangen. Verhaltenstherapie versus Psychoanalyse, Gestalttherapie versus Psychodrama, Bioenergetik versus NLP. Als jungem Absolventen blieb ihm nichts anderes übrig, als sich klar zu einer Richtung zu bekennen. Er entschied sich für die systemische Familientherapie. Aber ehrlich gesagt nur, weil ihn ein Weiterbildungsinstitut für Gestalttherapie abgelehnt hatte. So kann es gehen mit den festen Überzeugungen.

In der Familientherapie angekommen hörten die Debatten jedoch nicht auf. Mit großer Leidenschaft stritten Kolleginnen und Kollegen sich hier um die „richtige" Methode. Wer sich an die 1970er und 1980er Jahren erinnern kann, wird wissen, wie verbissen man damals diskutierte.

Als wir dann Ende der 1990er Jahre nach einem Alleinstellungsmerkmal für unser Unternehmen suchten, kamen wir zu einer überraschenden Erkenntnis. Wir hatten gehofft, auf Basis eines geläufigen Pflegemodells ein ganz neues Konzept für unsere Arbeit entwickeln zu können. Es sollte uns von anderen Teilnehmern des Wettbewerbs unterscheiden. Doch schnell stellten wir fest: Es gab keine konkurrierenden Modelle oder Schulen. In der Psychologie, Medizin, Soziologie, Wirtschaftswissenschaft und vielen anderen Feldern wurde mit großer Leidenschaft über den „richtigen" Weg gestritten. Nur nicht in der Welt der Pflege.

Pflege war einfach das, was die Pflegenden taten. Alle machten alles gleich. Fragten wir Verantwortliche anderer Pflegeträger, nach welchem Pflegemodell sie arbeiteten, bekamen wir die stereotype Antwort: AEDL-Modell von Krohwinkel, was sonst?!

Monika Krohwinkel über alles. Sie ist eine deutsche Pflegewissenschaftlerin und veröffentlichte 1984 ihr sogenanntes AEDL-Modell. Dieses bildet seitdem die theoretische Grundlage für das Handeln der Pflegenden. Damals fiel uns unter anderem auf, dass alle Dokumentationsblätter, gleich welcher Anbieterfirma, nach dem AEDL-Modell aufgebaut waren.

Und wie sieht dieses Pflegemodell nun aus? Es basiert im Prinzip auf der Maslowschen Bedürfnispyramide. Abraham H. Maslow (1908–1970) war ein US-amerikanischer Psychologe und arbeitete zu den Themen Motivation und Bedürfnisse. Er gilt als einer der Begründer der humanistischen Psychologie, der sich Lutz damals sehr verbunden fühlte. In der Bedürfnispyramide sind die menschlichen Bedürfnisse nach einer Rangfolge geordnet. Angefangen von psychologischen über soziale Bedürfnisse bis hin zum Wunsch nach Selbstverwirklichung. Nur wenn die Grundbedürfnisse erfüllt sind, ist der Mensch bereit für die höheren Stufen. Vielleicht erinnert sie das an den Spruch aus der Dreigroschenoper von Brecht: „Erst kommt das Fressen, dann kommt die Moral".

Krohwinkels Pflegemodell ist also ein bedürfnisorientiertes Modell. Genau das sieht Jacqueline Fawcett, Pflegewissenschaftlerin aus den USA, kritisch:

„Können die eigenen Bedürfnisse nicht mehr erfüllt werden, wird Pflege notwendig. Die Funktion der Pflegekräfte besteht darin, der Patientin und dem Patienten bei der Erfüllung ihrer Bedürfnisse zu helfen. Der Ansatz reduziert den Menschen auf eine Reihe von Bedürfnissen und die Pflege auf eine Reihe von Hilfestellungen." (Fawcett 1998, S. 35)

Nach Fawcett gibt es weltweit rund 30 Pflegemodelle, zum Beispiel systemische, entwicklungsorientierte und interaktive Ansätze. Interessanterweise führt sie die bedürfnisorientierten Ansätze nur am Rande auf. Sollte uns das zu denken geben?

Wie gesagt, fast alle von uns befragten Pflegeanbieter arbeiten nach dem Modell von Krohwinkel. Wir fragten sie natürlich: Weshalb

Krohwinkel? Die Antwort kam mit einem Schulterzucken: Weil die anderen Anbieter es auch tun würden.

Holen wir kurz tief Luft und lassen das sacken. Die Mehrzahl der Pflegeanbieter (wahrscheinlich waren es sogar fast alle) orientierten sich an einem einzigen Pflegemodell. Obwohl es eine größere Zahl an Modellen zur Auswahl gäbe. Doch mit diesen anderen Ansätzen scheint man sich nicht befassen zu wollen. Machen wir es einfach so wie alle anderen. Wird schon richtig sein.

Stellen wir uns einmal vor, andere Zweige von Wirtschaft und Gesellschaft würden ähnlich einseitig denken und handeln. Dann hätten wir in jedem Restaurant die gleichen Gerichte, in jedem Theater den gleichen Spielplan, in jeder Boutique die gleichen Kleider.

Was ist nun der Haken an einem Pflegemodell, das sich an Bedürfnissen orientiert? Klingt doch nach einer guten Sache, oder? Leider führt es dazu, dass wir die Pflegearbeit rein kompensatorisch ausrichten. Das heißt, wir ersetzen Eigenversorgung durch Fremdversorgung. Das Defizit (alle Tätigkeiten, die die pflegebedürftige Person nicht mehr ausführen kann) wird kompensiert.

Wo immer wir hinschauen in der deutschen Altenpflege, erschöpft sich die Pflegearbeit meist darin, den Menschen all das abzunehmen, was ein gesunder alter Mensch ganz selbstverständlich selbst erledigt.

Wer sich nicht mehr selbst waschen kann, wird gewaschen. Wer nicht mehr laufen kann, wird im Rollstuhl geschoben. Oder schlimmer, er wird sitzen gelassen. Oder noch schlimmer: man lässt ihn im Bett liegen.

Wer die Stufen einer Treppe, und sei sie noch so klein (zum Beispiel zum Hochparterre, weil der Fahrstuhl dort erst losgeht), nicht schafft und daher das Haus nicht mehr zum Einkaufen verlassen kann, für den wird eingekauft.

Wer sich sein Brot nicht mehr selbst schmieren kann, oder schlimmer, es nicht mehr alleine essen kann, dem wird dabei geholfen.

Gut gemeint, aber schlecht im Ergebnis. Alles, was wir nicht täglich tun und üben, verliert sich und macht uns noch hilfloser und bedürftiger. Therapie und Reha könnten hier helfen.

Was die Pflegeversicherung leistet (und was nicht)

Die Leistungen der Pflegeversicherung sind so gestrickt, dass sie genau die Anforderungen der kompensatorischen Pflege erfüllen. Was man am deutlichsten dort sieht, wo die Menschen noch im eigenen Wohnumfeld leben: bei der ambulanten Pflege. In den meisten Bundesländern sind die Tätigkeiten der Pflegekräfte genau definiert und reglementiert. Kleinteilig und exakt bis ins Detail.

Ein paar Beispiele für Abrechnungseinheiten (und indirekt damit auch Zeitvorgaben): Die „kleine Körperpflege" besteht aus An- und Auskleiden, Teilwaschen, Mund- und Zahnpflege, Kämmen. Die „große Körperpflege" umfasst noch Duschen und weitere Tätigkeiten. Bei der „Darm- und Blasenentleerung" geht es um den Toilettengang inklusive Po abwischen und, falls nötig, Anlegen einer Inkontinenzvorlage (Einmalwindel).

Abrechnungseinheit für Abrechnungseinheit geht es für die pflegebedürftige Person durch den Tag. Man putzt ein wenig ihre Wohnung und wäscht ihre Wäsche, kauft ein und bereitet ihr Frühstück und Abendessen zu. Im besten Fall begleitet die Pflegekraft sie auf dem Weg zum Arzt. Aber bitte keine Spaziergänge oder Besuche von Cafés oder kulturellen Veranstaltungen!

Diese Leistungslogik der Pflegeversicherung entspricht mit wenigen Ausnahmen (zum Beispiel der „Mobilisierung" beim Aufstehen) dem bedürfnisorientieren Pflegemodell. All das, was an Eigenversorgung nicht mehr möglich ist, soll durch die Pflegekräfte übernommen werden. Dahinter steht das klassische Bild vom Alter als Lebensabend. Das Pflegeheim als Endstation. Goodbye Leben!

So ganz wohl war es den Vätern und Müttern der Pflegeversicherung dann dabei doch nicht. Und so schrieben sie in die Sozialgesetzbücher den schönen Grundsatz „Rehabilitation vor Pflege" und schufen einige Regularien, die das sicherstellen sollten. In der Praxis ist davon nicht viel zu sehen. Nach Angaben des Medizinischen Dienstes Berlin-Brandenburg erhalten am Ende nur ein bis zwei Prozent aller Pflegebedürftigen rehabilitative Leistungen. 98 von 100 alten und kranken Menschen gehen leer aus.

Junge Menschen erhalten nach einem Beinbruch im Winterurlaub ganz selbstverständlich Reha-Leistungen. Alten Menschen werden diese schlicht verweigert. Das Lebensalter entscheidet offensichtlich darüber, ob ein Mensch in den Genuss der gesetzlich verbrieften Leistungen kommt oder nicht.

Sprache ist verräterisch, auch in der Altenpflege

Wieder sind wir an einem Punkt angekommen, der die Geringschätzung alter Menschen und des Alters schlechthin deutlich macht. Leider spiegeln sich diese Einstellungen im Verhalten der Pflegebeschäftigten wider.

Sprache ist verräterisch, auch in der Altenpflege

Nein, wir wollen kein Bashing betreiben. Pflegefachkräfte, Pflegehilfskräfte und alle weiteren Beschäftigten in der Altenpflege machen Tag für Tag eine Arbeit, die körperlich, aber vielleicht noch mehr seelisch, herausfordernd ist. Krankheit, Sterben und Tod begleiten sie bei ihrem täglichen Einsatz. Sie erledigen diese Arbeit im Durchschnitt gut, nicht besser und nicht schlechter als Arbeitnehmende in anderen Branchen.

Letzteres gilt für Institutionen, Organisationen und Unternehmen der Pflegebranche. Weder Bashing noch Applaus sind aus unserer Sicht angemessene Reaktionen, wenn es um die Würdigung der Leistungen von Menschen geht, die in der Altenpflege arbeiten. Tatsache ist aber auch: Der Beruf der Altenpflegerin und des Altenpflegers hat kein gutes Image bei Jobsuchenden. Die Assoziationen, die er in den Köpfen junger Menschen auslöst, sind wenig attraktiv. Denken wir an „Fack ju Göhte".

Auch bei den Beschäftigten finden wir in Denken und Sprache sehr oft negative Bilder vor. Sowohl in Bezug auf die von ihnen betreuten alten Menschen als auch auf sich selbst. Verwundern kann uns das kaum. Wer den ganzen Tag über eine Arbeit verrichtet, die kompensatorisch ausgelegt ist und über Alltagshygiene und einfache Verrichtungen nur selten hinausgeht, bei dem verengt sich das Denken. Das Menschenbild kippt schnell ins Negative.

Man merkt es allein schon an der Sprache. Zu Beginn unserer Arbeit fiel uns auf: Die meisten Beschäftigten duzten Patienten ungefragt. Zum Beispiel eine 20-jährige Absolventin, die eine 80-jährige alte Dame ohne Erlaubnis duzte. Da schmerzte schon das zufällige Zuhören. Als wir die Mitarbeiterin darauf ansprachen, reagierte sie verwundert. Für sie war das Normalität im Pflegealltag. Besonders Demenzkranke wurden geduzt. Wir gingen jahrelang massiv gegen dieses Fehlverhalten vor, sogar mit Abmahnungen. Selbst heute können wir nicht sicher sein, ob so etwas an der ein oder anderen Stelle nicht immer noch geschieht.

Abwertende Formulierungen sind ebenfalls ein Problem. Der Fachbegriff dafür heißt Dysphemismus. Die bezeichnete Person wird herabgesetzt, hinter den Worten verbirgt sich Missachtung. Oder klingen die folgenden Sprüche für Sie nach Nächstenliebe?

- „Ich mache jetzt mal die Frau Schmidt fertig."
- „Wie geht es uns denn heute?"
- „Jetzt wollen wir mal unsere Tabletten nehmen."
- „Wo ist denn Ihr Lätzchen?"
- „Heute gab es wieder einen Abgang." (Gemeint ist ein Todesfall)

Formulierungen wie diese sind nicht nur respektlos und abwertend den Pflegebedürftigen gegenüber. Sie verraten auch, dass die Pflegekraft die eigene Tätigkeit und vielleicht sogar sich selbst geringschätzt. Das Gegenüber wird zum Objekt der eigenen Handlungen degradiert, die Handlung wird abgewertet und der Sprechende setzt sich selbst herab als empathieloses Wesen, das primitive und würdelose Verrichtungen zu leisten hat. Eine zweiseitige, pardon, Entleerung von Menschenwürde und Sinn. In Zeiten von akutem Arbeitskräftemangel und angesichts einer Generation Z, die nach Sinn im eigenen Tun sucht, ein fataler Befund.

Sie denken, wir lassen wirklich kein gutes Haar an der deutschen Altenpflege? Leider sind wir noch nicht am Ende. Anders gesagt: Das dicke Ende kommt jetzt, nämlich die Frage, wie sich das derzeitige Vorgehen in der Pflege körperlich und psychisch auf die Betroffenen auswirkt.

Hier liegt (im Sinne des Wortes) das Hauptproblem

In Pflegeheimen wird viel gelegen und gesessen. Das Bett scheint das Herzstück der Einrichtung zu sein. Wieder verrät die Sprache es: „Wollen Sie ein Einbettzimmer oder reicht ein Zweibettzimmer?" Nicht nur solche Fragen erinnern an ein Krankenhaus. In den meisten Heimen dürfen die Bewohnerinnen und Bewohner einige Möbel von zuhause mitbringen – nur ihr Bett nicht. Im Zimmer steht das sogenannte Pflegebett bereit. Es ist elektrisch höhenverstellbar, mit allerlei Zusatzfunktionen ausgestattet und bildet den arbeitstechnischen Mittelpunkt der Pflegekräfte.

Man liegt oder sitzt und wird rundum versorgt. Hört sich erst einmal gut an. Ist es aber nicht. Dauernd im Bett zu liegen, ist außer beim Schlafen so ziemlich das Dümmste, was man machen kann. Zumindest, wenn man älter ist und die Fitness bereits gelitten hat. Mal ganz abgesehen vom Risiko des Wundliegens führt diese Ruhigstellung, dieser Bewegungsmangel schnurstracks zu einigen der größten gesundheitlichen Probleme des Alters.

Über den altersbedingten Muskelabbau, die Sarkopenie, haben wir bereits gesprochen. Durch mangelnde körperliche Aktivität leiden aber nicht nur die Muskeln und der Bewegungsapparat, sondern der gesamte Organismus.

Wer sich zu wenig bewegt, den bestraft das Leben. Das Risiko chronischer Krankheiten, die nur schwer oder gar nicht mehr heilbar sind, steigt enorm.

Warum ist das so? Unser Körper und unser Organismus haben sich in einer Zeit entwickelt, in der wir als Nomaden durch die Savannen in Afrikas Osten zogen. Der Homo erectus vor 1,5 Millionen Jahren war Jäger und Sammler, noch nicht sesshaft und ernährte sich von Früchten, Wurzelgemüse, ab und zu auch von Fleisch, entsprechendes

Jagdglück vorausgesetzt. Deshalb ist unsere Anatomie von der Bewegung, dem Laufen geprägt. Das Laufen im aufrechten Gang wurde erst durch etliche anatomische Besonderheiten möglich und effektiv. Füße, Becken und Wirbelsäule sind entsprechend geformt. Bei unseren früheren Streifzügen legten wir pro Tag 30 bis 50 Kilometer zurück, in etwa die Strecke eines modernen Marathonläufers. Antilopen und andere Beutetiere waren zwar schneller, dafür erwiesen wir uns aber als zäh und ausdauernd. Klettern, Kriechen, Springen gehörten zu unserem täglichen Standardprogramm. Eine gute Kondition war überlebenswichtig. Von morgens bis abends bewegten wir uns also. Darauf ist unser Organismus bis heute ausgerichtet. Entziehen wir ihm dieses tägliche Bewegungsprogramm, bauen wir ab. In körperlicher, geistiger und seelischer Hinsicht. Unsere Leistungsfähigkeit sinkt. Unsere Muskeln, Sehnen und Organe schrumpfen, unsere Knochen werden brüchig, unser Gehirn wird kleiner – und unsere Seele bricht.

Das National Institute of Health, eine der wichtigsten Behörden des US-amerikanischen Gesundheitssystems, untersuchte die Folge der Covid-Lockdowns (Pawlik, 2021). Eine Ursache für den Tod vieler Menschen: „Bewegungsmangel". Demnach sei, bereits vor der Pandemie, jeder vierte Erwachsene in den USA an Bewegungsmangel gestorben. 2008 gab es rund 5,3 Millionen Todesfälle, die auf den Mangel an physischer Aktivität zurückzuführen waren. Wenn mangelnde Bewegung schon für durchschnittlich gesunde Menschen im mittleren Lebensalter fatale Folgen haben kann, was bedeutet sie dann erst für alte und chronisch bereits erkrankte Menschen?

Sehen wir uns die Auswirkungen von Bewegungsmangel näher an. Schon wenn man zwei Wochen lang nur noch 1.500 Schritte statt der gewohnten 10.000 Schritte pro Tag geht, reduziert sich die Muskelmasse signifikant und auch der Mineralgehalt der Knochen nimmt ab. Das zeigte eine Studie der University of Liverpool mit jüngeren und älteren Probanden. Bei den Älteren funktionierte übrigens auch die Sauerstoffversorgung des Blutes schlechter und die Funktion der Mitochondrien, der Kraftwerke der Zellen, ließ nach (Podbregar, 2019). Über Weihnachten und Neujahr einfach mal alle Fünfe gerade sein zu lassen, ist also tatsächlich keine gesunde Idee. Weder für junge noch für ältere Menschen.

Wie dramatisch der Muskelabbau ausfallen kann, hat eine Studie der Universität Kopenhagen ermittelt. Bei 32 gesunden Männern unterschiedlichen Alters wurde die Kniescheibe eines Beins zwei Wochen lang lahmgelegt. Die Probanden mussten auf Krücken laufen. Die Jüngeren verloren durchschnittlich 485 Gramm Muskelmasse, die Älteren „nur" 250 Gramm. Der Unterschied erklärt sich dadurch, dass die jüngeren Teilnehmer insgesamt mehr Muskelmasse hatten. Bei den älteren Probanden war diese, Stichwort Sarkopenie, ein gutes Stück niedriger. Die Probanden büßten durchschnittlich ein Drittel ihrer Muskelkraft ein. Selbst ein anschließendes sechswöchiges Aufbautraining reichte nicht aus, um die verlorene Muskelkraft wieder herzustellen (Hollersen, 2015).

Wertet man diese und weitere Studien zum Thema Muskelabbau durch mangelnde Bewegung aus, lässt sich folgende Rechnung anstellen: Legt man ältere Menschen, die ansonsten völlig fit und gesund sind, zehn Tage lang ins Bett, dann bauen sie rund 1,5 Kilogramm Muskelmasse ab.

Rückenschmerzen sind eine weitere Folge. Nicht nur die Rückenmuskeln bilden sich zurück, wenn wir uns zu wenig bewegen. Auch die Muskulatur des Rumpfes, also Bauchmuskeln und seitliche Muskeln, schrumpft merklich. Unsere Haltung leidet, das führt zu Schmerzen. „Ich hab Rücken" heißt also meist, dass wir zu viel sitzen oder liegen.

Zu viel Jogging ist schlecht fürs Knie? Zu wenig zu laufen kann viel übler sein. Der Mangel an Bewegung führt oft schon im mittleren Alter zum Gelenkverschleiß, der Arthrose. Der Gelenkknorpel nutzt sich zu stark ab, weil er schlecht versorgt ist und schädliche Stoffwechselprodukte nur schwer abtransportiert werden.

Knochenschwund (Osteoporose) ist ebenfalls eine Erkrankung, die in Zusammenhang mit Bewegungsmangel steht. Die Knochendichte nimmt ab und führt zu erhöhter Gebrechlichkeit der Knochen sowie zu Knochen- und Rückenschmerzen. Frauen sind von dieser Erkrankung überdurchschnittlich oft betroffen. Sich mehr zu bewegen, kann auch hier positive Effekte haben. Denn unsere Knochen reagieren hochempfindlich auf mechanische Belastung, zum Beispiel auf die Erschütterungen, die beim Gehen, Laufen, Springen entstehen. Durch wiederholtes Belasten verdichten sich die Knochen, die Knochenstruktur verbessert sich. Bewegung macht Knochen also fester und stabiler.

Eine weitere negative Auswirkung von zu wenig Bewegung ist Bluthochdruck. Die sogenannte Hypertonie gilt als einer der Auslöser für Herzinfarkt und Schlaganfall. Herz-Kreislauf-Erkrankungen sind in Deutschland nach wie vor Todesursache Nummer 1. Laut den Krankenkassen sterben daran in Deutschland jährlich 342.000 Menschen. Von Bluthochdruck spricht man, wenn dauerhaft Werte von 140 zu 90 mmHg überschritten werden. Ein Drittel der Bevölkerung in Deutschland ist betroffen, ältere Menschen in besonders hohem Maße. Wer regelmäßig körperlich aktiv ist, kann seinen Bluthochdruck senken, das belegen viele Studien. Ein dreimaliges wöchentliches Ausdauertraining von je 30 bis 40 Minuten soll den Blutdruck um bis zu 15 mmHg senken können. Und schon ein kurzer täglicher Spaziergang von zehn Minuten, zügig durchgeführt, senkt das Risiko für Herzinfarkt und Schlaganfall um 20 %. Durch regelmäßige Bewegung weiten sich die Blutgefäße und werden elastischer. Der Herzmuskel wird besser durchblutet und gekräftigt, pro Schlag pumpt das Herz mehr Blut, Puls und Blutdruck sinken. Kurz: Durch Bewegung trainieren wir unser Herz und senken so das Risiko eines Herztods. Übrigens gehen wir im ▶ Kap. 4 ausführlicher auf die positiven Effekte von Bewegung ein.

Bis hierhin wenig Gutes über die Pflege

Ja, unsere Bilanz ist verheerend. Wir haben in diesem Kapitel zugegebenermaßen kein gutes Haar am aktuellen System der Altenpflege gelassen. Zu Recht, wie wir meinen. Denn wir haben es mit einer Pflege zu tun, die sich im Wesentlichen auf das Kompensieren von Defiziten beschränkt. Sie baut auf die Fremdübernahme von Aktivitäten und verstärkt so die Passivität der Betroffenen. Sie bewirkt das Gegenteil dessen, was der alte Mensch braucht. Sie hilft nicht. Sie schadet. Sie macht Menschen kränker, hilfloser und verkürzt die Lebensspanne deutlich.

Wir versprechen Ihnen aber auch optimistischere Töne. Zum Glück gibt es einige Lichtblicke. So wandelt sich der Blick aufs Alter nach und nach. Alte gelten plötzlich als cool. Um diesen noch „jungen" Trend wird es im nächsten Kapitel gehen.

3   80 ist das neue 60

Pfingsten 2022, Olympiastadion München. Meine Güte, geht uns durch den Kopf, sechzig Jahre gibt es die jetzt schon. Und heute sitzen wir hier, selber nicht mehr die Jüngsten, und fiebern ihrem Auftritt entgegen. Die Rolling Stones. Charlie Watts hat es im letzten Jahr erwischt. Aber Keith Richards wird da gleich auf der Bühne stehen, zäh und cool, ein paar Meter daneben der leisere Ron Wood. Und dann wird natürlich einer herumwirbeln: Mick Jagger. Der Mann mit den vielen Gesichtern. Sänger, Sexsymbol, Fashion Icon, Vielfachvater und sogar Ritter des Vereinigten Königreichs war und ist er.

Ganz spurlos sind die Jahre nicht an den Dreien vorübergegangen. Doch irgendwie scheint ihnen das Alter wenig anhaben zu können, vor allem Sir Mick nicht. Er tänzelt ihm einfach davon, und entflieht damit auch allen Klischees, die wir vom Altsein haben. Setzt sich nicht zur Ruhe, genießt nicht seinen Lebensabend, arbeitet unbeirrt weiter. 2023 wurde er 80. Kaum zu glauben.

Ruhestand, Lebensabend – das waren doch immer feste Begriffe, wenn wir ans Alter dachten. Ruhestand, lassen wir uns dieses Wort einmal auf den Lippen zergehen. Es ist entlarvend. Vorher: lebendig, erwerbstätig, aktiv. Jetzt: ruhig gestellt, stehend, sitzend, liegend, passiv. Wenn manche aktiven Alten lieber vom „Unruhestand" sprechen, macht das die Sache nicht besser. Denkt man bei dem Begriff doch eher an klagefreudige Rentner und patzige Wilmersdorfer Witwen.

Ähnlich scheußlich klingt auch der Begriff Lebensabend. Da kommt nicht mehr viel, die Sonne geht unter, das Ende ist nah. Am

Abend ruhen wir uns aus vom Tagewerk. Wir legen die Beine hoch, trinken Kamillentee und schauen „Bergdoktor". Na dann, gute Nacht.

Außer Jagger fallen uns prompt einige andere Prominente ein, die altgewohnte Regeln auf den Kopf stellen. Die nicht an Ruhestand zu denken scheinen und ihren vermeintlichen Lebensabend einfach nicht antreten wollen. Und in den Medien, in der Werbung sehen wir immer mehr graue Akteure und Models.

Dreht sich da gerade etwas? Weichen die hergebrachten Altersbilder auf? Wird Alter etwa sexy? Diesen Fragen wollen wir nachgehen.

Alter ist nur eine Zahl, die Stars machen es vor

Ein paar Jahre älter noch als Mick Jagger ist Jane Fonda. Ende 2024 wurde sie 87. Was für eine Frau, was für eine Karriere. Schauspielerin, Oscargewinnerin, politische Aktivistin, Fitness-Queen. Sie hat den Krebs überlebt, wurde an Rücken und Knien operiert und trägt ein Hüftimplantat. Das hält sie nicht davon ab, immer noch in Filmen und Serien mitzuspielen. In der erfolgreichen Comedyserie „Grace and Frankie" zum Beispiel. Dort tritt sie an der Seite von Lily Tomlin auf, die übrigens gerade einmal zwei Jahre jünger ist.

Ihren Kollegen Michael Douglas, der 2024 seinen 80. feierte, hat es ebenfalls ins Comedyfach verschlagen. In „The Kominsky Method" hadert er als Schauspiellehrer mit dem Altwerden. 2024 spielt er in der Miniserie „Franklin" über den amerikanischen Gründervater Benjamin Franklin die Titelrolle.

Eine weitere Altersikone ist Robert Redford. Sein letzter Film „Gauner und Gentleman" kam 2019 in die Kinos. Der 1936 geborene

Schauspieler, Filmregisseur und Filmproduzent war zu diesem Zeitpunkt 83 Jahre alt. Als Schauspieler hat er nie einen Oscar bekommen (jedoch einen für Regie und sein Lebenswerk) und trotzdem ist er einer der größten Hollywoodstars aller Zeiten. Wohl jeder kennt ihn aus Filmen wie „Der Clou", „Jenseits von Afrika" oder „Der Pferdeflüsterer".

Überhaupt scheinen ältere Schauspielerinnen und Schauspieler alles andere als Kassengift zu sein. Helen Mirren, Anthony Hopkins, Judi Dench, Michael Caine, Robert De Niro, Kevin Costner, Barbra Streisand, Arnold Schwarzenegger und viele weitere bekannte Gesichter begegnen uns regelmäßig im Kino oder auf Streamingdiensten. Sie alle haben nach landläufiger Meinung „ihre besten Jahre" hinter sich und brillieren trotzdem, zum Teil haben sie sogar mehr Erfolg als je zuvor.

In der Musikbranche sehen wir einen ähnlichen Trend zum agilen Silver Ager. Elton John verabschiedet sich gerade von den Bühnen der Welt, er lässt sich aber seit mehreren Jahren mit einer ausgedehnten Tour viel Zeit damit. Bob Dylan, Dolly Parton, Patti Smith treten immer noch auf, Bruce Springsteen füllt nach wie vor die Stadien weltweit. Der „Boss" lebt gesund und trainiert viel, ebenso wie Cher, die gerne mit ihren Schönheits-OPs kokettiert und schier unverwüstlich zu sein scheint. „Habe gerade Bauchmuskeltraining, Zumba, Yoga und Wall Sits gemacht", verkündet sie stolz auf Social Media (Süddeutsche Zeitung, 2022).

Nicht nur im Entertainment, auch in der Politik sehen wir viele Menschen, die trotz fortgeschrittenen Alters in hohen und höchsten Positionen standen und stehen. Der ehemalige US-Präsident Joe Biden gehörte zu ihnen, ebenso Donald Trump. Die 1940 geborene Nancy Pelosi war von 2019 bis 2023 Sprecherin des Repräsentantenhauses. Bereits 1961 war sie Gast bei der Amtseinführung von John F. Kennedy und zählt bis heute zu den einflussreichsten Personen des politischen Amerikas.

Die meisten der genannten Persönlichkeiten wirken jünger, als sie tatsächlich sind. Heere von Personal Trainern, Ernährungs-Coaches, Make-up-Artists, Stylisten und, das sei nicht verschwiegen, Schönheitschirurgen tragen zu diesem Effekt bei. Dennoch erklärt das nicht alles. Es liegt auch an der inneren Einstellung. Sich aufs sprichwörtliche Altenteil zurückzuziehen, kommt für sie einfach nicht in Frage. Sie fühlen sich nicht alt, sondern stark genug, immer noch Großes zu leisten. Also schwingen sie sich aufs Peloton-Rad, greifen sie zum Golfschläger, ernähren sie sich vegetarisch, um so lange wie möglich fit zu bleiben.

Wie alt fühle ich mich? Nicht nur die Stars, auch viele „normale" Menschen kommen hier zu überraschenden Selbsteinschätzungen. Schauen wir uns das genauer an.

Von Generation zu Generation fühlen wir uns immer jünger

Objektives Alter, subjektives Alter, biologisches Alter, gefühltes Alter. Ganz schön verwirrend, nicht wahr? Sorgen wir einmal für mehr Durchblick. Aus unserer Geburtsurkunde ist zweifellos das objektive Alter ersichtlich. Schwarz auf weiß steht dort eine Jahreszahl. Aus subjektiver Sicht mag uns der zeitliche Abstand zu diesem Datum zu hoch erscheinen. Ich und 50 Jahre alt? Kann doch nicht sein! Beruhigt sind wir dann, wenn die Ärztin uns nach einem Checkup bescheinigt, dass unser Körper jünger ist. Mensch, mein biologisches Alter ist 42 Jahre, wusste ich es doch. Leider kann es aber auch sein, dass wir bedingt durch Lebensstil und andere Faktoren sogar biologisch älter sind. Lange Zeit lag der Fokus auf dem Unterschied zwischen „Kalenderalter" und dem körperlichen Alterszustand. Psychologie, Soziologie und Medizin beschäftigen sich aber mehr und mehr mit dem subjektiv erlebten Alter.

Fragen Sie einmal in ihrem Freundeskreis herum. Wir wetten, dass die meisten Befragten sich jünger fühlen, als sie objektiv sind. Dieses gefühlte Alter beruht auf einer subjektiven Alterswahrnehmung. Mittlerweile gibt es viele Studien zu diesem Thema. Im Kern geht es darum, ob und wie sich das subjektiv gefühlte Alter auf das Wohlbefinden und sogar den körperlichen Zustand auswirkt.

Ein Klassiker ist in dieser Hinsicht das „Counterclockwise Experiment" der Harvard-Psychologin Ellen Langer von Ende der 1970er Jahre (Langer, 2009). „Gegen den Uhrzeigersinn" meinte hier, dass Erwachsene in eine frühere Lebensphase zurückversetzt werden sollten. Die Studiengruppe bestand aus Männern im Alter zwischen 70 und 80 Jahren. Sie wurden in ein Umfeld gebracht, das ziemlich genau der Lebenswelt entsprach, die sie aus dem Jahr 1959, zwanzig Jahre zuvor, kannten. Es war eine Zeitreise, in der sie quasi ihr früheres Leben nochmals erleben konnten. Sie wohnten in einem Haus, das zeitgemäß eingerichtet war, lasen die damals verfügbaren Zeitschriften und Magazine, schauten Schwarzweiß-Fernsehen usw. Selbst in ihren Ausweisen waren die Bilder von vor 20 Jahren. Eine Woche dauerte dieser Aufenthalt in der Vergangenheit, eine vergleichsweise kurze Zeit.

Übrigens war die Studiengruppe in zwei Hälften geteilt. Die eine Hälfte sollte sich genau so verhalten, als wäre sie zwanzig Jahre jünger. Ganz genau wie damals 1959. Die andere Hälfte, die Kontrollgruppe, erhielt die Anweisung, sich rückblickend mit dieser Zeit zu beschäftigen und es bei Erinnerungen zu belassen.

Nach Abschluss der einwöchigen Zeitreise fühlten sich die Teilnehmer beider Versuchsgruppen deutlich vitaler als zu Beginn. Sie waren beweglicher, geschickter und belastbarer. In allen Testergebnissen hinsichtlich Sehen, Hören und Gedächtnis hatten sie sich verbessert. Auch im Intelligenztest schnitten die Studienteilnehmer besser ab. Sogar die Gesichter schienen sich durch die Zeitreise verjüngt zu haben, wie Vergleiche von vorher und nachher aufgenommenen Fotos nahelegten.

Besonders positiv fielen die Ergebnisse bei den Teilnehmern aus, die sich völlig in die Zeit vor zwanzig Jahren hineinversetzt hatten und zu ihrem jüngeren Ich geworden waren. Die Teilgruppe, die sich nur gedanklich, über die Erinnerungen, mit dieser Situation beschäftigt hatte, fühlte sich zwar auch besser, aber in geringerem Maße.

Die Ergebnisse der Studie wurden von einigen Wissenschaftlern bezweifelt, weil die Studiengruppe klein war und methodische Schwächen aufwies. 2019 wiederholte Ellen Langer ihr berühmtes Experiment mit Männern und Frauen und mit Hilfe verbesserter wissenschaftlicher Methoden. Die Ergebnisse wichen wenig von denen aus dem Jahr 1979 ab. Wieder schien die Zeitreise „gegen den Uhrzeigersinn" die Teilnehmenden zu „verjüngen".

In den letzten Jahren wurde das Phänomen des subjektives Altersempfindens näher untersucht. Die Erkenntnisse sind erstaunlich.

Der französische Sozialpsychologe Yannick Stephan von der Universität Montpellier führte eine große Studie mit 10.000 Probanden durch. Er wollte herausfinden, wie sich ein „sich Älterfühlen" auf die Gesundheit auswirkt. Die Studie ergab: Wer sich älter fühlte, als er tatsächlich war, hatte ein bis zu 25 % höheres Risiko, in den nächsten Jahren im Krankenhaus zu landen (LUM, 2016).

Und was passiert, wenn Menschen sich jünger fühlen als sie sind? Dilip V. Jeste, Direktor des Neurowissenschaftlichen Institut der University of California San Diego, wies nach, dass solche Menschen bei vielen Parametern besser abschnitten als Altersgenossen, die sich gemäß ihres tatsächlichen Alters fühlten. Die Studie mit über 1000 Probanden belegte ein höheres Maß an Widerstandsfähigkeit, Hoffnung, Optimismus und Neugier. Auch die Sinnhaftigkeit des Lebens wurde ausgeprägter erlebt (Jeste et al., 2013).

Beeinflusst das subjektive Alter lediglich das Wohlbefinden oder auch das biologische Alter? Diese Studie legt nahe, dass beide Faktoren durch das Gefühl, jünger zu sein, positiv beeinflusst werden. Der Glaube an die eigene Jugendlichkeit wirkt wie ein Placebo. Man fühlt sich einfach besser. Und wer sich fit fühlt, trainiert häufig auch mehr, was dann auch den tatsächlichen körperlichen Zustand verbessert.

Suchen wir weiter nach Gründen, warum sich Menschen jünger fühlen, als sie eigentlich sind und was die Stärke dieses Effekts bestimmt. Auch hier haben Wissenschaftler in jüngster Zeit einiges entdeckt. Der bereits erwähnte Sozialpsychologe Yannick Stephan ist der Meinung, dass 80 % aller über 40-jährigen sich jünger fühlen, als sie es sind. Nur wenige würden sich älter oder ihrem Alter gemäß einschätzen (Zittlau, 2023). „Verjüngungs-Bias" wird dieses Phänomen genannt. Es handelt sich um eine systematische Wahrnehmungsverzerrung. Ab 40 Jahren fühlen sich demnach die meisten Menschen um 15 bis 20 % jünger.

Markus Wettstein von der Humboldt-Universität Berlin untersucht in seinem Fach „Lebensspannenpsychologie" das Phänomen subjektiver Alterswahrnehmung in Abhängigkeit vom Jahrzehnt der Geburt. So hätten 1940 geborene Personen durchaus eine unterschiedliche subjektive Alterswahrnehmung, wenn man sie mit 1950 Geborenen vergleicht. Dieser Generationsunterschied beträgt laut Wettstein etwa zwei Prozent. Das heißt: Eine Person fühlt sich statistisch gesehen um etwa zwei Prozent jünger als eine andere Person, die zehn Jahre früher geboren wurde, sich im gleichen Alter gefühlt hat (Wettstein et al., 2023). Demzufolge gibt es über die Generationen eine Entwicklung hin zum Sich-jünger-fühlen. Wir fühlen uns also so jung wie noch nie – und das in einer dramatisch alternden Gesellschaft. Verrückte Welt, oder?

Nie mehr arbeiten – wirklich ein Traum?

Eigentlich ist das doch eine großartige Entwicklung. Wenn wir alle immer jünger werden, gibt es ja bald kein Problem mit falschen Altersbildern, mit Diskriminierung von alten Menschen und anderen Ärgernissen mehr. Schön wäre es. An einem Punkt schlägt das Alter dann doch zu: beim Austritt aus dem Erwerbsleben. So wird das sehr deutsch und bürokratisch genannt. Gehen wir in Rente oder Pension, landen wir in der Irrelevanz. Wer nicht arbeitet, erbringt keine Leistung mehr für die Gesellschaft, hat keinen Nutzen mehr für sie. So die immer noch gängige Auffassung. Dies wirkt sich enorm auf das Selbstwertgefühl der „Ruheständler" aus.

Dabei wird scheinbar wenig so sehnlich erwartet wie der Renteneintritt (wieder so ein harsches Bürokratenwort). Ein Reich der persönlichen Freiheiten tut sich auf! Jeden Tag ist Wochenende, lange schlafen, schön frühstücken, im Garten buddeln, zum See radeln, mit den Enkeln herumtollen. Unsere Vorstellung von Arbeit und Freizeit übertragen wir auf diese neue Zeit. Als ob es ein längerer Urlaub wäre, eine Art Auszeit (neudeutsch Sabbatical) vom Job.

Und dann fallen wir in ein tiefes Loch. Unser Selbstwert bricht ein, wir fühlen uns nutzlos und brauchen ewig, uns mit der neu gewonnenen „Freiheit" zu arrangieren. Weil nun etwas fehlt, das vorher Sinn gestiftet und für sozialen Zusammenhang gesorgt hat. Die Arbeit. Ausgerechnet die.

Nie mehr arbeiten – wirklich ein Traum?

In Deutschland haben wir ein negatives Bild von Erwerbsarbeit. Sie gilt eher als Fronarbeit denn als Selbstverwirklichung. Ganz im Sinne von Karl Marx, Stichwort entfremdete Arbeit. Als die Rente ab 63 eingeführt wurde, atmeten daher viele Beschäftigte auf. Allein von 2014 bis 2018 nahmen über 1,13 Millionen Menschen diese Möglichkeit in Anspruch. Zugleich fordern nicht Wenige aus Wirtschaft, Wissenschaft und Politik, das Renteneintrittsalter anzuheben, weil die Lebenserwartung steigt. Die Gewerkschaften sind entsetzt und kündigen Proteste an.

Auch die Diskussion um das bedingungslose Grundeinkommen spiegelt das schlechte Image der Erwerbsarbeit wider. Diese enge den Menschen ein, befreit von ihr könne man sich entfalten und endlich wertvollere Beiträge für die Gesellschaft leisten. Und der Generation Z wird gerne nachgesagt, dass für sie ein Teilzeitjob ausreichen würde, um glücklich zu sein. Alles, nur nicht Vollzeit im Hamsterrad strampeln.

Aber was ist mit dem Selbstwertgefühl? Hier liegt doch der Knackpunkt. Alte Menschen werden abgewertet und fühlen sich daher wertlos, weil sie nun nicht mehr arbeiten. Mögen sie noch so lange in die Rentenkasse eingezahlt haben – plötzlich gelten sie als Kostgänger. Der sogenannte Generationenvertrag in Deutschland ist entsprechend gestrickt. Die Jungen zahlen für die Alten. Was im aktuellen System dazu führt, dass die Erwerbstätigen immer mehr arbeiten müssen, um die Renten zu bezahlen. Zum einen leisten sie Rentenbeiträge, zum anderen fließt ein Teil der von ihnen geleisteten Steuerbeiträge in das Rentensystem.

Wesentlich positiver werden Alte betrachtet, die noch im Arbeitsleben stehen. Bei Selbständigen ist dies oft der Fall. Gerade in unternehmerischen Kreisen, im Mittelstand, finden sich viele Beispiele. Denken wir an Wolfgang Grupp, den ehemaligen Chef von Trigema. Oder an Reinhold Würth, Deutschlands bekanntesten Schraubenhersteller. Aufhören mit 63, 65 oder 67? Für Unternehmer, Künstler, Handwerker,

Ärzte und viele andere ist das schwer vorstellbar. Sie wollen und dürfen weiterhin ihren Beitrag leisten.

Gibt es einen Trend zum Arbeiten im Alter? Die Statistik sagt ja. Der Anteil der Erwerbstätigen über 67 steigt. Mittlerweile liegt er bei über 1,1 Millionen Menschen, davon arbeiten jedoch nur knapp 250.000 mit Sozialversicherung, wie eine Anfrage der Linken im Bundestag im Jahr 2023 ergab. Eine traurige Entwicklung, wie die Linkspartei kommentierte? Oder könnte es sein, dass nicht allein finanzielle Gründe dahinter stehen? Nach Regierungsangaben arbeiten vor allem Menschen mit hohem Bildungsniveau über ihr 67. Lebensjahr hinaus, weil sie Spaß an der Arbeit und den sozialen Kontakten haben und eine sinnvolle Beschäftigung suchen.

Vielleicht sollten wir nicht vorschnell urteilen. Natürlich gibt es die Rentnerin, die sich durch eine Putzstelle etwas dazuverdienen muss. Es gibt aber auch genug ältere Menschen, für die es um eine sinnvolle Gestaltung ihrer Lebenszeit geht. Denen Hobbys und der Rückzug ins Private nicht genügen. Seien wir doch froh, wenn sie im Arbeitsleben bleiben oder dorthin zurückkehren.

Platz da, hier kommen die echten Influencer

Mag die Wertschätzung von Alten in der Gesellschaft sich auch in Grenzen halten, wirtschaftlich gesehen sind sie alles andere als irrelevant. Sie gelten sogar als heimliche Marktmacht. Best Ager, Silver Ager, Generation Gold. Das sind Begriffe, bei denen der Einzelhandel, die Reisebranche und andere Bereiche der Wirtschaft die Kassen klingeln hören. Es handelt sich um Menschen im Alter zwischen 50 und 70

Jahren. Ihr Anteil an der Bevölkerung wächst aufgrund des demografischen Wandels. Sie verfügen über ein gutes bis sehr gutes Einkommen und Vermögen, ihre Kaufkraft ist daher hoch. Für Dinge, die es ihnen wert sind, geben sie gerne auch etwas mehr aus. Sie lieben Qualität, reisen gerne und oft, begeistern sich für Lifestyleprodukte und investieren viel in ihre Gesundheit. Man möchte schließlich gesund und fit die nächsten Jahrzehnte genießen.

Was wäre die Kreuzfahrtindustrie ohne sie? Glaubt man der Werbung, schippern junge, braungebrannte Models übers Mittelmeer. In Wirklichkeit ist da, bezogen auf den Anteil der deutschen Passagiere, größtenteils die Altersgruppe der 60- bis 69-jährigen unterwegs. Rund 3,5 Milliarden Euro geben sie jährlich für Kreuzfahrten aus. Auch in der hochwertigen Gastronomie überwiegen Gäste über 50. Sie gönnen sich gerne einen guten Wein, wenn Ambiente und Service stimmen. Beim Personal, also Tischservice, Küche und Bar, sieht die Altersstruktur dann schon anders aus.

Neben Reisen und Genuss hat aber ein Thema für diese Zielgruppe das größte Gewicht: Gesundheit. Biolebensmittel, Nahrungsergänzungsprodukte, Wellness-Kurse, Fitnesstrainings, Anti-Aging-Kosmetika – immer dreht es sich darum, dem alternden Körper ein Schnippchen zu schlagen und möglichst „jung" zu bleiben. Interessanterweise gibt es deshalb auch relativ wenige Bücher übers Altern an sich, so wie dieses, sondern eine Vielzahl an Titeln zu Anti-Aging, Ernährung, die jung und aktiv hält, etc. Warum sollte man sich denn mit dem Altern beschäftigen, wenn man (in der eigenen Selbstwahrnehmung) gar nicht älter wird?

Die Menschen, die so denken und leben, werden mehr und mehr. In den meisten Bundesländern liegt der Anteil der Best- und Silver Ager (50 bis 70 Jahre) bereits bei über einem Viertel der Bevölkerung. In rund

20 Jahren rechnet man damit, dass er rund 50 % betragen wird. Eine wachsende Macht also.

Mitverantwortlich für diesen Anstieg ist die Generation der Babyboomer. So werden landläufig die geburtenstarken Jahrgänge der Zeit von Mitte der 1950er bis Ende der 1960er Jahre bezeichnet. Oftmals wird diese Generation auf die Jahre von 1946 bis 1964 eingegrenzt. 1964 war im damaligen Westdeutschland der geburtenstärkste Jahrgang überhaupt. Ein paar Jahre noch, dann gehen auch die damals Geborenen in Rente und genießen ihren „Lebensabend". Falls Sie sich fragen, warum ab 1965 nicht mehr so viele Babys in Deutschland geboren wurden: Die gängige Erklärung lautet, dass es an der Antibabypille lag. Der „Pillenknick" beschäftigte Ende der 60er in Westdeutschland die Gemüter der Nation, ebenso wie die beginnenden Studentenproteste.

Wenn nun alles so rosig aussieht für die Generationen ab 50, zählen diese dann auch zu den glücklichsten Menschen im Lande? Wächst das Lebensglück mit den Jahren?

Glück ist (k)eine Frage des Alters

Die Frage, was Glück ist, wie man es fassen, messen, gar steigern kann, beschäftigt die Menschheit seit eh und je. Die alten Griechen unterschieden zwischen „Eudaimonia", dem puren Lebensglück als Geschenk der Götter, und „Eutychia", dem launischen Zufallsglück. Für Sokrates ging es um tugendhaftes Leben, Platon riet zu einem Mix aus geistigen und körperlichen Genüssen, Aristoteles sah im Streben nach Glück eine beständige Aufgabe. Viele Jahrhunderte später brachte Kant erneut die Moral ins Spiel. Richtig Fahrt nahm die Diskussion dann im 20. Jahrhundert auf, dank des Booms von Psychologie und Pädagogik. Freud betrachtete das Glück mit Blick auf Lust und Unlust; wenn wir einen Trieb befriedigten, würden wir uns kurzfristig glücklich fühlen. Ab Mitte des Jahrhunderts wandelte sich die Perspektive, nun ging es mehr und mehr darum, wie man erfüllt leben und sich selbst verwirklichen kann. Gewissen Einfluss hatte hier der bereits erwähnte Abraham A. Maslow mit seiner sogenannten Bedürfnispyramide.

Uns geht es hier um das empfundene Lebensglück. Die Wissenschaft formuliert hier etwas nüchterner und spricht von Lebenszufriedenheit. In den letzten Jahren tauchte in Fachartikeln, Vorträgen und Medienberichten das Bild von der U-Kurve auf. Demnach entwickele sich unser Lebensglück in Bogenform. In jungen Jahren seien wir rundum zufrieden, dann aber ginge es abwärts. Das Tal der Tränen erreichten wir in unserer Lebensmitte. Doch ab 50 steige die Zufriedenheit wieder stetig an, bis sie schließlich im Alter erneut die Werte der Jugendzeit erreiche. „Glücksforscher" wie Tobias Esch predigen dieses Modell, das wesentlich auf Studien der US-Psychologen David G. Blanchflower und Andrew J. Oswald (2008) beruht:

- Kindheit und Jugend: Die Phase, in der die Lebenszufriedenheit am höchsten ist. Neugierig erkunden wir die Welt, erleben jeden Tag Aufregendes. Die Zukunft mit möglichen Sorgen und Herausforderungen ist noch weit weg.
- Mitte 20 bis Ende 40: Von nun an sinkt unsere Zufriedenheit. Wir machen Karriere, gründen vielleicht eine Familie, sind gestresst, erleben erste Rückschläge und enttäuschte Erwartungen.
- Anfang 50 bis Lebensende: Die Midlife Crisis ist durchstanden, jetzt hellt sich unsere Sicht auf das Leben wieder auf. Wir werden gelassener, erfreuen uns an kleinen Momenten, finden mehr Sinn in unserem Tun. Im hohen Alter blicken wir trotz gesundheitlicher Probleme mit Milde auf unseren Lebensweg zurück.

3 80 ist das neue 60

Ein Leben in U-Form? Müssen wir nur abwarten, bis wir älter sind, um uns (wieder) rundum glücklich zu fühlen? Bringt das Alter nicht nur Falten und Knieschmerzen, sondern auch inneren Sonnenschein? Ganz so vorhersehbar ist die Sache nicht.

Die U-Kurve des Lebensglücks ist nicht unumstritten. Ein Hauptschwachpunkt scheint zu sein, dass lediglich das Lebensalter betrachtet wird. Was ist mit anderen Faktoren wie Einkommen, Gesundheit, Bildung? Wie stark oder schwach beeinflussen sie, wie zufrieden ein Mensch sich fühlt? Außerdem handelt es sich um keine Langzeitstudien. Alle Generationen wurden zum selben Zeitpunkt befragt. Würde man eine Generation über mehrere Jahrzehnte begleiten, sähen die Erkenntnisse eventuell ganz anders aus. Natürlich wäre der Aufwand hierfür größer, und man müsste sich mit dem Ergebnis gedulden.

Etwas differenzierter ging das Leibniz-Institut für Bildungsverläufe an die Frage nach der Lebenszufriedenheit heran. 2020 wertete es die Daten von 170.000 Menschen aus 81 Ländern aus. Nicht nur das Alter, auch der Bildungsgrad und weitere Faktoren flossen ein. Es zeigte sich, dass die U-Kurve im Prinzip zutraf, nur verlief sie um einiges flacher. So tief war das „Tal der Tränen" zur Lebensmitte demzufolge nicht. Auch ergab sich dieses Bild nur in europäischen Ländern, Japan, Südkorea und Teilen von Südamerika. In den USA, Australien und China dagegen fiel die Kurve kontinuierlich ab, nur zum Lebensende hin stieg sie noch einmal sachte an. Kein U, mehr ein Haken, der an das Logo einer bekannten Sportmarke erinnert.

Noch düsterer sah es in Ländern wie Indien, Pakistan, Algerien oder Ägypten aus. In diesen und anderen sogenannten Schwellen- und Entwicklungsländern sank die Zufriedenheit mit dem Älterwerden beständig ab. Ebenfalls kein U, sondern ein trauriger Schrägstrich in den Niedergang.

Wie zufrieden wir sind, hängt also nicht allein von unserem Alter ab. Mitentscheidend ist, welchen Bildungsgrad wir haben, wieviel wir verdienen, wie gut die medizinische Versorgung ist, ob es ein intaktes Rentensystem gibt und vieles andere (Ewert, 2021).

Im Vergleich zum Rest der Welt leben wir in einer Bubble der Glückseligkeit, wie es scheint. Das U ist flach, die Zufriedenheit sinkt leicht und steigt ab 50 wieder an. Zum Glück haben wir mittlerweile einen recht guten Eindruck davon, wie zufrieden Menschen im hohen Alter sind. Das Bild ist dank mehrerer Studien aus jüngster Zeit recht differenziert und aussagekräftig.

Schauen wir uns an, wie es hochaltrigen Menschen, also Personen über 80 Jahre, geht. Wie zufrieden sind sie?

In der Studie D80+ „Hohes Alter in Deutschland", gefördert vom Bundesministerium für Familie, Senioren, Frauen und Jugend, wurden über 10.000 Personen über 80 zu ihrer Lebenssituation und Lebensqualität befragt. Die gute Nachricht: Mehr als drei von vier Hochaltrigen sind mit ihrem Leben insgesamt zufrieden. Die schlechte Nachricht: Die Zufriedenheit sinkt mit dem Alter. Die noch schlechtere Nachricht: Alte Menschen in Heimen sind besonders unzufrieden. Demnach hängt die subjektive Lebensqualität sehr von der Lebenssituation ab. Wer auch im hohen Alter gut sozial eingebunden ist, fühlt sich zufriedener, erlebt mehr Autonomie und eine höhere Wertschätzung durch die Gesellschaft.

Sehr alte Menschen in Deutschland fühlen sich gesellschaftlich wenig anerkannt. Nur knapp die Hälfte der Befragten ist der Ansicht, dass ihre Lebensleistung wertgeschätzt wird. Weniger als ein Drittel fühlt sich noch „gebraucht". Und leider ist es traurige Realität, dass sehr alte Frauen im Vergleich zu Männern über geringere soziale und gesundheitliche Ressourcen verfügen, also oftmals eine geringere Lebensqualität haben (BMFSFJ, 2022).

3   80 ist das neue 60

Versuchen wir, das Ganze positiv zu betrachten. Immerhin ist eine Mehrheit der Hochbetagten zufrieden. Die Psychologin Pasqualina Perrig-Chiello spricht hier vom „Paradoxon des Wohlbefindens im Alter" (Blum & Perrig-Chiello, 2014, S. 25). Psychisches Wohlbefinden und Lebenszufriedenheit würden mit steigendem Alter nicht etwa sinken, sondern sich auf einem höheren Niveau stabilisieren. Obwohl Partner und Freunde sterben oder dement werden und die körperlichen Kräfte nachlassen würden. Ihrer Ansicht nach führe das höhere Lebensalter auch zu höherer Gelassenheit. Ältere Menschen hätten wahrscheinlich gelernt, sich auch schwierigen (gesundheitlichen) Umständen besser anzupassen.

„Obwohl die objektive Lebensqualität im Alter nicht mehr super ist, erhält uns irgendetwas am Leben. Wir tragen uns mehr Sorge, haushalten anders mit der Lebenszeit, schrauben unsere Ansprüche zurück. Diese Fähigkeiten werden uns auch in Zukunft auszeichnen. Die Menschen verfügen im Alter über mehr Lebensweisheit, haben andere, reifere Strategien als in jüngeren Jahren. Sie haben weniger Illusionen, und sie sind realistischer." (Blum & Perrig-Chiello, 2014, S. 26)

Alte Menschen sind resilienter und damit zufriedener, selbst wenn die Lebensumstände nicht so einfach sind. Das wurde auch in der Corona-Pandemie deutlich. Vor allem jüngere Erwachsene und Jugendliche haben unter den Einschränkungen besonders gelitten.

Wie sieht die Lage bei den extrem Hochbetagten, den Menschen ab 100 aus? Auch hier gibt es interessante Erkenntnisse. So belegt die 2. Heidelberger Hundertjährigen-Studie (Jopp et al., 2013) eine erstaunlich hohe Lebenszufriedenheit. Trotz vieler Gebrechen sind diese Menschen eher selten depressiv. 80 % gaben in der Heidelberger Studie an, mit ihrem Leben zufrieden zu sein. Die Lebenszufriedenheit ist im Vergleich mit der Gruppe der 80- bis 95-jährigen sogar höher. Die Hundertjährigen sind optimistischer als ihre jüngeren Studienteilnehmer.

Wo liegt das Geheimnis? Warum blicken die Hundertjährigen trotz großer Gesundheitsprobleme so positiv auf ihr Leben zurück? Die Altersforscherin Daniela Jopp von der Universität Lausanne meint hierzu: „Ältere Menschen setzen eher auf kognitive Strategien, mit denen sie ein Problem umbewerten. Sie konzentrieren sich nicht auf ihren Gesundheitszustand, sondern eher darauf, dass sie am Leben sind – und schätzen dies" (Brinkema, 2022).

Die Zahl der Hundertjährigen wächst. 2021 lebten laut Statistischem Bundesamt rund 23.500 Menschen mit diesem, wie man früher sagte, biblischen Alter in Deutschland. Laut Prognosen der UN soll sich diese Zahl allein bis 2050 verdreifachen. Wenn 80 das neue 60 ist, ist 100 dann etwa das neue 80? Oder anders gefragt: Ist ein extrem langes Leben ebenfalls ein Trend?

In den „Blauen Zonen" blüht das Alter

Das Phänomen der langlebigen Menschen hat der US-Journalist Dan Buettner untersucht. In seinem Bestseller „Blue Zones" (2012) stellte er fünf Regionen in aller Welt vor, in denen besonders viele Hundertjährige leben. Sein Buch war derart erfolgreich, dass gleich mehrere Folgebücher, und anderem mit Kochrezepten, sowie eine Netflix-Miniserie daraus entstanden sind. Man sieht, die Aussicht, 100 zu werden, scheint sehr viele Menschen zu reizen.

Wo liegen sie nun, diese geheimnisvollen „Blauen Zonen" des schier ewigen Lebens? Buettner hat mit seinem Wissenschaftsteam fünf Regionen gefunden: Ikaria in Griechenland, Ogliastra auf Sardinien, Okinawa in Japan, Loma Linda in Kalifornien und die Halbinsel

Nicoya in Costa Rica. In diesen Gebieten werden die Menschen nicht nur überdurchschnittlich älter als in anderen Gegenden des Landes oder Kontinents, sie genießen auch eine deutlich höhere Lebensqualität. Im japanischen Okinawa sind zum Beispiel die Krebsraten niedriger, Herzerkrankungen und Demenz kommen seltener vor als im Rest des Landes.

Neun Erfolgsfaktoren für ein langes Leben gibt es nach Buettner, schlagkräftig nennt er sie die „Power 9": Sich viel bewegen, ein Lebensziel haben, Stress reduzieren, nicht zu viel essen (den Magen nur zu 80 % füllen), sich bevorzugt vegetarisch ernähren, wenig Alkohol trinken, einer Gemeinschaft angehören, sich um die Familie kümmern, in einem gesundheitsförderlichen sozialen Umfeld leben. Eigentlich ganz einfach, oder?

Durch entsprechende Langzeitstudien erhärtet sind die „Power 9" und die Erkenntnisse hinter ihnen nicht. Doch die meisten Punkte scheinen in der Wissenschaft auf Zustimmung zu treffen. So findet der niederländische Molekular-Epidemiologe Joris Deelen vom Max-Planck-Institut für Altersforschung, dass Gemeinschaft und soziale Interaktion durchaus positive Effekte haben können. Unter anderem, weil durch sie das Gehirn trainiert wird. Er weist aber auch auf den Einfluss der Genetik auf Gesundheit und Lebenserwartung hin (van de Weyer & Demann, 2023).

Denken wir noch einmal an die anfangs genannten Prominenten, die auch im Alter noch aktiv sind. Sie verfügen über einen hohen sozioökonomischen Status, oder einfacher gesagt, sie sind sehr reich und leisten nach wie vor einen gesellschaftlichen Beitrag, der ihnen Anerkennung bringt. Sie scheinen in vielfältigen sozialen Beziehungen zu leben. Sie betätigen sich sportlich. Sie ernähren sich weitgehend gesund und konsumieren, zumindest ab einem gewissen Alter und Vernunftlevel,

Alkohol und Nikotin in Maßen oder gar nicht. Dass diese Zurückhaltung sich auch auf Drogen bezieht, davon gehen wir wohlwollend aus.

Lang, länger, Longevity

Während normale Menschen sich maximal vorstellen können, die 100 zu erreichen, ist das Silicon Valley längst auf einem viel extremeren Trip. Dort und in anderen Forschungszentren rund um die Welt arbeitet man daran, den Menschen praktisch unsterblich zu machen. Finanziell gut aufgestellte Menschen wie Elon Musk, Peter Thiel oder Jeff Bezos scheinen davon beseelt zu sein, unsterblich zu werden. Oder uns zumindest um einige Jahrzehnte länger mit ihrem irdischen Wirken zu beglücken. Doch wie realistisch ist dieser Traum vom „ewigen Leben"? Werden wir in absehbarer Zeit den Alterungsprozess verzögern, stoppen oder gar umkehren können?

Longevity, also Langlebigkeit, ist ein Trend, der sich rasant ausbreitet. Nicht nur in den USA, auch bei uns. In der abgeschwächten Alltagsform geht es bei Longevity um einen gesundheitsbewussten Lebensstil, der uns erlaubt, bis ins hohe Alter gesund und fit zu bleiben. In der Silicon-Valley-Version kommen Forschung und Technologie ins Spiel. Enorme Summen werden investiert, um nach Wegen zu suchen, die Lebenszeit zu verlängern. Kann es den Jungbrunnen, den wir als Gemälde betrachtet haben, irgendwann wirklich geben? Schauen wir uns einige Erkenntnisse aus der jüngsten Vergangenheit an.

Die Nobelpreisträgerin Elizabeth Blackburn und ihre Kollegin Elissa Epel haben 20 Jahre lang geforscht, wie sich das biologische Alter zurückdrehen lässt. Ihr Ergebnis: Wenn wir altern, liegt das an den

Telomeren (Blackburn & Epel, 2017). Dies sind eine Art Schutzkappen unserer Chromosomen. Je älter wir werden, desto mehr „fransen" die Telomere aus und werden kürzer. Sie stellen damit so etwas wie eine innere biologische Uhr im Zellinneren dar. Unser Lebensstil hat hier aber ebenfalls starken Einfluss. Falsche Ernährung, Stress, Rauchen und andere Faktoren beschädigen die Telomere. Beim nächsten Glas Alkohol sollten wir also an unsere Chromosomen-Schutzkappen denken.

Das derzeit bekannteste Werk der Langlebigkeitsmedizin stammt von Peter Attia, einem kanadischen Arzt und Forscher. Sein Buch „Outlive – wie wir länger und besser leben können, als wir denken" (2024) gilt schon als Bibel der Longevity-Bewegung. Für ihn ruht Langlebigkeit auf vier Säulen: Krafttraining/regelmäßige Bewegung, Ernährung, emotionale Gesundheit und Schlaf. Bedroht werde ein langes Leben durch die „apokalyptischen Reiter" des Alters: Herzkrankheiten, Krebs, Alzheimer und Typ-2-Diabetes. Laut Attia benötigt jeder Mensch einen maßgeschneiderten Plan für Langlebigkeit.

Wesentlich forscher geht David A. Sinclair von der Harvard Medical School an das Thema Alterungsprozess heran. Er ist der Ansicht, dass wir unser Alter tatsächlich „zurückdrehen" können. Nach eigenen Angaben ist ihm das selbst schon gelungen. Satte zehn Jahre jünger sei er nun. Entsprechend heißt sein Buch „Das Ende des Alterns" (2019). Darin erklärt er, wie man seine Gesundheit und Lebensdauer effektiv steigern kann. Der wissenschaftliche Hintergrund: In jedem Zellkern gibt es neben der DNA noch das Epigenom. Dieses besteht aus chemischen Verbindungen und Proteinen, die sich, stark vereinfacht gesagt, an die DNA anlagern und diese beeinflussen, positiv wie negativ. Krankheiten wie Krebs, Diabetes oder das Altern haben nach Sinclair mit dem Zustand des Epigenoms zu tun. Ja, Sie lesen richtig. Er betrachtet den Alterungsprozess als Krankheit. Sie kann sogar geheilt werden. Damit wären wir praktisch unsterblich.

Aus all diesen Forschungen kristallisiert sich eine Erkenntnis: Die Gene entscheiden nicht allein, wie alt wir werden. Unser Lebensstil und Umwelteinflüsse mischen kräftig mit beim Altersbingo. Die Longevity-Bewegung setzt daher auf gesunde Ernährung, Yoga, Resilienz, Intervallfasten, Nahrungsergänzungsmittel und vieles andere. Allein für Pillen und Kapseln mit Vitaminen, Mineralien und Co. wurden 2020 weltweit über 61 Milliarden US-Dollar ausgegeben. Bis 2028 soll dieser Markt auf über 200 Milliarden anwachsen.

Longevity erweist sich ironischerweise als langlebiger Trend. Offenbar geht er erst richtig los. Social Media ist da ein guter Indikator. Alles rund um Gesundheit, Fitness, Anti-Aging verspricht hohe Follower-Zahlen und Umsätze. Und das ist verständlich. Die meisten Menschen möchten nicht einfach nur lang leben, sondern auch möglichst gesund und fit bleiben. Aktuell ist es so, dass es mit jedem weiteren Lebensjahr wahrscheinlicher wird, eine altersbedingte Krankheit zu bekommen. Dagegen hilft aus Sicht der Longevity-Bewegung nur, schon frühzeitig einem ausgeklügelten Verhaltensprogramm zu folgen.

Und wem ein neues Verhalten zu mühsam ist, kann auf ewiges Leben dank technologischem Fortschritt hoffen. Yval Noah Harari schreibt in seinen Weltbestsellern „Eine kurze Geschichte der Menschheit" (2015) und „Homo Deus" (2020) darüber. Zum einen geht er davon aus, dass wir in absehbarer Zukunft Hunger, Krankheiten und Kriege überwinden werden. Zum anderen sieht er die Menschheit auf dem Sprung auf eine neue Stufe der Evolution. Biotechnologie und Künstliche Intelligenz spielen eine wichtige Rolle. Weiter ausführen können wir dies leider nicht. Das würde den Rahmen sprengen.
Probleme mit negativen Altersbildern oder unzureichender Pflege wird es wohl nicht mehr geben, wenn nur noch Cyborgs oder rein digitale Wesen den Planeten bevölkern. Oder sich unser Bewusstsein auf eine

3 80 ist das neue 60

Art Festplatte übertragen lässt und wir auf ewig über den Sinn des Lebens grübeln können. Bis dahin müssen wir uns mit den Gegebenheiten arrangieren.

Weniger Beige, mehr Mick Jagger und Iris Apfel

Zurück ins Münchner Olympiastadion im Frühjahr 2022. Kein Cyborg, aber irgendwie schon ein Außerirdischer springt auf die Bühne, schwingt die Hüften, schiebt das Mikro in den Hosenbund, streckt die Zunge raus. Fast 80 ist er nach irdischen Maßstäben. Doch was zählen die hier?

Mick Jagger verkörpert perfekt den Trend unserer Zeit: 80 ist das neue 60. Auch wenn in der Welt der Rockstars alles ein paar Nummern größer und schillernder ausfällt, führt er uns vor Augen, was gerade in unserer Gesellschaft passiert. Die Altersbilder wandeln sich langsam – zum Glück. Indem uns in den Medien und im realen Leben mehr und mehr Hochbetagte und Superalte begegnen, weichen bestehende Klischees auf. Selbst sehr hohes Alter kann plötzlich cool sein. Denken wir an Iris Apfel, die 2024 in New York starb. Sie galt als Mode-Ikone und Gesamtkunstwerk. Erst mit über 80 Jahren wurde sie berühmt. Silbernes Haar, übergroße runde Brille und extravagante Kleidung waren ihre Markenzeichen. „Traut euch, anders zu sein", riet sie anderen Frauen.

Anders sein, sich abheben von der Masse, Persönlichkeit zeigen – warum nicht auch, oder gerade, im Alter? Je mehr Menschen dies beherzigen, umso schneller formen sich neue Bilder vom Alter. Nichts gegen Beige, aber es gibt so viele andere Farben.

Ruhestand oder Lebensabend wollen wir das nicht nennen. Schließlich sind es nicht die ewigen Playboys oder superreichen Witwen mit Riesenjacht, die uns faszinieren. Sondern die aktiven, kreativen Alten, die sich engagieren und mit großem Herz und manchmal auch großer Klappe im öffentlichen Leben mitmischen. Eine Bühne wie bei den Stones oder ein Penthouse in New York braucht es dafür nicht. Jeder von uns kennt wahrscheinlich Menschen, die dem beschriebenen Bild entsprechen. Ob im Verein, in einer Partei oder einfach in der Nachbarschaft. 80 ist für diese Menschen nur eine Zahl, da sind wir sicher.

Doch selbst wenn wir alle Regeln befolgen, uns viel bewegen und gesund ernähren, eines Tages macht sich das Alter bemerkbar. In den Knochen und Muskeln, in den Nerven und Adern. Dann brauchen wir spezielle Hilfe. Wie kann diese aussehen?

4 Lang lebe die Reha

Wir haben bislang ein trauriges Bild von der aktuellen Pflege gezeichnet. Pflege umsorgt, kümmert sich, hält satt, sauber und trocken. Nicht mehr, nicht weniger. Auf einem großen Schild könnte über jedem Pflegeheim der Republik stehen: Hier kommt niemand mehr raus.

Und auch die ambulante Pflege bietet den Betroffenen wenig Perspektiven. Die Pflegekräfte leisten das Allernötigste, in eng eingegrenzten Zeiteinheiten. Am Ende der Straße wartet das Krankenhaus oder das Pflegeheim. Endstation Heim, Einbahnstraße Pflege im eigenen Zuhause. Alles sehr traurig.

In privaten Gesprächen würden an dieser Stelle alle stumm mit dem Kopf nicken. Ja, ja, das ist halt so. Kann man nicht ändern. Das Alter eben. Vielleicht fällt einem in der Runde noch der Spruch „Altwerden ist nichts für Feiglinge" ein. War der nicht von Bette Davis? Oder Homer Simpson? Gequältes Lachen der Anwesenden, kurze Pause, dann zeigt jemand irgendein lustiges TikTok-Video herum.

Sie können sich sicher vorstellen, dass wir nicht zu den stummen Kopfnickern gehören. Wir denken bei Pflege nicht an das Ende des Lebensweges. Wir denken an die Rückkehr ins Leben.

Ja, Sie lesen richtig. Wir wollen keine Menschen versorgen und sie in ihrem derzeitigen Zustand „konservieren". Wir wollen sie wieder fit für ein – so weit wie möglich – eigenständiges Leben machen. Das Zauberwort hierfür lautet Rehabilitation, kurz Reha.

Falls Sie bei Reha zunächst an Knochenbruch, Lungenkrankheit oder Drogenentzug denken, verwundert das kaum. Wer sich beim Moutainbiken überschätzt und das Bein bricht, landet irgendwann nach

4 Lang lebe die Reha

der Abheilung in der Reha. Wer Thomas Manns „Zauberberg" gelesen hat, verbindet mit Reha das endlose Liegen auf Terrassen mit Alpenblick. Und obwohl die unsterbliche Amy Winehouse so lässig von ihrer „Rehab" singt, klingt das Wort Reha für viele wenig berauschend.

Reha ist aber weit mehr. Sie hilft nicht nur, Brüche und Abstürze zu überwinden. Sie hilft auch dabei, die Folgen des Alters zu mildern. In manchen Fällen kann sie diese sogar rückgängig machen. Auf jeden Fall trägt sie zu einem besseren Leben alter Menschen bei.

Was ist Reha genau? Welche positive Wirkung hat sie auf Körper und Geist? Und wie erklären sich diese Effekte aus medizinischer, psychologischer und neurowissenschaftlicher Sicht?

Betrachten Sie dieses Kapitel als Grundlage für die folgenden Teile des Buches, in denen wir unseren Ansatz „Coaching statt Pflege" vorstellen. Sie werden merken, Reha ist mehr als Stützstrumpf und Aquajogging. Sie ist das wahre Wundermittel in Sachen Anti-Aging.

Reha im Wandel: Liegen ist out, Bewegen ist in

Rehabilitation, ein schwieriges Wort, das wir gerne zu Reha abkürzen, bedeutet Wiederherstellung oder Wiedereingliederung. Klingt schon gleich konstruktiver als Pflegen, oder? Verwendet wird der Begriff in der Medizin, im Berufsleben und im Sozialwesen. In der Rechtssprache kommt er auch vor. Dort geht es darum, die verletzte Ehre einer Person wiederherzustellen oder sie wieder in frühere Rechte einzusetzen.

Wir konzentrieren uns hier auf die medizinische Rehabilitation. Sie soll Menschen nach einer Krankheit, einem Unfall oder bei einer

Behinderung wieder zu einem selbständigen Leben verhelfen. Auch soll durch sie eine zukünftige Pflegebedürftigkeit vermieden werden.

Wie wird eine Reha finanziert? Bei Beschäftigten übernimmt die Rentenversicherung die Kosten. Bei Kindern und Jugendlichen oder Rentenbeziehenden ist es die Krankenversicherung. In besonderen Fällen zahlt die Unfallversicherung, die Kriegsopferfürsorge oder eine andere Institution.

Wir haben es schon erwähnt: Es geht bei Reha auch darum, zu verhindern, dass man pflegebedürftig wird. Reha vor Pflege, lautet der Grundsatz. Und wer bereits gepflegt wird, bei dem soll gegebenenfalls der Hilfsbedarf reduziert werden. Also Reha vor und bei Pflege.

Schauen wir uns kurz an, wo Reha stattfindet. Meistens wird sie im Krankenhaus oder in speziellen Rehabilitationseinrichtungen durchgeführt. Es gibt aber auch ambulante Reha, zum Beispiel in Tageskliniken. Bei der mobilen Reha kommt die Therapeutin zum Patienten nach Hause.

Die Reha, die wir heute kennen, sah nicht immer so aus. Im Laufe der Zeit hat sich das Verständnis von Reha stark gewandelt. „Er hat die Motten", hieß es im 19. Jahrhundert, wenn jemand Lungentuberkulose hatte. Es war fast ein Todesurteil. Die Lungentuberkulose durchlöcherte die Lunge der Betroffenen, sogenannte Liegekuren in Sanatorien galten als ein probates Heilverfahren. Thomas Mann hat diesem in „Der Zauberberg" ein literarisches Denkmal gebaut.

Strikte Bettruhe galt noch vor 50 Jahren als oberster Grundsatz bei der Behandlung von Krankheiten. „Wer krank ist, der gehört ins Bett". Schonung war wichtig. Ruhe tut dem Körper gut, Anstrengung ist schlecht. Wenig Bewegung, viel Schlaf hieß das Mantra. Das ging auf eine lange Tradition zurück. Bereits vor gut 2000 Jahren empfahl Hippokrates den Kranken Enthaltsamkeit und Ruhe. Psychisch Kranke wurden noch Anfang des 20. Jahrhunderts ins Bett gesteckt und fixiert. Die strapazierten Nerven sollten sich erholen, depressive Gedanken sollten verfliegen.

Heute wissen wir: Der Körper nimmt uns langes Liegen außerordentlich übel. Innerhalb einer Woche verlieren wir bei strenger Bettruhe rund 15 % unserer Beinmuskulatur. Wenn wir längere Zeit im Bett liegen, sinkt der Blutdruck, die Organe werden schlechter durchblutet und ihr Sauerstoffgehalt nimmt ab. Die Gelenke werden steif, die Thrombosegefahr steigt, es kann zu Lungenentzündungen kommen, weil die Lunge schlecht mit Sauerstoff versorgt wird.

Liegekuren sind out, Arbeitskuren sind in. Statt Schonung und Ruhe heißt es jetzt: Durch Aktivität und Bewegung lassen sich die meisten chronischen Erkrankungen besser heilen. Alle großen Volkskrankheiten fallen darunter, etwa chronische Rückenschmerzen und Arthrose, Osteoporose und Diabetes Typ 2, Depressionen und ADHS. Insbesondere Menschen mit Herz-Kreislauf-Erkrankungen reagieren ausgesprochen positiv auf Bewegung und Ausdauertraining. Ebenso sinkt durch Bewegung das Risiko von Brust- und Darmkrebs.

Noch vor 40 Jahren war in medizinischen Lehrbüchern zu lesen, dass Herzinfarktpatienten vier bis sechs Wochen strenge Bettruhe guttäten. Heute gilt: Nur bei frischen Infekten, bei Fieber und Gliederschmerzen, ist Bewegung falsch. Sport bei Erkältungen birgt große Gefahren für die Gesundheit, im schlimmsten Falle droht eine Herzmuskelentzündung. Ansonsten gilt bei fast allen chronischen Erkrankungen: Je früher und systematischer mit moderater Bewegung begonnen wird, umso besser die Heilungschancen.

Übrigens betrifft der Paradigmenwechsel auch das komplexeste Organ unseres Körpers, das Gehirn. Noch vor 50 Jahren galt unter Ärzten die Meinung, dass sich ein Gehirn, das durch einen Schlaganfall geschädigt wurde, nicht regenerieren könne. Oder dass das Gehirn über die Jahre immer stärker abbauen würde. Beides hätte damit zu tun, dass keine neuen Nervenzellen nachwachsen könnten. Auch diese Annahmen sind mittlerweile widerlegt. Reha kann auch hier wahre Wunder bewirken.

Was steckt nun hinter der heilsamen Wirkung von Bewegung? Es wird Zeit, dass wir – im übertragenen Sinne – die Muskeln spielen lassen. Was passiert da genau in unserem Körper, wenn wir uns bewegen?

Muskelzellen scheren sich nicht um unser Alter

Auf den ersten Blick scheint die Lage aussichtslos zu sein. Wir haben bereits darüber gesprochen, mit dem Älterwerden lässt unsere Muskelkraft nach. Ab dem 30. Lebensjahr verlieren wir jährlich ca. einen Prozent unserer Muskelmasse. Das ist ein Durchschnittswert und unterstellt, dass wir keine besonderen Anstrengungen unternehmen, um diesen schleichenden Prozess durch Trainingsmaßnahmen aufzuhalten. Rein rechnerisch verfügen wir also mit 80 Jahren nur noch über rund 50 % unserer Muskelmasse und Muskelkraft. Die Ärztin attestiert Sarkopenie.

Kommt jetzt noch ein Ereignis hinzu, das uns zu Bettruhe zwingt, etwa ein Unfall oder ein schwerer Atemwegsinfekt, verschärft sich die Lage. Wenn wir für zwei Wochen flach liegen, büßen wir durchschnittlich 20 % unserer Muskelmasse ein.

So gelangen ältere Menschen ruckzuck in einen Zustand, in dem sie, nur aufgrund ihrer schlechten muskulären Verfassung, elementare Bewegungsabläufe nicht mehr schaffen. Der Weg zum Supermarkt, die paar Treppenstufen im Garten, der Gang zum Kühlschrank und selbst das Aufstehen vom Küchenstuhl wird zu einer riesigen Herausforderung. Sarkopenie gilt mittlerweile als einer der häufigsten Gründe, wenn nicht sogar als Hauptgrund für den Eintritt der Pflegebedürftigkeit. Auf jeden Fall ist sie immer mit im Spiel, wenn wir von Gebrechlichkeit und Hinfälligkeit sprechen.

Soweit die schlechten Nachrichten. Kommen wir zu den guten Nachrichten. Muskeln lassen sich relativ einfach und schnell trainieren. Muskelmasse und Muskelkraft können wir in jedem Alter wirksam steigern.

Unser Körper besitzt 656 Muskeln in verschiedenen Muskelgruppen. Jeder Muskel besteht aus mehreren Muskelfaserbündeln. Diese sind in Bindegewebestrukturen eingepackt, den sogenannten Faszien, die wie ein Geflecht den ganzen Körper durchziehen und unsere Muskeln umhüllen, stützen und schützen. Vielleicht haben Sie zuhause oder im Sportstudio schon einmal eine Faszienrolle benutzt. Das kann, zumindest im Nachgang, sehr entspannend sein.

Doch bleiben wir beim Muskel an sich: Er will arbeiten, er will bewegt werden. Wird er das nur unzureichend, beginnen die Muskelzellen zu schrumpfen. Der Muskel baut sich ab, dafür bildet sich Fett- und Bindegewebe. Die Muskelkraft reduziert sich und mit ihr die Knochendichte, was zu einem erhöhten Sturz- und Frakturrisiko führt.

Zum Glück funktioniert das alles auch andersrum. Sobald der Muskel wieder gefordert und bewegt wird, stoppt der Abbauprozess. Das Prinzip dahinter hat mit unserer Stammesgeschichte zu tun. Unser Körper handelt nach dem Motto: Was ich nicht benötige, spare ich ein, um knappe Nahrungsressourcen optimal zu nutzen. Alle unsere Organe funktionieren nach diesem „Use it or lose it". Zu geringe Belastungen führen zu Funktionsverlusten, während überschwellige Belastungsreize zu Funktionsverbesserungen beitragen (Braumann, 2015).

Jeder längere Bewegungsreiz, dem wir uns bei sportlicher Tätigkeit aussetzen, führt zunächst dazu, dass der Muskel ermüdet. Er zwickt vielleicht etwas oder schmerzt sogar. Vorübergehend sinkt seine Leistungsfähigkeit. Auf die Ermüdung folgt die Regeneration und das, was Wissenschaftler als „Superkompensation" bezeichnen: Der Muskel gewinnt an Kraft und Leistung über den Ausgangszustand hinaus. Die Muskelkraft steigt.

Schauen wir uns an, wie die Sportwissenschaft dieses Phänomen erklärt. Sie unterscheidet rote und weiße Muskelfasern. Die weißen Muskelfasern ziehen sich sehr schnell zusammen („kontrahieren" lautet der Fachbegriff) und sind für schnelle und intensive Bewegungen zuständig. Krafttraining richtet sich an weiße Muskelfasern. Rote Muskelfasern kontrahieren dagegen deutlich langsamer, dafür aber sehr ausdauernd. Ausdauertraining richtet sich an die roten Muskelfasern. Sie heißen übrigens rote Fasern, weil sie große Mengen an Myoglobin enthalten und stark kapillar sind. Unter dem Elektronenmikroskop erscheinen sie daher rot.

Krafttraining belastet die Muskulatur stark. Schon zu Beginn des Trainings stellt man häufig einen deutlichen Kraftzuwachs fest, obwohl es noch zu keinem Muskelwachstum gekommen ist. Das liegt daran, dass sich zunächst das Zusammenspiel der Muskelgruppen verbessert. Erst nach und nach führt Krafttraining dazu, dass die Muskeln tatsächlich wachsen. „Hypertrophietraining" nennt die Sportwissenschaft diesen Prozess. Er zielt darauf ab, den Gesamtquerschnitt (also den Muskelumfang) zu vergrößern. Die einzelnen Muskelfasern gewinnen dabei an Dicke.

Die mechanische Überlastung des Muskels führt zunächst zu einer gewissen Zerstörung der Muskelfasern, in den gestressten Muskeln entstehen winzige Risse. Es bilden sich Ödeme und der Muskel schwillt an. Einen unmittelbaren Schmerz gibt es nicht, weil sich innerhalb der Muskelfasern keine Schmerzrezeptoren befinden. Erst 12 bis 24 Stunden nach dem Training verspüren wir Schmerzen, weil die Entzündungsstoffe dann außenliegende Schmerzrezeptoren erreichen. Wir haben Muskelkater. Lange Zeit dachte man, dass er durch eine Übersäuerung des Muskels entsteht. Die Milchsäure sei schuld. Das gilt mittlerweile als überholt.

Und eine weitere Ansicht ist widerlegt: Im Alter lohne sich kein Training mehr, unsere Muskeln würden das einfach nicht mehr hergeben. Heute wissen wir: Es ist nie zu spät, mit Bewegungstraining zu beginnen. Nur durch Bewegung können wir dem sarkopeniebedingten Muskelabbau trotzen. Die Muskelzellen, weiße wie rote, reagieren auf systematisch durchgeführtes Training immer positiv. Die Koordination der Muskelgruppen nimmt zu, der Muskelumfang vergrößert sich durch zunehmende Dicke einzelner Muskelfasern. Penibel zwischen Ausdauer- und Krafttraining zu unterscheiden, ist im Falle älterer Menschen übrigens wenig sinnvoll. Jedes Ausdauertraining verbessert auch die Kraft, so wie jedes Krafttraining auch die Ausdauer erhöht.

Die erwähnte Superkompensation funktioniert in jedem Alter. Das heißt, der Körper und die Muskeln gelangen nach dem Training und der Belastung nicht nur auf das ursprüngliche Leistungsniveau zurück, sondern gewinnen im Verlauf der Regeneration an Kraft und Ausdauer hinzu. Glücklicherweise kümmert es die einzelne Muskelzelle nicht, ob sie in einem 30- oder einem 80-jährigen Körper steckt. Sie macht einfach, wofür sie gemacht ist. Das Alter ist ihr egal.

Die beste Medizin der Welt kostet so gut wie nichts

„Sitzen ist das neue Rauchen." Haben Sie diesen Spruch auch schon einmal gehört? Dahinter steckt eine Erkenntnis, die sich in unserer

Gesellschaft mehr und mehr durchsetzt: Bewegungsmangel erzeugt oder begünstigt viele chronische Krankheiten. Ein aktiver Lebensstil mit ausreichend Bewegung und sportlicher Betätigung beugt vor, wirkt also präventiv gegen die sogenannten Volkskrankheiten. Weniger bekannt ist, dass Bewegung und sportliche Betätigungen bei chronischen Krankheiten auch heilend wirken können.

Bewegung als Medizin gegen die meisten Volkskrankheiten des 21. Jahrhunderts – eine große Zahl an wissenschaftlichen Studien belegt, dass Bewegung die „körpereigene Apotheke" aktiviert und Medikamente ersetzen oder deren Wirkung mindestens verstärken kann. Schauen wir uns einige der Volkskrankheiten näher an, bei denen Bewegung heilend wirkt:

Bluthochdruck (Hypertonie)

Bluthochdruck (Hypertonie) ist eine der häufigsten chronischen Erkrankungen und gilt als Hochrisikofaktor etwa für Schlaganfall, Herzinfarkt oder Herzinsuffizienz. Ärztlich unumstritten ist, dass regelmäßige Bewegung eine Basistherapie gegen Hypertonie darstellt. Wie gut Sport- und Bewegungsprogramme wirken, untersuchte unter anderem Gunner Engström von der Universität Lund in einer Studie, die über 25 Jahre lief. Die kardiovaskuläre Sterberate von trainierten Hypertonikern lag gegenüber körperlich inaktiven Hypertonikern um 70 % niedriger. Während früher generell Ausdauersportarten empfohlen wurden, setzt man heute auf eine Kombination aus Ausdauer- und Kraftsport. Wichtig ist allerdings, hohe Blutdruckspitzen zu vermeiden.

4 Lang lebe die Reha

Typ-2-Diabetes

Typ-2-Diabetes ist eine schleichend entstehende Stoffwechselerkrankung, die durch einen „ungesunden" Lebensstil begünstigt wird. Allein in Deutschland zählen wir rund 8 Millionen „Zuckerkranke", 90 % von ihnen leiden an Typ 2. Dazu kommen noch einmal knapp 2 Millionen Menschen, die einen „unentdeckten" Diabetes haben. Die Anlage zu Typ-2- Diabetes ist genetisch bedingt, zum schleichenden Ausbruch kommt es dagegen nur über das „Wohlstandssyndrom": zu viel Essen, zu wenig Bewegung.

Zahlreiche Studien belegen, dass sich neben einer Ernährungsumstellung auch körperliches Training positiv auf die Erkrankung auswirkt. Bewegung hilft unmittelbar, weil Muskeln nach Glukose (Zucker) verlangen. Je mehr Muskeln aufgebaut werden, desto früher und schneller sinkt der Blutzuckerspiegel. Wieder hilft hier am besten eine Mischung aus Ausdauer- und Krafttraining, so wie es in ganz normalen Sportstudios angeboten wird.

Herz-Kreislauf-Erkrankungen

Herz-Kreislauf-Erkrankungen sind in Deutschland für über ein Drittel aller Todesfälle verantwortlich. Die Sterblichkeitsrate ist höher als die von Krebs. Ursache ist die Verkalkung der Koronararterien, die am Ende dazu führt, dass unser Herz nur noch mangelhaft durchblutet und mit Sauerstoff versorgt wird. Wenn sich ein Herzkranzgefäß plötzlich vollständig verschließt, ist ein Herzinfarkt die Folge. Zu den wichtigsten Risikofaktoren zählen Rauchen, Bluthochdruck, Diabetes Typ 2, Übergewicht und eben auch Bewegungsmangel. Liegen Herzerkrankungen in der Familie vor, kann es auch eine genetische Veranlagung geben.

Wer einen Herzinfarkt hatte, muss sein Leben umkrempeln. Bewegung sollte unbedingt Teil des neuen Lebensstils sein. 30-minütige Trainingseinheiten pro Tag gelten als optimal, aber auch weniger ist in jedem Fall mehr. Eine gute Wahl sind alle Ausdauersportarten wie Wandern, Nordic Walking, Joggen, Radfahren, Skilanglauf oder Golf. In der Anfangsphase sollte das Training allerdings immer nur unter ärztlicher Anleitung erfolgen, um eine Überforderung zu vermeiden.

Osteoporose

Osteoporose oder auch Knochenschwund ist eine Erkrankung, die mit zunehmendem Alter häufiger auftritt. Hier können wir ähnliches beobachten wie bei der Sarkopenie, dem altersbedingten Muskelabbau. Ab dem 25. Lebensjahr verlieren wir mit jedem Lebensjahr etwa ein halbes Prozent unserer Knochenmasse. Der Körper baut nicht mehr genügend Knochenmasse auf oder er baut sie zu schnell ab. Dann können Knochen schon bei geringer Belastung brechen. In Deutschland ist eine von vier Frauen über 50 Jahren davon betroffen. Aber auch Männer leiden zunehmend darunter. Jeder fünfte Osteoporose-Patient ist männlich. 6 Millionen Menschen leben hierzulande mit dieser Diagnose. Bei etwa nur fünf Prozent von ihnen tritt die Osteoporose in Folge einer anderen Erkrankung auf. Als Hauptrisikofaktoren gelten eine genetische Veranlagung, Zigaretten und Alkohol, ein Mangel an Vitamin D, aber eben auch zu wenig Bewegung. Wie schon beim Thema Muskeln gilt hier: „Use it or lose it". Wenn wir unsere Knochen zu wenig beanspruchen, bauen sie ab. Astronauten müssen im All besonders intensiv trainieren, da in der Schwerelosigkeit der „normale" Druck auf die Knochen ausbleibt. Ohne Training würden sie sonst pro Monat rund zwei Prozent ihrer Knochenmasse verlieren. Mit Training und Belastung der Knochen setzt jedoch ein ähnlicher Effekt wie beim Muskeltraining ein. Der Knochen wird gestaucht, die Knochenzellen beginnen mit dem Wiederaufbau und der Mineralgehalt des Knochens steigt. Ausdauertraining führt vielen wissenschaftlichen Studien zufolge zu einer nachweislich verbesserten Mineralisierung der Knochenzellen.

Bei der Bewegungstherapie gegen Osteoporose ist ein guter Mix aus Muskelzug und Gewichten erfolgreich. Die meisten Experten empfehlen, eher auf Kraft als auf Ausdauer zu setzen. Also lieber schwere Gewichte heben als viele Wiederholungen durchführen. Mechanische Stoßbelastungen stimulieren den Knochenaufbau. Ein begleitender Muskelaufbau festigt den Halteapparat zusätzlich. Vor Trainingsbeginn sollte jedoch der Arzt konsultiert werden, um keine negative Überlastung zu riskieren.

Krebs

Kommen wir zur wohl gefürchtetsten großen Volkskrankheit, dem Krebs. Krebserkrankungen sind in Deutschland mit jährlich 230.000 Todesfällen die zweithäufigste Todesursache nach Herz-Kreislauf-Erkrankungen. Jedes Jahr erkranken hierzulande 500.000 Menschen neu an rund 100 verschiedenen Krebsarten. Die Risikofaktoren für Krebs sind wieder ganz ähnlich wie bei den anderen Volkskrankheiten. Neben erblicher Veranlagung und krebserzeugenden Stoffen in der Umwelt spielt der Lebensstil eine entscheidende Rolle. Rauchen, Alkohol, schlechte Ernährung und natürlich auch – Bewegungsmangel. Dies alles ist hinlänglich bekannt. Weniger bewusst ist vielen Menschen, wie wichtig Bewegung und Sport bei einer bereits erkannten Krebserkrankung sind. Früher galt es, sich möglichst zu schonen. Heute stellt

Bewegung in jeder onkologischen Rehabilitation während und nach einer Erkrankung ein wichtiges Therapieelement dar.

Wissenschaftliche Studien belegen die Wirksamkeit von Bewegungstherapie besonders bei Brust-, Prostata- und Darmkrebs. Aber auch bei vielen anderen Krebsarten konnte der positive Effekt von Bewegungstraining mittlerweile gut nachgewiesen werden. Beim Fatigue-Syndrom, einer Folgestörung aufgrund der Krebserkrankung, die sich durch chronische Erschöpfung und Müdigkeit äußert, sind die Erfolge beeindruckend. Die Lebensqualität der Patienten steigt deutlich, sie sind weniger schwach und fühlen sich motivierter. Depressionen und Schlafstörungen lassen nach. Auch hier kommt eine Kombination aus Ausdauer- und Kraftsport zum Einsatz.

Durch die Krebserkrankung selbst wie auch durch die nachfolgende Chemotherapie verlieren die Patienten sehr oft an Gewicht (Kachexie) und sind weniger aktiv. Der damit einhergehende Schwund an Muskelmasse lässt sich durch Bewegungstraining ausgleichen.

Der Wunderstoff aus dem körpereigenen Apothekenschrank

Bewegung tut gut. So könnte man das bisher Gesagte zusammenfassen. Hinter dieser simplen Formel steckt jedoch eine komplizierte Rezeptur. Die heilende Kraft von Bewegung beruht auf Vorgängen in unserem Körper, die uns die Wissenschaft bis zum heutigen Tage nicht vollständig erklären kann. Immerhin, in den letzten ein, zwei Jahrzehnten drang mehr und mehr Licht durch den Nebel der Unwissenheit. Als wahre Lichtgestalt erwies sich hierbei die dänische Forscherin Bente Klarlund

Pedersen. Bei ihrer Arbeit an der Universität Kopenhagen fand sie im Blut von Sportprobanden eine erhöhte Konzentration eines entzündungshemmenden Stoffes. Normalerweise wird dieser von Immunzellen produziert. Im Laufe der Untersuchungen stellte sich jedoch heraus, dass er in diesem Fall nicht aus dem Immunsystem, sondern aus den Muskeln der Versuchsteilnehmenden stammte (Pedersen et al., 2007).

Die Muskelzellen stellten diesen Stoff offenbar selbst her, er verteilte sich dann im Körper und milderte Entzündungsherde. Pederson gab dem Stoff den Namen Myokin, abgeleitet aus den griechischen Wörtern „Mys" für Muskel und „kinema" für Bewegung. Mittlerweile geht die Forschung davon aus, dass es eine Vielzahl von Myokinen gibt, einige sprechen von 300, andere sogar von 3.000 Varianten. Sie ähneln von der Wirkung her den Hormonen, das heißt, sie sind Botenstoffe und damit Teil eines Kommunikationssystems in unserem Körper. Das scheint auch der Grund zu sein, warum sie auf jedes einzelne Organ wirken können.

Einer dieser Stoffe aus der Gruppe der Myokine ist Irisin. Er wandelt weiße Fettzellen, die Energie speichern, in braune Fettzellen um, die Energie verbrennen. Mit dem schönen Nebeneffekt, dass wir an Gewicht verlieren, was wiederum unser Risiko für Krebserkrankungen und Diabetes Typ 2 senkt. Andere Myokine zählen zu den Zytokinen, das sind Proteine, die das Wachstum von Zellen steuern und bei Entzündungsprozessen eine wichtige Funktion haben. Gut erforscht ist auch ein Myokin, dessen komplizierter Name „Brain-derived neurotrophic factor" auf BDNF abgekürzt wird. Es fördert die Neubildung von Nervenzellen und wirkt so gegen chronische Erkrankungen des Nervensystems wie Depression, Alzheimer und Parkinson. Wir kommen noch darauf zurück.

Myokine sind so etwas wie eine körpereigene Apotheke. Viele Krankheiten lassen sich durch diese Botenstoffe lindern. Unsere Skelettmuskulatur „spricht" sozusagen über die Blutbahnen mit den Organen unseres Körpers. So gesehen ist sie das größte Organ unseres Körpers und nicht nur ein bloßer Bewegungsapparat. Diese Jahrhunderterkenntnis hilft uns, den Zusammenhang zwischen der Heilkraft der Bewegung und den chronischen Volkskrankheiten besser zu verstehen. Die Effekte waren bekannt, die Kommunikationswege nicht.

Gegenwärtig wird untersucht, welche Myokine eher bei Kraftsport und welche eher bei Ausdauersport ausgeschüttet werden. Insgesamt aber ist jede Form von Bewegung und sportlicher Betätigung ein Heilmittel, das ohne Gesundheitskarte jederzeit verfügbar ist.

Auch das Gehirn lässt sich trainieren

Bisher haben wir viel über körperliche Einschränkungen gesprochen. Doch nichts fürchten Menschen im Alter wohl so sehr wie den geistigen Verfall. Demenz und Alzheimer sind hier nur zwei Stichworte. Viele Menschen glauben: Mein Gehirn altert wie mein restlicher Körper. Es rostet, verkalkt, schrumpelt ein. Ist halt so. Denken Sie das auch? Dann machen Sie sich bereit für ein paar Einsichten, die Ihren Glauben erschüttern werden.

Beginnen wir mit etwas Hirnkunde. Das Gehirn eines erwachsenen Menschen wiegt ungefähr 1.500 Gramm und enthält rund 100 Milliarden Nervenzellen, die über 100 Billionen Verknüpfungen verfügen. In Form halten es eine Billion Stützzellen. Alle lebensnotwendigen Körperfunktionen werden von „hier oben" aus gesteuert. Unser Denken, unser Erinnern, unsere Emotionen, unser „Bauchgefühl" und selbst unsere Persönlichkeitsmerkmale sind im Gehirn verankert.

Das Großhirn macht rund 80 % der Hirnmasse aus und ist der entwicklungsgeschichtlich jüngste Teil des Gehirns. Mit ca. 23 Milliarden Nervenzellen verarbeitet es Sinneseindrücke, koordiniert Bewegungen und verhilft uns zum Denken und Erinnern.

Das Kleinhirn stellt mit etwa 100 bis 150 Gramm Gewicht nur ein Zehntel der gesamten Hirnmasse dar. Es ist für Spracherwerb, Gleichgewicht und automatisierte Bewegungsabläufe zuständig.

Eines der entwicklungsgeschichtlich ältesten Teile unseres Gehirns ist der Hirnstamm. Hier werden Signale zwischen Großhirn und Rückenmark weitergeleitet und die Augenbewegungen koordiniert.

Zwischen Hirnstamm und Großhirn befindet sich bezeichnenderweise das Zwischenhirn. Es regelt unsere vegetativen Funktionen und unseren Biorhythmus.

Unser Gefühlsleben spielt sich im sogenannten limbischen System an. Unter diesem Namen werden mehrere Hirnbereiche zusammengefasst, die zwischen Zwischenhirn und Großhirn liegen. Das bekannteste davon ist der Hippocampus. Hier verortet die Wissenschaft das Lernzentrum des Gehirns.

Das Mittelhirn, der kleinste und entwicklungsgeschichtlich älteste Teil des Hirnstamms, spielt für Hören und Sehen, aber auch für das Schmerzempfinden eine zentrale Rolle.

Die 100 Milliarden Neuronen (Nervenzellen) des Gehirns sind über Synapsen miteinander verknüpft. Botenstoffe sorgen für die Signalübertragung zwischen ihnen. Jedes Neuron verfügt über eine „Leitung" oder ein „Kabel", mit dem es mit anderen Neuronen verbunden ist. Dieses „Kabel" wird als Axon bezeichnet. Der Informationsfluss innerhalb von Nervenzelle und Axon verläuft auf elektrischem Weg.

Jede Nervenzelle kann bis zu 100.000 Synapsen ausbilden, im Durchschnitt sind es 1.000 Synapsen pro Nervenzelle – Ein unfassbar großes Netzwerk, ein wahrer „Supercomputer" im Kopf eines jeden Menschen. Die wichtigste Fähigkeit dieses biologischen Rechners ist die, zu lernen. Rehabilitation zum Beispiel ist ein Lernprozess, es geht um das Lernen verloren gegangener Fähigkeiten.

Noch vor drei oder vier Jahrzehnten waren sich Wissenschaftler einig: Das Gehirn eines erwachsenen Menschen verändert sich nicht mehr. Neue Neuronen würden sich nur im Kindes- und Jugendalter bilden. Danach sei Schluss damit, die Hirnzellen würden nach und nach absterben. Kein Weg zurück, niemals. Heute wissen wir, dass das Gehirn ein Leben lang veränderungs- und damit lernfähig bleibt, bis ins hohe Alter.

Aber was ist Lernen eigentlich? Neurowissenschaftlich betrachtet heißt Lernen: Die Nervenzellen bzw. ihre Synapsen sind stärker miteinander verbunden. Je öfter Signale durch eine bestimmte Verbindung fließen, umso stärker wird diese. So wie bei einem Trampelpfad durch den Dschungel. Je mehr Elefanten ihn benutzen, umso breiter wird er. Beim Lernen wird also aus schmalen Pfaden eine deutliche Spur. Der Gehirnforscher Manfred Spitzer versteht Lernen deshalb als Spuren bilden im Gehirn (Spitzer & Herschkowitz, 2019).

Mittlerweile weiß man auch, dass ein Stoff namens Myelin für das Verstärken der Verbindungen sorgt. Er umhüllt die Nervenzelle und ermöglicht, dass die Signale schneller von Synapse zu Synapse fließen.

Wenn wir nun etwas auswendig lernen, zum Beispiel ein Gedicht oder einen Liedtext, wird nach und nach die Signalübertragung der jeweiligen Synapsen verstärkt. Von ewiger Dauer ist das aber nicht. Wenn wir den gelernten Text nicht öfter rezitieren oder singen, vergessen wir ihn schleichend. Das heißt, die jeweiligen Verbindungen werden seltener genutzt und dadurch schwächer. Wissenschaftler nennen diese Vorgänge „synaptische Plastizität".

So ist etwa jenes Hirnareal, das für die Steuerung der Bewegung von Hand und Fingern zuständig ist, bei Klaviervirtuosen wie Lang Lang deutlich größer und viel engmaschiger über Synapsen vernetzt als bei Menschen, die kein Instrument spielen. Und bei Londoner Taxifahrern fanden sich im Gehirn genau die Areale im Hippocampus vergrößert, die für das Orientierungsvermögen in bekannten Räumen zuständig sind. Kein Wunder, müssen sie doch über 25.000 Straßen, Plätze und Orte auswendig kennen.

"Use it or lose it" gilt auch hier. Je stärker wir eine Fähigkeit üben und trainieren, umso geschickter und effizienter können wir sie ausführen. Vielleicht haben Sie schon einmal von der 10.000-Stunden-Regel gehört. Sie besagt, dass man rund 10.000 Stunden braucht, um eine bestimmte Fähigkeit meisterhaft zu beherrschen. Ganz unumstritten ist diese Formel nicht, doch sie zeigt recht gut auf, worauf es beim Lernen ankommt: stetiges Wiederholen. Üben, üben, üben.

Nun kommen wir an den Punkt, der Sie vielleicht am meisten überraschen wird. Nervenzellen sind nicht nur in der Lage, neue synaptische Verbindungen aufzubauen oder zu intensivieren. Sie können sich tatsächlich neu bilden bzw. nachwachsen.

Dieser Vorgang wird als Neurogenese bezeichnet. Bis Ende der 1990er Jahre hielt man ihn für nahezu unmöglich. Insbesondere bei älteren Menschen, bei denen zum Beispiel durch einen Schlaganfall ein Teil des Gehirns beschädigt wurde, galt das Dogma: Abgestorbene Nervenzellen können sich nicht mehr regenerieren. Da wächst nichts mehr nach. Heute wissen wir zum Glück, dass im menschlichen Gehirn bis ins hohe Alter täglich neue Nervenzellen wachsen können. Vorausgesetzt, wir haben den passenden Dünger parat: Reizstimulation und Training, also wieder einmal: Übung, Übung, Übung.

Hier zwei Studienbeispiele aus jüngster Zeit:

- Einem Forscherteam von der Universität Pennsylvania in den USA gelang der Nachweis an Mäusen, dass es neuronale Vorläuferzellen im Hippocampus (Teil des limbischen Systems) gibt, die ein Leben lang die Neubildung von Gehirnzellen ermöglichen. Diese Erkenntnis könnte zukünftig die Chance eröffnen, beschädigte Hirnteile zu regenerieren. Gerade Alzheimer-Patienten lässt dies hoffen (Berg et al., 2019).
- Forscher der Universität Madrid haben die Gewebeproben verstorbener Patienten ohne Alzheimer mit denen von verstorbenen Alzheimer-Erkrankten verglichen. Sie stellten fest: Bei den Probanden ohne Alzheimer fanden sich im Gehirn große Mengen an neuronalen Vorläuferzellen. Und das selbst bei denjenigen, die mit über 90 Jahren verstorben waren. Bei verstorbenen Patienten, die zu Lebzeiten an Alzheimer erkrankt waren, fand man diese Vorläuferzellen nicht. Da neuronale Vorläuferzellen benötigt werden, um neue Nervenzellen zu bilden, vermutet man: Mangelnde Neurogenese könnte ein Risikofaktor für Morbus Alzheimer sein (Moreno-Jiménez et al., 2019).

Die Neurogenese, also die Bildung von neuen Hirnzellen, nimmt zwar im Alter ab, das geschieht jedoch stark abhängig vom Lebensstil, insbesondere vom Maß der Bewegung. Chronischer Stress und Schlafmangel hemmen die Neurogenese, Ausdauer- und Kraftsport regen sie an. Daher ist Bewegungstraining eine gute präventive Maßnahme gegen neurogenetische Erkrankungen wie Morbus Parkinson oder Morbus Alzheimer.

Täglich entstehen mehrere tausend neue Neuronen im Gehirn. Diese neuen Zellen sind leichter zu erregen als die alten Zellen. Sie können auch schneller neue Synapsen ausbilden. Daher sind sie wichtig für Therapie und Reha im fortgeschrittenen Lebensalter. Man darf vermuten – auch wenn die Forschung hier noch ganz am Anfang steht –, dass es einen positiven Zusammenhang zwischen der Bildung von Myokinen in den Muskeln und der Neurogenese gibt. Das würde erklären, warum Ausdauer- und Kraftsport zu einer verstärkten Neubildung von Neuronen führten.

Wir sehen also, ein körperlich aktiver Lebensstil, idealerweise mit Ausdauer- und Kraftsport, fördert in jedem Alter die Hirngesundheit und die kognitiven Fähigkeiten. Meta-Analysen haben ergeben, dass nur drei Sporteinheiten pro Woche mit weniger als einer Stunde notwendig sind, um positive Effekte auf unser Gehirn zu erzielen. Die Rehabilitation, beispielsweise von Schlaganfallpatienten, ist in jedem Alter angemessen und notwendig. Das Trainieren verloren gegangener Fähigkeiten führt zur Neubildung synaptischer Strukturen (neurale Plastizität) und verbessert die Neurogenese. Nicht von der Erkrankung betroffene Regionen können die Funktion abgestorbener Teile des Gehirns übernehmen. Hierfür bilden sie neue Nervenverbindungen aus. Das alles ist auch im Alter möglich, unser Gehirn baut nicht automatisch ab, wir können es fit halten wie unseren restlichen Körper – wenn wir denn motiviert sind und dranbleiben.

Bevor wir uns dem großen Thema Motivation widmen, noch ein paar Worte zu einer Volkskrankheit, die im hohen Maße alte Menschen betrifft: Depression. Auch hier lassen sich durch Bewegung positive Effekte erzielen.

Bewegung als Antidepressivum ohne Nebenwirkungen

Jeder von uns kennt die Tage, an denen nichts läuft. Man fühlt sich niedergeschlagen und traurig, sieht alles grau in grau. Es scheint nichts zu geben, worauf man sich freuen könnte. Solche Phasen sind normal und gehören zum Leben. Meistens gehen sie vorbei, ganz von selbst. Erst wenn sie länger anhalten, sprechen wir von einer Depression im medizinischen Sinne.

Typische Anzeichen sind: gedrückte Stimmung, negative Gedanken, Antriebslosigkeit. Man kann sich zu nichts mehr aufraffen, alles, selbst das morgendliche Aufstehen fällt unendlich schwer. Das Denken wird langsam und mühsam. Depressive Menschen ziehen sich zurück und diese Isolation macht ihre Situation nur noch schlimmer.

Stimmungsschwankungen von Depression abzugrenzen, ist nicht immer einfach. Fachleute geben oft sehr unterschiedliche Kriterien dafür an. Die Dauer spielt immer eine große Rolle. Manche sprechen schon ab einer Dauer von zwei Wochen und einem Hauptsymptom von einer Depression, andere halten die Diagnose erst nach einem längeren Zeitraum für gegeben. Als Hauptsymptome gelten gedrückte Stimmung und Interessen- und Freudlosigkeit. Die Zusatzsymptome sind vielfältig: Antriebsmangel, Hoffnungslosigkeit, erhöhte Ermüdbarkeit und Aktivitätseinschränkungen, Konzentrationsstörungen, vermindertes Selbstwertgefühl, Schuldgefühle, aber auch Schlafstörungen, erhöhte Schmerzempfindlichkeit, Appetitlosigkeit sowie etliche weitere körperliche Beschwerden.

Man unterscheidet zwischen leichter, mittlerer und schwerer Depression. Bei Letzterer treten häufig Suizidgedanken auf und leider enden solch schwere Depressionen oft mit einer Selbsttötung. Depressionen im fortgeschrittenen Alter sind nicht selten: Ein Fünftel der über 75-jährigen soll an Depressionen leiden, Frauen im Schnitt doppelt so häufig wie Männer. Aber diese Zahlen sind umstritten. Auf jeden Fall begegnen wir oft dem Begriff „Altersdepression". Steigt im Alter das Risiko, an einer Depression zu erkranken, wirklich an?

Auf dem ersten Blick scheint es so zu sein. In der Gesamtbevölkerung sind durchschnittlich fünf Prozent von einer Depression betroffen, ab 65 sollen es 20 %, in Pflegeheimen sogar 30-40 % sein. Schauen wir genauer hin, so erkennen wir, dass es gute Gründe gibt, warum diese Erkrankung im Alter explosionsartig auftritt.

Genetische Veranlagung, Persönlichkeitsmerkmale sowie Erziehung und Sozialstatus sind Faktoren, die eine Depression begünstigen oder begründen können. Doch sie gelten für alle Altersgruppen. Vielmehr scheinen die Lebensumstände von älteren Menschen sehr oft der Auslöser für depressive Erkrankungen zu sein. Dazu zählen psychosoziale Faktoren: der Verlust naher Angehöriger und Freunde, Kontaktmangel, Einsamkeit und die gesellschaftliche Entwertung des Alters.

Depressionen haben aber auch mit chronischen Erkrankungen zu tun, die im Alter gehäuft auftreten. 75 % aller Schlaganfallpatienten leiden unter depressiven Verstimmungen als Folge der Primärerkrankung. Einen ebenfalls hohen Anteil an Depressionen finden wir bei Patienten nach Herzinfarkt. Bei Krebserkrankungen zeigt sich ein ähnliches Bild. 40–50 % der Erkrankten leiden unter Depressionen, bei Parkinson sind es 20–30 %. Die Einnahme verschiedener Medikamente verursacht als Nebenwirkung chronische Verstimmungen. Betablocker, Clonidin, Digitalis, Zytostatika, Antiparkinsonmittel und viele andere Arzneistoffe sind dafür bekannt, Antrieb und Stimmung stark zu beeinträchtigen. Schlechter Schlaf steht übrigens auch im Verdacht, das Depressionsrisiko zu erhöhen. Ebenso wie der Übergang vom Berufsleben in die Rentenphase. Das kollegiale Umfeld fällt weg, die Frage nach dem Lebenssinn stellt sich neu und das Gefühl des „Nichtgebraucht-werdens" macht den Menschen zu schaffen.

Lange Zeit wurden Depressionen in der Bevölkerung nicht ernst genommen und oft stigmatisiert. Und noch immer glauben etliche, dass Depressionen mit Charakterschwäche zu tun hätten und dass die Betroffenen sich „mehr zusammenreißen" sollten. Seit das Thema stärker in der Öffentlichkeit steht, unter anderem weil sich Prominente wie Kurt Krömer, Sido oder Felix Lobrecht zu ihrer Krankheit bekennen und die Medien verstärkt darüber berichten, ist die Akzeptanz und das Verständnis gestiegen.

Depressionen verlaufen zumeist in Episoden. Die Krankheitsphasen sind zeitlich begrenzt und klingen manchmal auch ohne Behandlung von alleine ab. Unbehandelt dauert eine depressive Episode durchschnittlich sechs bis acht Monate. Durch eine geeignete Behandlung kann sie auf etwa vier Monate verkürzt werden. Die Aussicht auf Besserung oder gar Heilung ist erstaunlich positiv.

Klassischerweise wird die Depression mit einer Medikamentenbehandlung (Antidepressiva) und bzw. oder einer Psychotherapie behandelt. Daneben haben sich als Begleittherapien bewährt: Lichttherapie, therapeutischer Schlafenzug (Wachtherapie), Elektrokrampftherapie (EKT), Ketamin/Esketamin und eben auch Bewegungstherapie.

Depression führt dazu, dass man passiv wird und sich weniger bewegt. Dieser Bewegungsmangel verstärkt die depressive Symptomatik. Dass nun im Umkehrschluss körperliche Aktivität einen antidepressiven Effekt hat, belegen mittlerweile viele wissenschaftliche Studien.

Der aktuelle Forschungsstand lässt sich wie folgt zusammenfassen: Sowohl die präventive als auch die kurative Wirkung von Bewegung und Sport sind eindeutig nachweisbar. Körperliche Aktivität senkt das Risiko, später an einer Depression zu erkranken, signifikant. Bei körperlicher Passivität hingegen steigt das Risiko für Depressionen an. Kommt noch ausgiebiger Fernsehkonsum dazu, ist der Anstieg besonders hoch (Bendau et al., 2022).

Für die Behandlung von depressiv erkrankten Personen zeigen über 20 Metaanalysen, dass sich körperliche Aktivität positiv auf die

Erkrankung auswirkt. Die meisten Studien bezogen sich auf angeleitete Trainingsprogramme mit einer Dauer mit acht bis 20 Wochen. Die Wirksamkeit des Ausdauertrainings war durchaus vergleichbar mit den Effekten von Antidepressiva und Psychotherapie.

Bei einem wichtigen Punkt herrscht aber noch Unklarheit: Woher genau kommt die antidepressive Wirkung von Bewegung? Über mögliche Einflussfaktoren wie Selbstwirksamkeitserwartung, gesteigertes Selbstbewusstsein und soziale Effekte werden wir gleich noch sprechen. Das wäre dann die psychosoziale Seite der Medaille. Wir wollen uns hier aber erst einmal die körperlichen Prozesse anschauen.

So soll zum Beispiel der Cortisolspiegel eine Rolle spielen. Durch vermehrten Sport sinke er, das habe einen antidepressiven Effekt. Chronische Entzündungen und Störungen des Tryptophan-Serotonin-Stoffwechsels scheinen weitere Einflussfaktoren zu sein. Auch die schon erwähnten Myokine scheinen mitzuwirken. Betrachten wir das näher.

Gegenwärtig wird unter Forschern die sogenannte „Neurogenesetheorie" für das Entstehen von Depressionen diskutiert. Man vermutet, dass der Hippocampus schrumpft, weil die Neubildung von Nervenzellen verhindert wird. Der zentrale Gehirnteil, in dem Lernen und Gedächtnis angesiedelt sind, wird also kleiner.

Erinnern Sie noch an das Myokin mit dem abgekürzten Namen, BDNF? Dieser Stoff wird nicht nur in den Muskeln, sondern auch im Hippocampus produziert. Bei depressiven Patienten sind die BDNF-Werte auffallend niedrig, was auf eine Verkleinerung des Hippocampus hinweist. Einen niedrigeren BDNF-Spiegel finden wir nicht nur bei Depressionskranken, sondern auch bei Menschen mit Schlafstörungen vor.

Antidepressiva tragen dazu bei, den BDNF-Spiegel zu erhöhen. Aber auch andere Stoffe, wie zum Beispiel Omega-3-Fettsäuren, Zink und Vitamin E haben diesen Effekt. Und nicht zuletzt wissen wir, dass körperliche Anstrengungen den BDNF-Serumspiegel ansteigen lassen. Unsere Skelettmuskeln schütten bei Belastung BDNF aus, was sich segensreich auf die Depressionserkrankung auswirkt.

Wir sehen also: Bewegung, körperliches Training und Sport wirken nicht nur bei den klassischen Zivilisationserkrankungen wie Diabetes, Herz-Kreislauf-Probleme, Übergewicht und Osteoporose heilsam. Auch bei Depressionen können sie präventiv wie auch im akuten Falle eine positive Wirkung entfalten. Bewegungstherapie kann den Einsatz von Psychopharmaka und Psychotherapie sinnvoll ergänzen und ist preiswert, praktisch nebenwirkungsfrei und überall durchführbar.

Soweit die körperlichen Aspekte, die für Reha wichtig sind. Doch wie steht es um die berühmte Einstellung im Kopf? Aus dem Leistungssport kennen wir das. Das Team spielte nicht gut, weil es an Motivation fehlte. Es glaubte einfach nicht an sich selbst, sagt man. Und der regelmäßige Gang ins Fitnessstudio ist immer auch eine Frage der Disziplin. Regenwetter? Ach, da bleib ich lieber auf dem Sofa. Vielleicht nächste Woche mal wieder.

Motivation, Selbstwirksamkeitserwartung, Disziplin oder Durchhaltewillen. Was haben sie mit dem Erfolg von Reha zu tun?

Motivation ist (fast) alles

Eine depressive Person leidet unter Antriebsmangel. Sie kann sich nicht aufraffen, etwas zu tun. Sie weiß, dass es jetzt richtig und auch notwendig wäre, das Haus, die Wohnung zu verlassen, aber sie schafft es einfach nicht. Man könnte diese mentale Kraftlosigkeit auch als Mangel an Motivation und Willensstärke beschreiben.

Motivation – ein schillernder Begriff, dem wir in den Medien, auf Vorträgen, in Ratgebern begegnen, eine geheimnisvolle Kraft, die Voraussetzung zu sein scheint für Glück, Erfolg und Gesundheit. Tatsächlich ist Motivation auch für den Reha-Prozess eines chronischen Erkrankten absolut notwendig. Wenn Trainingsmaßnahmen scheitern, dann liegt das in der Regel nicht an mangelnder Technik, sondern an fehlender Motivation.

Motivation ist so gesehen der Schlüssel für den Weg zurück ins Leben. Deshalb ist eine Depressionserkrankung immer eine Reha-Bremse ersten Grades. Mit angezogener Handbremse kommt man nicht voran. Deshalb sollte vor Beginn der Reha die Depression behandelt werden.

Aber warum schillert der Begriff Motivation so? Weil es etliche Definitionen gibt und sich jeder nach Geschmack eine aussuchen kann. So sehen manche Motivation als Kraft, die Menschen dazu antreibt, Dinge zu tun oder zu unterlassen. Eine andere Definition besagt, dass Motivation erklären würde, warum Menschen (und Tiere) ein bestimmtes Verhalten zu einem genauen Zeitpunkt beginnen, fortsetzen oder beenden. Oder wie wäre es mit dieser Definition: Motivation als Zustand, der eine Person dazu veranlasst, eine bestimmte Handlungsalternative auszuwählen.

Etwas handlicher wird der Begriff unserer Ansicht nach, wenn wir uns auf den Unterschied zwischen intrinsischer und extrinsischer Motivation konzentrieren. Intrinsisch nennt die Psychologie eine Motivation, die aus einer Tätigkeit selbst entspringt, aus dem Erleben des eigenen Verhaltens oder der Erwartung dieses Erlebens. Wir sind zum Beispiel intrinsisch motiviert, wenn wir eine Aufgabe um ihrer selbst willen lösen, ohne weitere Anreize von außen. Dies ist die stärkste Form der Motivation, weil sie sich nicht abnutzt. Der ungarische Psychologe Mihály Csíkszentmihályi spricht hier vom „Flow": ein Zustand, in dem Menschen ganz und gar in ihrer Aufgabe aufgehen, bei der sie Zeit und Raum zu vergessen scheinen (Csíkszentmihályi, 2017).

Wie Sie sich denken können, geht extrinsische Motivation in die andere Richtung. Sie wird durch von außen kommende Anreize stimuliert. Jede Form von materieller Belohnung oder sozialer Anerkennung gilt als extrinsischer Motivationsfaktor. Leider nutzen sich diese Faktoren meistens früher oder später ab.

In der Reha ist ein Wechselspiel aus intrinsischer und extrinsischer Motivation sinnvoll. Der Therapeut sollte eine möglichst hohe intrinsische Motivation beim Patienten erzeugen. Zum Beispiel durch mitfühlende und anerkennende Zuwendung. Eine solche Wertschätzung kann bei Patienten eine dauerhafte Eigenmotivation auslösen. Anerkennung und Lob gelten als extrinsische Motivationsfaktoren. Sie sind mächtige Triebfedern für die Anstrengungen und Ausdauer des Patienten und fast ohne Abnutzungseffekt.

Extrinsische (äußere) Faktoren können also die intrinsische (innere) Motivation stärken. Wie erklärt sich das? In der Therapeuten-Patienten-Beziehung kommt hierfür ein weiteres Konzept ins Spiel, die Selbstwirksamkeitserwartung. Der Begriff geht auf Albert Bandura zurück. Bandura, Sohn einer polnisch-ukrainischen Einwandererfamilie, wurde 1925 in der Nähe von Edmonton, Kanada geboren und starb erst kürzlich 2021. Er gilt als einer der bedeutendsten Psychologen des 20. Jahrhunderts. In den 1970er Jahren entwickelte er das Konzept der Selbstwirksamkeitserwartung und verfeinerte es in den darauffolgenden Jahrzehnten.

Einfach gesagt geht es bei der Selbstwirksamkeitserwartung hierum: Wir trauen uns zu, bestimmte Aufgaben aus eigener Kraft lösen zu können. Wir wissen, dass wir die nötigen Kompetenzen haben. Und wir sind uns sicher, dass wir erfolgreich sein werden.

Fehlt es an diesem Glauben an die eigene Selbstwirksamkeit, sieht das meistens so aus: Wir haben das Gefühl, dass uns Dinge nur gelingen, weil die äußeren Umstände günstig sind. Unser Erfolg hängt von Schicksal, Glück oder anderen Menschen ab.

Selbstwirksamkeit speist sich aus drei Quellen: eigenen Erfolgserlebnissen, Vorbildern durch Dritte und Ermutigung durch andere Menschen. Sie steht am Anfang eines kontinuierlichen Motivationsprozesses: Wir fangen nur dann an, zu trainieren, wenn wir an uns glauben. Fehlt uns dieses Selbstvertrauen, sind wir mutlos und beginnen gar nicht erst. Selbstwirksamkeit hilft im laufenden Trainingsprozess aber auch, mit Krisen umzugehen. Wir halten bei Schwierigkeiten besser durch oder nehmen das Training nach einer Unterbrechung schneller wieder auf.

Die oben angesprochene extrinsische Zuwendung durch den Therapeuten, die wertschätzende Anerkennung der Erfolge oder auch Schwierigkeiten, das wohldosierte und authentische Lob, stellen die von Bandura beschriebene Ermutigung durch andere Menschen dar. Unsere Selbstwirksamkeitserwartung wächst, und das stärkt unsere Eigenmotivation.

Zwei weitere Dinge sind für den Reha-Erfolg nötig, nämlich Willensstärke und Disziplin. Sicher kennen Sie das: Pünktlich zum Jahreswechsel sind sie wieder da, die guten Vorsätze. Wir wollen mehr Sport treiben, uns endlich gesünder ernähren, das Rauchen aufgeben, weniger Alkohol trinken, Alltagsstress vermeiden. Wir fühlen uns motiviert bis in die Haarspitzen. Im neuen Jahr schaffen wir endlich, was uns bisher nicht gelungen ist. Sie wissen, wie diese Geschichte normalerweise endet…

Woran scheitern wir? Wir verstehen die Zusammenhänge. Uns ist klar, welche positiven Effekte das neue Verhalten hätte. Wir sind fest entschlossen. Der Zeitpunkt scheint günstig. Aber dann – kommt der Alltag, die Routine, der Stress, der dunkle, kalte Januar. Unser innerer Schweinehund meldet sich. Während er täglich ein paar Zentimeter wächst, schrumpft unsere Willensstärke in gleichem Maße. Bis wir aufgeben, unsere Vorsätze vergessen und der Schweinehund gewonnen hat.

Motiviert zu einem veränderten Verhalten waren wir schon. Aber unsere Willenskraft reichte nicht aus, die Leiden der Entbehrungen durchzustehen.

Von Willenskraft oder Willensstärke sprechen wir im Alltag, die Psychologie hält dafür einen Fachbegriff namens Volition parat. Überall dort, wo besondere Anstrengungen gefordert sind, spielt sie eine gewichtige Rolle. Also auch beim Training im Rahmen der Reha.

„Wo ein Wille ist, da ist auch ein Weg", so lautet der Glaubenssatz der Willensstarken. Narziß Kaspar Ach, ein deutscher Arzt und Psychologe aus Göttingen, hat diesem Thema als einer der Ersten ein ganzes Buch gewidmet: „Über den Willensakt und das Temperament" (Ach, 1910). Ob er ahnen konnte, dass eines Tages Heere an Life Coaches und Influencern in seinen Fußstapfen wandeln würden? Einer von vielen ist der US-Amerikaner Brian Tracy mit seinem Werk „Keine Ausreden! Die Kraft der Selbstdisziplin" (Tracy, 2011).

Bei Willensstärke, oder Volition, geht es um die Fähigkeit, auf kurzfristige Belohnungen und Annehmlichkeiten zu verzichten. Man hält die Unlust, die aus Mangelzuständen resultiert, solange aus, bis man einen späteren Vorteil erlangt.

Auch die Impulskontrolle fällt unter dieses Thema. Vielleicht haben Sie schon einmal vom Marshmallow-Experiment gehört, einem Klassiker der experimentellen Psychologie. Der US-amerikanische Psychologe Walter Mischel von der Columbia University führte es Ende der 1990er Jahre durch. Vierjährige Kinder wurden allein in einen spärlich möblierten Raum gesetzt, vor ihnen auf dem Tisch lag ein Marshmallow. Der Versuchsleiter verließ nach einer kurzen Erklärung den Raum. Sollten sie es schaffen, den Marshmallow bis zu seiner Rückkehr in 20 Minuten nicht zu essen, würden sie einen zweiten erhalten. Manche Kinder schlangen den Marshmallow sofort hinunter, andere konnten sich zumindest eine Weile beherrschen. Es gab aber auch Kinder, die sich auf ihre Hände setzten und sich mit Geschichten abzulenken versuchten. Dank ihrer Willensstärke meisterten sie diesen Härtetest in Sachen Belohnungsaufschub. Mischel hat darüber ein ganzes Buch geschrieben (Mischel, 2015).

Ähnliche Experimente wurden auch mit Erwachsenen durchgeführt. Unter anderem zeigte eine Studie von Maryam Kouchaki an der Northwestern University in Illinois, dass Willenskraft von der Tageszeit abhängig ist. Am Morgen ist sie am stärksten ausgeprägt, im Verlauf des Tages nimmt sie spürbar ab. Man spricht von einem „morning morality effect", der Tugendhaftigkeit der frühen Stunde (Kouchaki, 2014).

Der US-amerikanische Psychologe Roy Baumeister fand ebenfalls heraus, dass Willenskraft eine begrenzte Ressource darstellt. Je mehr wir davon innerhalb eines Tages verbrauchen, umso stärker sinkt der Level, vergleichbar mit einem Handyakku. Die Forschung nennt das Ego-Depletion. Das Experiment hierzu lief wie folgt ab: Probanden konnten vor Beginn des Experiments aus zwei Snacks wählen, entweder süße Kekse oder gesunde Radieschen. Anschließend sollte jeder Teilnehmer ein Puzzlespiel lösen. Gemeinerweise war dieses unlösbar, was die Probanden aber nicht wussten. Dann wurde beobachtet, wer von ihnen wie lange durchhielt. Das Ergebnis: Diejenigen, die zuvor die Kekse genascht hatten, hielten etwa doppelt so lange durch wie die disziplinierten Radieschenesser. Die Genussmenschen hatten einfach noch mehr Willenskraft in ihrem Akku, während die disziplinierten Gesundheitsmenschen schon mit deutlich weniger Willensstärke an den Start gegangen waren (Baumeister et al., 1998).

Wer sich zu viel vornimmt, scheitert schneller. Diese Erkenntnis gilt für den Reha-Prozess wie für andere Herausforderungen. Wenn wir abnehmen wollen, sollten wir nicht die komplizierte Diät mit einem ausgefeilten Fitnessprogramm kombinieren. Das würde unsere Willenskraft vermutlich zu schnell erschöpfen. Besser mit einer Verhaltensänderung beginnen und dann nach und nach die Dosis steigern, das verspricht mehr Erfolg.

Unsere Willenskraft ist nämlich nicht statisch. Wir können sie wie einen Muskel trainieren. Je öfter wir sie gezielt nutzen, umso stärker wird sie. Unser „Willenskraft-Muskel" erschöpft sich zwar kurzfristig bei übermäßiger Herausforderung, er wächst jedoch langfristig bei systematischem Training. Diese Parallele zwischen Muskelaufbau und Stärkung der Willenskraft ist für Therapeuten in der Reha von großem Nutzen. Richtig dosiert und systematisch durchgeführt wächst die Kraft und Sicherheit bei täglichen Bewegungseinheiten wie Laufen oder Treppensteigen durch erstarkte Muskeln. Das führt schon an sich zu Erfolgserlebnissen und mehr Selbstbewusstsein des Patienten. Zugleich wächst aber auch die Willensstärke und somit das Durchhaltevermögen für die anstrengenden Trainings. Die Motivation nimmt zu, physische und mentale Stärke wachsen im Gleichklang. Übrigens wären die enormen Trainingsleistungen und großen Erfolge im Spitzensport anders nicht erklärbar.

Ein anderer Begriff für Willensstärke ist Selbstdisziplin. Ein disziplinierter Mensch ist auf ein Ziel fokussiert, widersteht Ablenkungen, bleibt dran, hat Biss und Ehrgeiz. Die morgendliche Joggingrunde bei Frost und Glätte? Wird durchgezogen, Ausreden gibt es nicht, Bedenken werden weggeatmet. Ein Zuviel an Selbstdisziplin kann aber auch schaden. Die ganze Debatte um „Burnout" macht uns das schmerzlich bewusst.

Besteht unser Alltag also nur aus Willensakten? Zum Glück gibt es da etwas, das uns hilft, mit der knappen Ressource Willenskraft hauszuhalten: die Macht der Gewohnheit. Gewohnheiten sind nichts anderes als Routinehandlungen, also bestimmte Verhaltensmuster, die mehr oder weniger automatisch ablaufen. Bas Verplanken, Sozialpsychologe an der britischen University of Bath, sagt dazu:

„Unser Alltag würde ohne solche Routinehandlungen schlichtweg nicht existieren. Gewohnheiten sind das, woraus er besteht" (Gierlinger 2024).

Wenn wir einer Gewohnheit folgen, läuft in unserem Gehirn ein einfaches Programm in drei Schritten ab: Auslösereiz, Routinehandlung, Belohnung. Rund 40–45 % unseres täglichen Tuns ist durch Gewohnheiten bestimmt. Dank solcher Automatismen sparen wir eine Menge Energie und Zeit. Man stelle sich vor, wir müssten uns jedes Mal bewusst für oder gegen die jeweilige Handlung entscheiden. Lang lebe die Gewohnheit!

Leider, und hier kommt die negative Seite, können Gewohnheiten auch schädlich sein. Jeder von uns kennt das. Rauchen, zu viel Sitzen, ungesundes Essen, übermäßiger Fernseh- und Social-Media-Konsum sind problematische Gewohnheiten.

Halten wir uns an die guten Gewohnheiten. Sie lassen sich konstruktiv für Veränderungen nutzen. Im Prinzip gilt das für alle Situationen, die hohe Willensstärke erfordern. Die morgendliche Joggingtour wird leichter, wenn man sie zur Routine macht. So wie das Zähneputzen jeden Morgen und Abend. Hier entscheidet nicht die Willenskraft. Wir machen es einfach, ganz routiniert.

Schlechte Gewohnheiten können wir ablegen, gute Gewohnheiten können wir uns antrainieren. Das fällt uns leichter, wenn wir nicht alleine sind. Zusammen mit Verbündeten, mit Gleichgesinnten in einer Gruppe, erlernen wir eine neue gute Gewohnheit schneller und besser.

Gewohnheiten, sprich Routinen, sind daher auch beim Training im Reha-Prozess eine große Hilfe. Sie ersparen Willenskraft und helfen uns, an unserem Trainingsprogramm dranzubleiben, auch wenn es schwierig wird.

Fassen wir zusammen: Der Mix aus intrinsischer und extrinsischer Motivation im Reha-Prozess ist wichtig, aber Motivation ist nicht alles. Die Selbstwirksamkeitserwartung kann als Einstieg in einen kontinuierlichen Motivationsprozess dienen. Selbstwirksamkeit kann auch helfen, besser mit Motivationstiefs und Trainingskrisen umzugehen.

Willenskraft bzw. Willensstärke (Volition) funktioniert im Prinzip wie ein Muskel: erschöpft sich kurzfristig bei hoher Beanspruchung, kann langfristig aber trainiert werden und wachsen. Volition (oder Selbstdisziplin) ist im Alltag die entscheidende Kraft, damit wir an unseren Zielen dranbleiben. So gesehen ist sie im praktischen Leben wohl noch wichtiger als Motivation.

Und schließlich gibt es noch die stützende Kraft der guten Gewohnheiten bzw. Routinen. Sie ergänzt unsere Motivation und Willensstärke und macht die schwierigen Dinge etwas leichter und erträglicher.

Im Alter werden wir weise statt dumm

Dem körperlichen Verfall trotzen. Das ist eines der Versprechen von Reha. Doch noch mehr als vor lahmen Füßen und schmerzenden Gliedern fürchten sich viele Menschen vor dem Abbau ihrer geistigen Fähigkeiten. Alter macht dumm, so die Kurzform.

4 Lang lebe die Reha

Laut einer aktuellen Studie erreichen wir unseren geistigen Höhepunkt mit 35 Jahren, danach stagniert die Leistung. Forscher analysierten hierfür 24.000 Schachpartien aus 125 Jahren. Warum Schach? Weil dabei komplexe kognitive Aufgaben zu lösen sind, eine gute Bewertungsgrundlage also. Vergleichsmaßstab war ein Schachcomputer, an dessen „idealen" Spielzügen die menschlichen Fähigkeiten gemessen wurden. Bis zum 35. Lebensjahr stieg die Zahl der „idealen" Schachzüge an, danach nicht mehr (Strittmatter et al., 2020).

Eine weitere Erkenntnis: In den letzten 125 Jahren sind die Menschen immer intelligenter geworden. Diese Entwicklung hin zu höherer kognitiver Leistungsfähigkeit über die Generation hinweg wird von der Wissenschaft als „Flynn-Effekt" bezeichnet. Der Neuseeländer James R. Flynn hatte 1987 anhand von Testergebnissen aus 14 Industrienationen gezeigt, dass der Intelligenzquotient pro Generation zwischen 5–25 % zunimmt.

Woran das liegt, ist nicht abschließend geklärt. Bessere Bildung, Erziehung, Gesundheitsversorgung sowie der technische Fortschritt dürften eine wichtige Rolle spielen. Flynn selbst stand seiner Forschung eher skeptisch gegenüber und revidierte später sogar Teile seiner Erkenntnisse (Flynn, 2007).

Intelligenz, was ist das überhaupt? Zeigt sie sich wirklich beim Schachspiel? Oder sollten wir eher den Intelligenztests trauen, die ja vorgeben, sie messen zu können? Eine klare Definition scheint schwierig. Und das Hantieren mit Begriffen wie emotionale Intelligenz, soziale Intelligenz oder Handlungsintelligenz sorgt nur bedingt für mehr Durchblick.

Für unser Thema bedeutsam sind zwei Intelligenzarten, die der britische Psychologe Raymond Bernard Cattell definiert hat (Groß, 2022). Er unterscheidet zwischen fluider und kristalliner Intelligenz. Fluide Intelligenz ist die genetisch bedingte Fähigkeit der Problemlösung, das Schlussfolgern, kurz, das logische Denken. Kristalline Intelligenz dagegen umfasst das angesammelte Wissen und den Erfahrungsschatz für die Lösungswege von Problemen. Falls das jetzt sehr abgehoben klingt: Im Alltag gibt es für kristalline Intelligenz ein sehr geläufiges Wort, nämlich Altersweisheit.

Während die fluide Intelligenz um das 16. bis 20. Lebensjahr ihren Höhepunkt erreicht und danach langsam und kontinuierlich abnimmt, wächst die kristalline Intelligenz auch danach noch weiter. Erst sehr viel später sinkt sie vergleichsweise langsam ab.

Jüngere sind Älteren beim Aufnehmen und Verarbeiten von Informationen überlegen. Überall dort, wo es auf Schnelligkeit ankommt oder die Komplexität hoch ist. Denken wir an Reaktionsspiele, das Lösen von Matheaufgaben oder das Planen von Shoppingtrips. Fluide Intelligenz ist hier King.

Ältere hingegen punkten bei Weitsicht, Überblick und Urteilsvermögen. Also immer dann, wenn Wissen und Erfahrung gefragt sind. Denken wir an das Lösen von Kreuzworträtseln oder die Sitzordnung beim nächsten Familientreffen. Kristalline Intelligenz ist hier Trumpf.

Wieder einmal könnte man folgern: Je älter wir werden, desto langsamer geht alles. Auch beim Denken. Aber selbst hier ist die Sache nicht so eindeutig, wie sie scheint. Eine Studie des Psychologischen Institut Heidelberg unter der Leitung von Mischa von Krause ergab, dass die geistige Schnelligkeit bei Älteren wenig mit deren kognitiver Leistungsfähigkeit zu tun hat. Alte Menschen würden sich einfach mehr Zeit für die Entscheidungsfindung nehmen.

Die Probanden der Studie sollten Wörter und Bilder unterschiedlichen Kategorien zuordnen. Wie erwartet brauchten die Älteren deutlich länger als die Jüngeren. Der Grund aber war, dass Probanden mit höherem Lebensalter ihre Entscheidungen offenbar genauer und damit länger abwägten. Sie entschieden sich langsamer, aber fundierter (von Krause et. al., 2017).

Am leistungsfähigsten ist unser Gehirn zwischen 25 und 35 Jahren. Viele der Menschen, die große Entdeckungen und Erfindungen gemacht haben, bewegten sich in dieser Altersgruppe. Nehmen wir Albert Einstein, der die Relativitätstheorie im Alter von 26 Jahren veröffentlichte. Oder denken wir an Mark Zuckerberg, der mit gerade mal 19 Jahren auf die verrückte Idee kam, ein soziales Netzwerk zu gründen.

Das heißt aber nicht, dass wir ab Mitte 30 einfach abbauen. Der bekannte deutsche Hirnforscher Gerhard Roth vertrat die Auffassung, dass sich die Entwicklungskurven von fluider und kristalliner Intelligenz im Alter zwischen 30 und 34 Jahren schneiden. Das heißt: Ab Mitte 30 profitieren wir immer mehr von unserer kristallinen als von unserer fluiden Intelligenz. Laut Roth beruhen etwa 30–40 % unserer geistigen Leistungsfähigkeit auf genetischen Faktoren und Umwelteinflüssen wie Ernährung, Bildung und Kultur. 60–70 % würden durch Übung erzielt (Dämon, 2017).

Unsere kristalline Intelligenz können wir also durch Übung und gezieltes Training in jedem Lebensalter fördern. Je vielfältiger die geistigen Herausforderungen sind, umso dichtere und leistungsstärkere neurale Netzwerke bilden sich im Gehirn. Wir hatten das neuronale und synaptische Wachstum ja bereits besprochen.

Und obwohl Kinder eine höhere fluide Intelligenz als ihre Eltern aufweisen, besitzen Letztere durch Wissen und Erfahrung einen deutlichen geistigen Vorsprung. Dieser lebenslange Aufbau von kristalliner Intelligenz ist es, der dazu führt, dass wir älteren Menschen die berühmte Altersweisheit zusprechen.

Ernest Hemingway soll über das Thema gespottet haben: „Altersweisheit gibt es nicht. Wenn man altert, wird man nicht weise, sondern nur vorsichtig." An dieser Ansicht ist etwas dran, wenn wir unter Vorsicht verstehen, die Dinge abzuwägen und sich für ein Urteil Zeit zu nehmen.

Probleme zu lösen, gilt zum Beispiel als eine Stärke von kristalliner Intelligenz. Ältere sind bei sozialen Konflikten Jüngeren überlegen, weil sie ausgewogener urteilen. Sie können das Problemfeld aus mehreren Perspektiven betrachten und sind vorsichtiger bei der Selbstbeurteilung ihrer Kompetenzen.

Vorschnelle Urteile sind nicht ihre Sache. Das Abwägen, eine Sache „vom Ende her zu denken" (Angela Merkel lässt grüßen), der Ausgleich und die Ruhe in aufgeregten Zeiten – alles das sind Eigenschaften älterer Menschen.

Der 2006 verstorbene deutsche Psychologe Paul B. Baltes, Mitinitiator der Berliner Altersstudie, erforschte die Altersweisheit sehr umfassend. Er ging davon aus, dass die menschliche Entwicklung nicht im frühen Erwachsenenalter endet, sondern lebenslang stattfindet. Der Gleichsetzung von Alter und Abbau widersprach er. Wachstum und Verlust kämen in jedem Alter vor. Und besonders interessant: Baue sich biologisch bedingt eine unserer Fähigkeiten ab, so könne diese durch eine andere Fähigkeit kompensiert werden.

Baltes erläuterte dies anhand des sogenannten SOK-Konzepts. S steht für Selektion, O für Optimierung und K für Kompensation. Wie diese drei Faktoren zusammenwirken, zeigte Baltes anhand eines Interviews, dass der Starpianist Arthur Rubinstein einmal gegeben hatte. Auf die Frage, wie er im Alter von 80 Jahren noch immer Begeisterungsstürme beim Publikum auslösen würde, antwortete Rubinstein: Erstens würde er nur noch wenige ausgewählte Stücke spielen (Selektion), zweitens würde er diese wenigen Stücke häufiger und intensiver üben (Optimierung) und drittens spiele er vor schnellen Passagen betont langsam, um die folgenden Abschnitte schneller wirken zu lassen (Kompensation) (Baltes & Baltes, 1989).

Altersweisheit ist nach Baltes aber kein automatisches Produkt des Älterwerdens, also nicht einfach die „Quersumme des Lebens". Es komme darauf an, der beste Experte seiner Altersgruppe und seiner Lebensumstände zu werden. So wie Rubinstein, der kreativ mit den Veränderungen des Alters umging (Baltes & Baltes, 1989).

Es spricht also vieles dafür, dass sich durch gezielte Reha eine bessere Lebensqualität im Alter erreichen lässt. Körper wie auch Geist sind trainierbar. Pflege kann so viel mehr sein als reine Fürsorge, wenn sie auf Reha setzt.

Diese Einsichten haben uns vor mehr als zwei Jahrzehnten bewegt, ein eigenes Pflegekonzept zu entwickeln. Was uns dabei angetrieben hat, welche Widerstände es zu überwinden galt, wie das Konzept genau gestaltet ist – davon berichten wir Ihnen im folgenden Kapitel.

5   Unser Weg der Erkenntnis

Es ist Zeit für eine Geschichte. Die Geschichte unseres Konzepts „Coaching statt Pflege". Aber ehrlich gesagt, es ist nicht eine einzige Geschichte, es sind viele. Die Geschichte eines junges Mannes, der statt Psychologie zu lernen, lieber Marx verschlingt. Die Geschichte von ein paar jungen Leuten, die im alten West-Berlin ein Auskommen suchen und eine echte Aufgabe finden. Die Geschichte eines Vereins, der benachteiligte Kids fördern will, sich dann aber um alte Menschen kümmert. Die Geschichte eines erfolgreichen Sozialunternehmens, das fast gescheitert wäre. Und nicht zuletzt die Geschichte der Liebe zwischen einer Ossi und einem Wessi, die bis heute hält.

    Wir werden mit Ihnen durch die Zeit reisen, ein paar Jahrzehnte zurück, als die Mauer noch stand und der westliche Teil von Berlin eine Insel war. Sie können sich noch gut an die Zeit damals erinnern? Dann sind Sie bestens vorbereitet. Wenn Sie das nicht können, etwa weil Sie noch nicht geboren oder zu jung waren, helfen wir Ihnen kurz auf die Sprünge. Nehmen wir beispielhaft das Jahr 1982. Helmut Kohl ist ganz frisch im Amt, Nicole gewinnt den Grand Prix und Italien die Weltmeisterschaft, Großbritannien siegt gegen Argentinien im Falklandkrieg, Romy Schneider stirbt viel zu jung, Michael Jackson steigt mit „Thriller" zum Weltstar auf und E.T. telefoniert nach Hause. Lang ist es her, nicht wahr?

5   Unser Weg der Erkenntnis

Lutz liest Marx und landet im Ghetto

Beginnen wir tief in den 1970ern. Vom Psychologiestudium von Lutz haben wir schon erzählt. Doch nicht von den Details. Als geborener West-Berliner bleibt er seiner Stadt treu und startet 1972 nach seinem Abi an der Freien Universität. Dort gibt es zwei Fachbereiche für Psychologie. Einen „bürgerlichen" und einen „marxistischen", das sogenannte Holzkamp-Institut. Klaus Holzkamp leitet es, ein Professor mit stärkerem Linksdrall, um es nett zu sagen. Marxismus? Keine schlechte Sache, denkt sich der junge Lutz. Er sieht sich ja als Nachzügler der studentischen APO-Bewegung. Gegen Autoritäten, gegen Notenvergabe von oben, das klingt alles perfekt für ihn. Er stürzt sich ins Studium und landet weich – viel zu weich. Statt Fachbücher zu wälzen und Vorlesungen zu besuchen, vergnügt er sich im Freizeitpark Berlin.

Richtig begeistern kann er sich aber für die Werke von Karl Marx. Während andere die „Herr der Ringe"-Trilogie lesen, vertieft er sich in die ersten drei Bände des „Kapitals". Er gibt sogar kostenlose Kurse für seine Kommilitonen. Das nötige Kapital für seinen Lebensunterhalt kommt derweil, ganz bürgerlich, von Mutter und Stiefvater.

1979 hat er sein Diplom in der Tasche. Was nun? Als frisch gebackener Akademiker findet man sich zu dieser Zeit schnell als Taxifahrer wieder. Vor endlosen Nachtfahrten durch Berlins Straßen bewahrt ihn das Bezirksamt Spandau. Dort sucht man junge Sozialpädagogen, die sozial schwache Familien unterstützen sollen. Lutz wird Familienhelfer und sieht sich beim ersten Einsatz zwölf unerzogenen Kindern gegenüber. Die zweite Familie lebt im sozialen Brennpunkt, einer Plattenbausiedlung mit Ghetto-Charakter. Zum Glück gibt es eine Supervisionsgruppe, in der er sich mit anderen Helfenden austauschen kann. Dort freundet er sich mit drei Gleichaltrigen an. Eine ältere Sozialpädagogin hat einen Tipp für die Vier parat: Warum gründet ihr nicht eine Nachbarschaftsinitiative und geht gemeinsam mit den Bewohnern gegen die sozialen Missstände vor?

So gründen die Vier im Kohl-Nicole-Falkland-Jahr 1982 einen gemeinnützigen Verein namens domino e.V. Das Budget kommt vom Bezirksamt Spandau: 500 D-Mark. Für ein ganzes Jahr Sozialarbeit soll das reichen. Was für Zeiten. Lutz und seine Mitstreiter stellen Förderanträge beim damaligen Berliner Sozialsenator Ulf Fink. Vier halbe Sozialarbeiterstellen sind der Lohn. Der kleine Nachbarschaftsverein kann den Kindern und Jugendlichen des Viertels nun Nachhilfe-, Fußball- und Gitarrenkurse anbieten. Die Eltern können sich in Yoga, Seidenmalerei und Fotografie üben. Und die Alten erfreuen sich an Seniorentreffs, Handarbeiten und Kaffeefahrten. Alles finanziert mit recht knappen Budgets. Ein wenig Geld kommt zusätzlich in die Kasse, weil einige Kurse gegen eine geringe Teilnahmegebühr angeboten werden.

„Erfindung" der häuslichen Pflege, Putschversuch und Mauerfall

Finanzielle Sicherheit sieht anders aus. Ständig droht die Mittelkürzung, weil das Land Berlin sparen muss. Doch wie wird man unabhängig von Fördermitteln? Das geht nur durch Leistungen, die sich am Markt verkaufen lassen.

Mittlerweile ist es 1987. West-Berlin „erfindet" die ambulante Altenpflege. Im gesamten Stadtgebiet sollen sogenannten Sozialstationen entstehen und die häusliche Krankenpflege organisieren. Finanziert übrigens durch die Krankenkassen. Zur Erinnerung: Die Pflegeversicherung gibt es erst ab 1996.

Mit einer Sozialstation lässt sich also Geld verdienen. Auf Dauer winkt die Unabhängigkeit von staatlichen Mitteln. Lutz findet diese Aussicht verlockend. Doch die anderen Drei sind skeptisch. Sollen sie wirklich den generationsübergreifenden Ansatz des Vereins aufgeben? Und stattdessen eine hoch spezialisierte Dienstleistung anbieten, von der sie keine Ahnung haben?

Sie streiten heftig und entscheiden sich schließlich gemeinsam gegen die (vermeintliche) Sicherheit und für das Risiko. Sie mieten ein Ladenlokal an, stellen drei Krankenschwestern ein und erhalten die Zulassung für häusliche Krankenpflege.

Apropos Krankenschwestern: Eine von ihnen erweist sich als ehrgeiziger als erwartet. Schon kurz nach dem Start 1988 will sie den Laden selbst übernehmen und kommerziell ausrichten. Der „Putschversuch" misslingt, die Station bleibt gemeinnützig. Lutz übersteht die erste große Existenzkrise seines Lebens. In den folgenden Jahren boomt die Sozialstation, die Zahl der Krankenschwestern steigt auf zehn. So wäre es sicher noch eine Weile weitergegangen, mit stetigem, leichten Wachstum. West-Berlin war ja eine Insel, mit begrenzten Möglichkeiten.

Doch Ende 1989 ändert sich alles. Die Mauer fällt. Lutz ist neugierig auf die Menschen, Wälder, Felder, Dörfer und Seen da draußen. Und ihn lockt die Frage, was es dort beruflich zu entdecken gibt. Im Februar 1990 bricht er mit seiner Kollegin Hanni zu einer „geheimen" Expedition in die damals noch bestehende DDR auf. Sie wollen erkunden, ob eine Kooperation mit dortigen Anbietern möglich wäre. Warum die Heimlichtuerei? Beide wissen, dass die Widerstände gegen eine „Osterweiterung" innerhalb des Vereins groß sein werden.

Am Vorabend der Reise schlägt Lutz den Atlas auf. Er sucht die nächste Stadt nördlich von Berlin. Da, Oranienburg, nur 20 Kilometer entfernt. Am nächsten Morgen geht es über die Stadtautobahn zur Grenze. Die Grenzbeamten lassen sie nach der Auskunft passieren, dass sie Kollegen aus der sozialen Arbeit in Oranienburg besuchen wollen. Dort angekommen fragen die beiden sich zur Sozialverwaltung durch und werden freundlich begrüßt. Ein fachtouristisches Austauschprogramm zwischen Ost und West beginnt. Mitarbeitende der sozialen Einrichtungen in Oranienburg und Umgebung lernen die Arbeit der Sozialstation in West-Berlin kennen und umgekehrt.

Es herrscht noch die Euphorie des Aufbruchs, es ist die Zeit der Runden Tische, in der alles möglich erscheint. Kein Gedanke ist zu kühn. Die Toleranz und Offenheit füreinander sind fast grenzenlos.

Lutz und seine Mitstreiter gehen ins Risiko und übernehmen das „Essen auf Rädern" von der Volkssolidarität. Statt in Alu-Milchkannen per Fahrrad fahren sie das Essen nun in Autos aus. Zehn Ford Fiesta kaufen sie dafür auf eigene Rechnung für rund 160.000 D-Mark.

Außerdem mieten sie Räume in Oranienburg, Hennigsdorf und Birkenwerder für neue Sozialstationen im Osten an. Die ersten ambulanten Pflegedienste im neuen Land Brandenburg überhaupt. Binnen eines Jahres wächst die Zahl der Mitarbeitenden von 20 auf 400. Zu diesem Wachstum trägt vor allem die Übernahme des städtischen Feierabend- und Pflegeheims in Oranienburg bei. Ein sechsgeschossiger Plattenbau aus dem Jahr 1987. Die Belegschaft spricht sich per Urabstimmung mit großer Mehrheit für den neuen Betreiber aus. Weil der Verein gemeinnützig ist, und weil Lutz und seine Mitstreiter eine Förderung der Bundesregierung in Höhe von rund einer Million D-Mark mitbringen. Das schafft Vertrauen und hebt sie von kommerziell ausgerichteten Interessenten ab.

Leider hat das rasante Wachstum auch seine Schattenseite. Der kleine Nachbarschaftsverein aus West-Berlin hat sich in einen großen Träger für ambulante und stationäre Altenpflege in West und Ost verwandelt. Innerhalb von 18 Monaten. Aber Lutz & Co. fehlt das nötige Handwerkszeug in Sachen Management. Sie sind eher jung und visionär als smart und berechnend. Anfangs schießen die Zahlen durchs Dach, dann stürzen sie ins Minus. Die Banken warnen, dass bald das Geld ausgehen könnte. Der Verein muss sparen und Kosten senken. Ein schmerzhafter Prozess. Lutz schläft schlechter denn je.

In dieser aufregenden und zugleich schwierigen Zeit kreuzen sich die Wege von Lutz und Petra. Unsere gemeinsame Geschichte beginnt. Zwei Menschen aus verschiedenen Welten, aus West-Berlin und der DDR. Wie viele, viele andere auch lernen wir uns nicht in einer Bar, am Strand oder beim Spaziergehen im Park kennen. Sondern am unromantischsten Ort der Welt: am Arbeitsplatz.

Petra ist 1963 auf Rügen geboren. Als junge Frau geht sie nach Berlin und studiert an der Humboldt-Universität. Sie will Diplomlehrerin für Englisch und Deutsch werden, promoviert dann aber im Bereich Linguistik am Institut für Anglistik/Amerikanistik.

1992 verlässt sie Lehre und Forschung. Beides kennt sie zur Genüge. Sie will in die Unternehmenswelt. Bei domino e.V. fängt sie als Assistentin der Geschäftsführung an. Ab 1995 ist sie für Marketing und Kundenbindung zuständig.

Auf der Suche nach dem Schlüsselproblem

Wenn Sie sich jetzt fragen, wann und wie wir unsere wirtschaftlichen Probleme gelöst haben: Es dauert fast die gesamten 1990er Jahre lang und gelingt durch einen intensiven Lernprozess.

1999 haben wir wieder festen Boden unter den Füßen. Rechtzeitig zur Jahrtausendwende sozusagen. Wir haben erste professionelle Managementstrukturen aufgebaut. Das klingt hochtrabend, schließ-

Auf der Suche nach dem Schlüsselproblem

lich sind wir ja kein Konzern, sondern „nur" ein Sozialunternehmen des Mittelstands. Doch ein gutes Qualitäts- und Kundenmanagement und ein solides Konzept, wie das Unternehmen zu führen ist, sind auch bei uns wichtig. Das haben uns die letzten turbulenten Jahre gelehrt.

Aber eines nach dem anderen. 1999 reift in uns die Einsicht, dass wir wirtschaftliche Stabilität nur durch Professionalisierung erreichen können. Wir müssen unternehmerisch handeln. Wir wollen mit den wirklich guten Unternehmen mithalten. In der Pflegebranche sind diese so selten wie Einhörner. Ein anderer Maßstab muss her. Durch Zufall entdecken wir die Ausschreibung einer Tagung. Der schöne Titel lautet: „Unternehmen 2000". Die Jahreszahl 2000 verheißt damals noch Großartiges. Zukunft, Fortschritt, Erfolg.

Also reisen wir nach München. Drei Tage lang kommen wir aus dem Staunen nicht heraus. Wir lernen die große weite Welt des Managements kennen. Wir begegnen erstmals Konzepten, die uns bis heute begleiten: Der „Balanced Scorecard" zum Beispiel. Sie helfe beim Umsetzen der stragischen Ziele, wie uns der Wirtschaftswissenschaftler Arnold Weissman erklärt. Oder dem „EFQM-Modell". Mit diesem ließe sich die Qualität der Unternehmensleistungen gezielt verbessern, überzeugt uns der Hotelier Klaus Kobjoll.

Ein Begriff hat es uns aber besonders angetan: Unique Selling Proposition, kurz USP. Im Deutschen spricht man vom Alleinstellungsmerkmal. Es ist die Königsdisziplin des strategischen Marketings. Laut Arnold Weissman gehe es darum, das Schlüsselproblem der Kunden sichtbar besser zu lösen als der Wettbewerb. Be different or die. Sei anders, oder geh unter.

Zurück in Berlin sind wir euphorisch wie lange nicht mehr. Den Rest des Jahres verbringen wir damit, unser Unternehmen neu zu erfinden. Rechtzeitig zum Beginn des neuen Jahrtausends. Unternehmer 2000, hurra.

5 Unser Weg der Erkenntnis

Diese zwei Kernfragen zum Thema USP beschäftigen uns intensiv: Was ist eigentlich das Schlüsselproblem unserer Kunden? Und wie könnte eine sichtbar bessere Lösung aussehen?

Allein schon die erste Frage hat es in sich. Wir diskutieren sie über Wochen und Monate hinweg. In verschiedenen Runden. Ohne Ergebnis. Wir sehen den Wald vor Bäumen nicht. Mit Altenpflege kennen wir uns doch gut aus. Seit über zehn Jahren beschäftigt sie uns. Da sollte die Antwort nicht schwer fallen. Meint man.

- Liegt das Schlüsselproblem der Pflegebedürftigen in zu wenig Zeit der Pflegekräfte?
- Ist die Qualität der Pflegeleistungen zu niedrig?
- Fehlt es an Freundlichkeit und Zuwendung?

Ein ganzes Jahr brauchen wir, bis wir die wahre Antwort finden. Bis wir das Schlüsselproblem klar benennen und die mögliche Lösung skizzieren können. Wir erkennen auch, warum es so lange gedauert hat. Wir sind einem typischen Denkfehler aufgesessen. Er passiert immer wieder, wenn es um das Leid alter Menschen geht: Wir blicken zu sehr auf die sekundären Folgen der Pflegebedürftigkeit. Wir sehen gebrechliche Menschen und wollen ihnen das Leben erleichtern. Durch viele kleine Hilfen hier und dort.

Das Schlüsselproblem liegt aber woanders. Was also belastet pflegebedürftige Menschen am meisten? Es ist die Pflegebedürftigkeit selbst. Und der Verlust an Selbständigkeit, der aus ihr resultiert.

Ein Schlaganfall reißt uns aus dem gewohnten Leben. Macht uns hilflos und abhängig von der Hilfe anderer. Wir können nicht mehr alleine aus dem Bett aufstehen. Die wenigen Schritte zur Toilette? Alleine anziehen, essen oder gar einkaufen? Von jetzt an undenkbar. Nach und nach wird uns bewusst, dass wir nun ein Pflegefall sind. Unser

Auf der Suche nach dem Schlüsselproblem

Selbstwertgefühl sinkt. Wir fühlen uns abgehängt, isoliert, ohne Hoffnung auf Besserung.

Dieses Alltagsdrama ist das Schlüsselproblem. Hierfür gilt es eine Lösung zu finden. Und diese kann nur Reha heißen.

Als nächsten Schritt schauen wir uns den Wettbewerb an. Unsere Diagnose: Alle Pflegedienste machen praktisch alles gleich. Sie unterscheiden sich nicht voneinander. Überall geht man nach dem bereits erwähnten Krohwinkel-Modell vor. Keine Theorie, kein echtes Konzept dahinter.

Wir wollen es anders machen. Und ein Modell entwickeln, das einen wissenschaftlichen Rahmen hat. Als Linguistin und als Psychotherapeut sehen wir Motivation und Kommunikation im Zentrum des Ganzen. Mit dem Modell könnten wir uns klar von anderen Pflegediensten abheben. Lang lebe der USP.

Der Name für das neue therapeutische Modell ist schnell gefunden. Von Pflege wollen wir nicht mehr sprechen, da es wenig damit zu tun hat. Unser Ansatz ist entwicklungsorientiert und stellt den Menschen in den Mittelpunkt. Als angemessener, zeitgemäßer Begriff schwebt uns „Coaching" vor. Ergänzt um unseren Vereinsnamen wird daraus: domino-coaching.

Die schwierige Geburt dieses Ansatzes zieht sich vom Sommer 1999 bis zum Sommer 2000 hin. Doch die eigentliche Arbeit liegt erst vor uns. In Gedanken ist uns das neue Konzept einigermaßen klar, wir skizzieren es auch schriftlich. Nun geht es an die Umsetzung. Ein Akt, der die Anstrengungen der Geburt weit übertreffen wird.

Wir starten mit einer Reihe von Workshops und laden unsere besten Mitarbeitenden dazu ein. Gemeinsam mit ihnen wollen wir das neue Modell entwickeln. Diese Frage treibt uns um: Wie müssen wir die herkömmliche Pflege umbauen, damit sie Therapie und Reha bieten kann?

Klar ist, dass das neue Vorgehen keine zusätzlichen Kosten verursachen darf. Wir wollen es mit den vorhandenen Pflegekräften realisieren. Auf Förderung können wir für dieses Abenteuer nicht hoffen. Am Ende soll unsere Dienstleistung also nicht teurer werden. Ein echter USP: Neuerfindung einer besseren Pflege zu den üblichen Kosten. Das wird unsere Arbeitsplätze sicherer machen.

Wirtschaftliche Sicherheit ist in diesen Jahren in der Pflegebranche alles andere als üblich. Seit Einführung der Pflegeversicherung 1995 gibt es eine Flut an neuen privaten Pflegediensten. Der Wettbewerb ist enorm. Wir dürfen also auf keinen Fall höhere Preise berechnen als die kommerziellen Anbieter. Physio- oder Ergotherapeuten einstellen? Ebenfalls undenkbar, da die Pflegekassen das nicht finanzieren (bis zum heutigen Tag).

So sitzen wir also mit rauchenden Köpfen in den Workshops und entwerfen mit Stift und Papier das neue Modell. Wie müssen wir Schritt für Schritt vorgehen, damit unsere Patienten ihre verlorene Selbständigkeit zurückgewinnen? Uns ist bewusst, dass gerade zu Anfang die richtige Kommunikation wichtig ist. Schließlich müssen wir die alten Menschen überzeugen, sich auf eine Therapie einzulassen. Wir trainieren also Gesprächstechniken. Die Mitarbeitenden sollen sich an die Erlebniswelt der Patienten „andocken" können, um besser zu verstehen, was diese bewegt oder wo es Widerstände gibt. Hierfür müssen wir erst einmal die negativen Bilder aus den Köpfen der Mitarbeitenden bekommen. Pflege als Endstation, alte Menschen als nicht-therapierbare Wesen.

Uns beiden sind psychotherapeutische Kommunikationstechniken gut vertraut. Für unsere Pflegekräfte sind diese Neuland. Ob Krankenschwester oder unqualifizierter Pflegehelfer, in ihrer Ausbildung oder früheren Tätigkeit haben sie solche Dinge nicht gelernt. Aber die meisten von ihnen lassen sich auf das Lernabenteuer ein. Was sie an einem Tag durch Rollenspiele mit Videofeedback lernen, wenden sie am folgenden Tag an den Patienten an. Diese therapeutischen Gespräche schneiden wir auf Kassettenrekordern mit und werten sie gemeinsam mit den Mitarbeitenden aus. Gerade ostdeutschen Beschäftigten, die sich an die Arbeit der Stasi erinnert fühlen, verlangt dieses Vorgehen einiges ab.

Wie immer, wenn man etwas Neues ausprobiert, scheiden sich die Geister. Die Mitarbeitenden teilen sich in drei Gruppen: Eine niedrige Zahl ist sehr aufgeschlossen, eine große Mehrheit eher ambivalent eingestellt und eine kleine Fraktion skeptisch bis ablehnend. In den Schulungen aber, die wir von Anfang an in Eigenregie durchführen, ziehen die meisten mit.

Während die Euphorie innerhalb von domino e.V. recht groß ist, stößt unser neuer Ansatz in der Außenwelt auf weniger Begeisterung. Wir touren durch Krankenhäuser, Arztpraxen und Betreuervereine und ernten Kopfschütteln und Augenrollen. Unseren USP hält man für ein leeres Versprechen, für eine billige Werbemasche. Pflegebedürftige wieder fit und fröhlich machen? Ohne Zusatzkosten, ohne spezielles Personal? Lächerlich!

Ein überzeugender Nachweis muss her. Ein Beleg von unabhängiger Stelle, dass unser Ansatz funktioniert. Wir geben eine wissenschaftliche Studie beim Fraunhofer-Institut in Auftrag. 2002 liegt die Auswertung vor. Unser domino-coaching erzielt im Vergleich zur herkömmlichen Pflege „statistisch signifikant" deutlich bessere Ergebnisse. Sowohl bei der Selbständigkeit als auch beim allgemeinen Wohlbefinden der untersuchten Pflegebedürftigen. Und das im stationären, teilstationären und ambulanten Bereich.

Der Durchbruch, endlich. Wir sind überzeugt: Jetzt wird niemand mehr bezweifeln, dass domino-coaching wirksam ist. Der Erfolg ist quasi nicht mehr aufzuhalten. Wir fürchten sogar Ideenklau und

Plagiate. Für einen Patentschutz reicht es zwar nicht, doch wir lassen den Namen „domino-coaching" markenrechtlich schützen.

Doch wir freuen uns zu früh. Niemand versucht uns zu kopieren. Niemand klaut unseren Namen. Schön wäre es. Die öffentliche Akzeptanz und Anerkennung bleibt leider immer noch aus. Regelmäßig halten wir Vorträge auf Fachtagungen und Kongressen der Pflege- und Medizinbranche. Doch während die „Brot- und Butterthemen" gut besucht sind, sprechen wir vor fast leeren Sitzreihen. Die wenigen, die uns zuhören und zu verstehen scheinen, sind Teilnehmende aus Holland, Skandinavien oder der Schweiz. Bei den Deutschen hingegen laufen wir mit dem Kopf gegen die Wand. Oft sind wir kurz davor aufzugeben.

Nur eines gibt uns Kraft und Zuversicht: die Erfolge, die wir täglich in unserer Arbeit erleben. Alte Menschen, die sich bereits aufgegeben haben, die von ihrem Umfeld als hoffnungslose Fälle abgestempelt wurden – und die nun wieder Freude am Leben empfinden. Und wir erleben Mitarbeitende, die stolz sind, ihren Teil dazu beizutragen.

Von diesen Geschichten unserer Patienten sind wir so begeistert, dass wir sie aufschreiben und als Sammlung veröffentlichen. „domino-coaching Erfolge des Sommers" heißt das Buch. Es erscheint 2005 zum ersten Mal. Seitdem veröffentlichen wir unter diesem Titel regelmäßig die neuesten Erfolgsstorys. Sie sind für uns bis heute ein Mutmacher, wenn wir wieder einmal frustriert sind über das Unverständnis unserer Umwelt. Die persönlichen Erfolgsgeschichten belegen, was eine gute therapeutische Kommunikation bewegen kann. Unser domino-coaching besteht in der Anfangszeit tatsächlich „nur" aus den sogenannten Coaching-Sitzungen. Ein systematisches Kraft- und Bewegungstraining kommt erst in späteren Jahren hinzu. Allein die Gespräche mit unseren empathischen Coaches sorgen damals dafür, dass die Patienten wieder Mut schöpfen. Sie bewegen sich mehr, steigen Treppen hinauf, nehmen an geselligen Veranstaltungen teil, gewinnen an körperlicher Sicherheit und vieles mehr. Sie holen sich Stück für Stück ihre Selbständigkeit zurück. Und das mit Hilfe von Coaches, die als ganz normale Pflegekräfte ausgebildet sind. Braucht es wirklich noch mehr Belege dafür, wie wirksam unser Modell ist?

Endlich wirkt der USP – aber anders als gedacht

Ehrlich gesagt, nicht nur die Erfolgsgeschichten unserer Patienten bestärken uns, am neuen Ansatz festzuhalten. Zwei weitere Umstände lassen uns hoffen, dass irgendwann der Durchbruch gelingt. Da sind zum einen unsere Mitarbeiterinnen und Mitarbeiter. Wie schon erwähnt, nicht alle von ihnen sind glühende Fans des neuen Vorgehens. Aber wir beobachten, dass unser Team von Jahr zu Jahr enger zusammensteht. Wir arbeiten einfach anders als die anderen Pflegeanbieter. Wir heben uns ab, sind etwas Besonderes. Wir stehen für ein bestimmtes Wertesystem, die sogenannten domino-Regeln, wir vertreten ein positives Bild vom Alter, wollen Menschen fördern, nicht einfach versorgen. Das bindet viele Mitarbeitende an uns, sie identifizieren sich mit unserem Unternehmen und fühlen sich wohl bei domino e. V. Allein schon wegen dieser Bindungswirkung hat sich die „Erfindung" der neuen Methode gelohnt.

Zum anderen motivieren uns die Auszeichnungen, die wir für unsere unternehmerische Arbeit erhalten. Wir haben ja auf der erwähnten Münchener Tagung 1999 nicht nur den USP kennengelernt. Sondern auch das EFQM-Modell, ein europäisches Qualitätsmanagementsystem. Uns beeindruckt damals sehr, dass der Präsentator Klaus Kobjoll den European Quality Award der EFQM gewonnen hat. Die

Trophäe überreichte ihm Königin Silvia in Stockholm. So glamourös kann gutes Management sein. 2002 führen wir das EFQM-Modell bei uns ein. Mit wachsendem Erfolg. Nach und nach verbessern sich die wirtschaftlichen Ergebnisse, wir arbeiten immer effizienter. Unsere USP-Strategie ist natürlich Teil des Erfolgs – sie ermöglicht die steigende Kunden- und Mitarbeiterorientierung.

Und dann klappt es auch mit der öffentlichen Anerkennung, zumindest was unsere unternehmerische Leistung anbelangt. In den Jahren von 2004 bis 2019 entwickeln wir uns zu wahren Trophäenjägern. Kein Wettbewerb, keine Zertifizierung ist vor uns sicher. Sei es der Ludwig-Erhard-Preis, Great Place to Work oder Deutschlands Kundenchampions. Wir haben einen Riesenspaß dabei, diese Titel einzusammeln und in unserer Zentrale in Birkenwerder auszustellen. Schaut her, läuft doch.

Nun, es läuft rund für uns, aber anders als erwartet. Unser Alleinstellungsmerkmal domino-coaching beschert uns zwar einen größeren Kundenzulauf, wirkt aber vor allem nach innen, auf die Motivation und Produktivität der Mitarbeitenden. Sie finden das in ihrer Arbeit, was man heute „Purpose" nennt. Nämlich Sinn und Erfüllung. Die Kosten, die das ganze Qualitätsmanagement nach dem EFQM-Modell mit sich bringt, holen wir dank effizienterer Arbeit wieder herein. Kurzum: Ohne den USP hätten wir es nicht zum „Vorzeigeunternehmen" gebracht.

Aber alles kein Grund, sich auf den Lorbeeren auszuruhen. Das EFQM-Modell verlangt, dass man sich jährlich verbessert. Wir sehen uns praktisch gezwungen, unsere Methode kontinuierlich weiterzuentwickeln. Bislang dreht sich alles um Kommunikation und Motivation, nun rückt das körperliche Training in den Mittelpunkt. In diese Zeit fällt der Bau zweier neuer Pflegeheime in Berlin. Eines in Tegel (2007 eröffnet), ein anderes in Treptow (2014 eröffnet). In beiden Häusern, die bei uns Clubs heißen, gehört domino-coaching von Anfang an zum Alltag.

Wir wachsen und fahren Gewinne und Preise ein. Nur außerhalb unserer domino-Welt interessiert sich immer noch, pardon, kein Schwein für unsere Methode. Wir geben nicht auf, holen tief Luft und starten einen neuen Anlauf.

Eine Stiftung soll den Durchbruch bringen

Um das Jahr 2015 herum beschäftigt uns eine große Frage: Wie soll es weitergehen? Mit unserem Unternehmen? Unserer Methode? Wachstum wäre schön, um unseren USP im Pflegemarkt zu verbreiten. Das hieße, weitere Einrichtungen im Bundesgebiet zu eröffnen. Möglichst viele bedürftige alte Menschen könnten profitieren. Doch solch eine Expansion würde Ressourcen erfordern, die wir erst organisieren müssten. Dazu fehlt uns der Antrieb. Wir lieben es „small but beautiful", klein aber fein.

Aber warum nicht Lizenzen vergeben, ein Franchise-System etablieren? So wie man das von McDonald's und anderen Ketten kennt? Dagegen spricht, dass es kein Interesse an unserem Konzept gibt, die Nachfrage also fehlt. Außerdem würde uns der Wandel vom gemeinnützigen Anbieter zum kommerziellen Franchisegeber nicht behagen.

Uns fehlt eine Perspektive. Quo vadis, domino-world?

Als wegweisend erweist sich in dieser Situation der Tipp eines Geschäftspartners – er leitet unsere Hausbank. Ausgerechnet ein Banker rät uns, unserer Gemeinnützigkeit treu zu bleiben. Und eine Stiftung zu gründen. Eine eigenständige Organisation, die unsere

Methode domino-coaching hütet und schützt, sie weiterentwickelt und verbreitet. Der neuen Stiftung würde unser USP gehören. Damit wäre er geschützt vor allen Aufs und Abs unserer Einrichtungen. Wer weiß schon, was unsere Nachfolger beim Verein mit ihm anstellen würden? Würden sie ihn abschaffen, weil er nur unnötige Kosten verursacht? Im Rahmen einer Stiftung sehen wir unser Modell am besten geschützt. Auf ewig sozusagen.

Ein weiterer Vorteil ist, dass die Stiftung als neutrale Instanz auftreten kann. Unser Modell wäre für andere Pflegeanbieter nicht mehr das „Produkt" eines Konkurrenten und damit per se abzulehnen.

Die Idee, eine Stiftung zu gründen, fällt in eine Zeit, in der die Defizite der Pflege in Deutschland offensichtlich werden. Die Pflegeversicherung schreit nach Reformen. Die Lage in den Pflegeheimen ist kritisch. Es mangelt an Personal, die Unzufriedenheit mit der Arbeit ist riesig. Neue Lösungen, innovative Konzepte müssen her. Da liegt es nahe, mit einer neuen Stiftung für ein Modell zu werben, das eine bessere Pflege und Betreuung alter Menschen verspricht. Das kranke Alte wieder auf die Beine bringt und den Beschäftigten eine sinnstiftende Arbeit erlaubt. Unser USP könnte der gesamten Pflegebranche eine Perspektive bieten. Bitte nachmachen, hieße die Devise. Wir würden keine Lizenzen vergeben, um Geld zu verdienen. Wir würden durch eine Zertifizierung dafür sorgen, dass unsere Methode gut und fachgerecht umgesetzt wird. Was für eine Zukunft für „unser Baby".

Es dauert eine Weile, bis alle Weichen gestellt sind. Im September 2020, mitten in der Corona-Pandemie, gründen wir die domino-coaching Stiftung. Stifter ist domino-world, unser Verein. Das Stiftungskapital stammt aus den Finanzrücklagen. Ein großer Einschnitt nach fast 40 Jahren. Nun gibt es zwei juristisch selbständige Organisationen. Das wirkt sich auch auf unsere persönliche Arbeit als Führungsduo aus. Lutz leitet jetzt als Vorstandsvorsitzender die neue Stiftung. Petra steigt von der Geschäftsführerin zum Vorstand des Vereins auf. Ein Wandel, der für einigen Zündstoff in der Beziehung sorgen wird. Der eine muss das Loslassen lernen, die andere muss sich neu behaupten.

Und sie bewegt sich doch, die Pflegewelt

Stiftung gegründet, Problem gelöst. Ende gut, alles gut. Das glauben wir zunächst und werden bitter enttäuscht. Wir beide haben plötzlich doppelt so viel Arbeit wie vorher. Und die Öffentlichkeitsarbeit der Stiftung bringt vorerst: nichts. Fachwelt, Politik, Verbände und Medien scheren sich weiterhin nicht die Bohne um unser Modell. Wir führen viele, viele Gespräche mit Sozialpolitikerinnen und -politikern aller Parteien, im Bund und in den Ländern. Alle nicken fleißig, sind angetan von unseren Ideen. Doch leider, leider sei die Politik ja so träge. Sie persönlich würden gerne etwas ändern, nur die Anderen eben nicht.

Ähnliches erleben wir bei den Kranken- und Pflegekassen. Erst großes Verständnis, dann kleinmütige Absagen. Am stärksten ist die Ablehnung übrigens bei den Lobbygruppen und Verbänden. Hier treffen wir auf massiven Widerstand. Stahlbeton pur. Wir fühlen uns wie die einsamen Rufer in der Wüste. Alle klagen über die Pflege, niemand will etwas ändern.

Der Fortschritt ist eine Schnecke, trösten wir uns. Es dauert eben. Unser Modell ist mittlerweile 24 Jahre alt, wird aber immer noch als „exotisch" abgetan. Liegt das nur am Beharrungsvermögen des „industriellen Komplexes" Altenpflege?

Wir sehen das Hauptproblem in einem anderen Faktor. Wir sprachen bereits über diesen: Es sind unsere negativen Bilder vom Alter, und damit verbunden die Altersdiskriminierung. Ein gesellschaftliches Problem also, das weit über die Pflegebranche hinausreicht.

Was passiert, wenn man Altsein als Horror betrachtet, den man am besten hinter den Mauern von Pflegeheimen versteckt? Wenn man überzeugt ist, dass es spätestens ab 70 mit dem Leben bergab geht und sich die Suche nach einer neuen Perspektive nicht mehr lohnt? Dann erscheint es nur logisch, die Pflege als Versorgungsmaschine zu begreifen. Mit dieser Brille betrachtet, wirkt ein Modell, das alte Menschen therapieren und rehabilitieren will, geradezu utopisch.

Solange wir die Alten abschreiben, gibt es kein Motiv für Reha. Das erklärt die gravierenden Defizite in der Methodik, der Ausbildung und der Finanzierung der Pflege. Einfach mehr Geld in dieses System zu pumpen, wird die Lage nicht verbessern. In den letzten Jahrzehnten hat man dies immer wieder versucht. Ohne großen Erfolg. Wie schon Paul Watzlawick in seiner „Anleitung zum Unglücklichsein" schreibt: Ein „mehr desselben" ist nur sinnvoll bei prinzipiell richtigen Lösungsansätzen. Verfolgt man jedoch eine Strategie, die nicht zur Lösung beiträgt, wird das Problem durch ein „mehr desselben" nicht besser (Watzlawick, 2021). Alle bisherigen Reformen in der Pflegeversicherung haben dies gezeigt. Alles wird immer teurer, aber leider nicht besser, oft sogar schlechter. Eine echte „Verschlimmbesserung".

Diese Einsichten ernüchtern uns, verhelfen uns aber auch zu einer pragmatischen Einstellung. Wir müssen uns wohl auf eine längere Wartezeit einstellen. Bis sich die bestehenden Altersbilder der Gesellschaft ändern, wird es dauern. Hoffnung macht uns die Generation der Boomer. Also derjenigen Menschen, die zwischen Mitte der 1950er Jahre bis Mitte der 1960er Jahre geboren sind. Diese Generation wird ihr Alter anders verbringen als die Generationen davor. Gesünder, aktiver, anspruchsvoller. Sie wird bei Krankheit und Leid eine bessere Betreuung einfordern, sich nicht mit den derzeitigen Angeboten zufrieden geben. Ob wir beide das noch in unserer aktiven Zeit erleben werden? Noch einmal zehn oder gar 20 Jahre warten? Die uns Nachfolgenden in Stiftung und Verein würden es immerhin erleben und den späten Erfolg feiern können.

Vielleicht ändern sich die Dinge aber auch schneller? Anfang 2023 überrascht uns eine Nachricht. Die AOK stellt unter großem Medienecho ein Projekt vor, das unserem Modell zum Verwechseln ähnlich ist. Erst sind wir geschockt, dann wie elektrisiert.

Es geht um einen Pflegeansatz namens „SGB Reha", der, wie der Name schon sagt, ebenfalls auf Reha setzt. Ein diakonischer Träger im Ruhrgebiet verfolgt ihn seit mehreren Jahren. Wir erfahren zum ersten Mal davon. Der Unterschied zu unserem Vorgehen: Die dortige Physioarbeit wird von eigens angestellten Therapeutinnen durchgeführt. Nicht wie bei uns kostenneutral vom Pflegepersonal. Die Mehrkosten pro Bewohner betragen monatlich rund 1.000 Euro. Sie werden durch Spenden aufgebracht, hören wir.

Die AOK Rheinland/Hamburg testet das Pflegemodell in zwölf Einrichtungen der stationären Pflege aus dem Ruhrgebiet. Der Innovationsfonds der Krankenkassen finanziert das Ganze mit einem zweistelligen Millionenbetrag.

Wir sind baff. Plötzlich taucht aus dem Nichts ein „Konkurrent" auf. Alle großen Tageszeitungen berichten, selbst im TV bei „Hart aber fair" spricht man über ihn. Dem AOK-Projekt gelingt sofort, was uns seit Jahren versagt bleibt: Es wird von der Öffentlichkeit wahrgenommen und diskutiert.

Doch wir versinken nicht in Selbstmitleid. Wir fassen neuen Mut. Konkurrenzgefühl, gar Neid, ist hier fehl am Platz. Wenn die große AOK

5 Unser Weg der Erkenntnis

sich für ein solches Projekt stark macht, zeigt das doch, dass sich endlich etwas bewegt. Reha in der Altenpflege scheint im Kommen zu sein.

Mit frischem Elan gehen wir neue Projekte an. Unsere schon etwas ältere Idee vom Lizenzsystem wollen wir auffrischen. Einige Fragen sind zu klären, unter anderem: Wie stellen wir sicher, dass andere Einrichtungen unser Modell in der nötigen Qualität umsetzen werden? Wie soll die Zertifizierung der Lizenznehmer ablaufen? Zudem werden wir in Gesprächen mit der Politik und den Krankenkassen immer wieder nach aktuellen wissenschaftlichen Belegen gefragt. Unsere Fraunhofer-Studie ist von 2002 und muss dringend erneuert werden. Wir knüpfen Kontakte zu zwei Berliner Hochschulen. Kurzfristig gelingt es uns, eine Förderung auf die Beine zu stellen. Der Weg ist frei für eine neue Evaluations- und Transferstudie. Die Ergebnisse sollen Ende 2025 vorliegen.

Mittlerweile fällt es uns leichter, zu Tagungen und Kongressen eingeladen zu werden. Unsere Vorträge sind jetzt auch besser besucht. Wir blicken nicht mehr auf leere Stuhlreihen, sondern immer öfter in interessierte Gesichter.

Unsere Stiftung macht ebenfalls große Fortschritte. Wir haben neue Mitarbeitende eingestellt, die unter anderem eine Akademie aufbauen sollen, um externe Interessenten für unser Modell zu schulen.

Bleibt die spannende Frage: Liegen wir richtig, dass die deutsche Altenpflege nun bereit ist für unser domino-coaching? Oder sind die Beharrungskräfte in Pflegebranche und Politik doch größer als die Innovationskraft unseres Modells?

Unsere Geschichte kennen Sie jetzt. Nun ist es Zeit, Ihnen auch unser Modell näher vorzustellen.

6 Alles beginnt mit Kommunikation

Was hat, bitteschön, Liebe mit guter Pflege zu tun? Und warum legen wir in unserem Modell so viel Wert auf Kommunikation? Diese oft gehörten Fragen überraschen uns kaum. Die meisten Menschen verstehen Pflege immer noch als kompensatorische Fürsorge. Als Hilfe für Menschen, die durch Krankheit oder Alter eingeschränkt sind. Fokussiert auf die Grundbedürfnisse des Menschen. Frei nach dem Motto „satt, sauber, trocken".

Wer in dieser Pflegewelt mit Liebe und Kommunikation ankommt, muss also einen an der Mütze haben. Seit mehr als zwei Jahrzehnten arbeiten wir gegen Sichtweisen wie diese an. Aber wir wollen hier nicht jammern, sondern Ihnen unser „verrücktes" Modell nahebringen.

Von unserer Suche nach einem USP, einem Alleinstellungsmerkmal für unser Unternehmen, haben wir bereits berichtet (▶ Kap. 5). Uns fiel damals auf, dass sich in der Pflege alle grob am Krohwinkel-Modell orientierten. Einen soliden wissenschaftlichen Rahmen für gute Pflegearbeit stellte das unserer Ansicht nach nicht dar. Ausrede konnte auch nicht sein, dass es an pflegewissenschaftlichen Theorien mangelte. Wir zählten damals etwa 30 Pflegemodelle, meist aus dem englischsprachigen Raum. Diese nutzte aber kaum jemand, warum auch immer. Ehrlich gesagt: Wir wollten sie auch nicht verwenden, sondern ein eigenes Modell schaffen, das unseren Wünschen und Anforderungen entsprach.

Es sollte auf unseren Stärken beruhen und widerspiegeln, woran wir bis heute glauben. Bei Petra, der promovierten Linguistin, ist es die Kraft der Sprache. Bei Lutz sind es das entwicklungsorientierte Menschenbild und die Systemtheorie. Schon der Name domino-coaching zeigt, dass wir uns von der kompensatorischen Pflege abgrenzen wollen. Pflege taucht als Begriff nicht mehr auf.

Beginnen wir also bei den Grundlagen unseres Modells. Schauen wir uns dann an, wie es aufgebaut ist und wie wir es im Alltag anwenden. Es wird um gespiegelte Gefühle, offene Fragen und vieles mehr gehen. Ach ja, und natürlich werden wir uns auch der Liebe widmen.

Altes Paradigma raus, neues Paradigma rein

Gegen ein Paradigma kommt man nicht an. Man rennt gegen eine Wand. Auch in der Altenpflege gibt es ein Paradigma, gegen das wir seit vielen Jahren anrennen. Aber was ist ein Paradigma genau? Und warum ist es so stark? Im Prinzip handelt es sich um ein festes Bündel an Grundannahmen, die sich in einer wissenschaftlichen Disziplin etabliert haben. Der US-amerikanische Wissenschaftstheoretiker Thomas Kuhn hat diese Definition geprägt. Nach ihm ist ein Paradigma sozusagen die „Supertheorie", die von den meisten Vertretern einer Wissenschaft unterstützt wird. Für immer und ewig gilt sie nicht. Mitunter kommt es aufgrund bahnbrechender Entdeckungen zu einem Paradigmenwechsel. Das alte Bild wird in relativ kurzer Zeit durch ein neues ersetzt.

Wir kennen das aus der Geschichte. Einst glaubte man, dass die Sonne sich um die Erde dreht – Kopernikus sah das jedoch etwas anders. Seine Entdeckung brachte das alte geozentrische Weltbild ins Wanken. Nun wäre ein Paradigmenwechsel im deutschen Pflegesystem nicht ganz so weltbewegend. Aber die Widerstände, hier ein neues Paradigma, also eine neue Sichtweise auf die Dinge, zu etablieren, scheinen uns an manchen Tagen ähnlich groß zu sein wie damals.

Unser Ansatz „Coaching statt Pflege", den wir mit dominocoaching in ein greifbares Modell verwandelt haben, stellt einen echten Paradigmenwechsel dar. Wir verbessern nicht einfach nur die bestehende Pflege, wir machen sie ein wenig humaner oder effizienter. Unser Modell bedeutet einen Umbruch, ein neues Denken und Tun der Pflegekräfte.

Wir sehen die Welt der Altenpflege anders. Bei uns dreht sie sich nicht mehr um reine Bedürfnisbefriedigung, um das Lindern von Schmerz und Krankheit im Zuge des körperlichen und geistigen Verfalls. Unser Denkansatz fußt auf drei Thesen, die im krassen Gegensatz zum bestehenden Paradigma stehen. Es handelt sich um Grundannahmen oder Glaubenssätze, die alles andere als neu sind. In der humanistischen Psychologie oder der Familientherapie werden sie seit Jahrzehnten beherzigt. Die drei Thesen lauten:

1. Der Mensch ist immer entwicklungsfähig, unabhängig von Alter und Gesundheitszustand. Das gilt in körperlicher, geistiger und seelischer Hinsicht. Eine Weiterentwicklung und damit auch Verbesserung von Gesundheit und Wohlbefinden ist also auch bei Hochaltrigen und Schwerkranken nicht nur wünschenswert, sondern prinzipiell möglich.
2. Emotionale Zuwendung und Wertschätzung sind der wichtigste Schlüssel, um die Entwicklung und Heilung eines Menschen zu unterstützen. Jede therapeutische Interaktion muss durch echte Wertschätzung ergänzt sein. Erfolge in Therapie und Reha gelingen viel leichter, wenn sie durch einfühlsame Gespräche begleitet werden.

3. Gesundheit und Krankheit sind besser verständlich, wenn wir die Dinge ganzheitlich bzw. systemisch betrachten. Also Körper, Seele, Geist, soziale Beziehungen und äußere Lebensumstände in ihrer Wechselwirkung.

Klingt doch alles sehr überzeugend, nicht wahr? Leider findet sich von diesen Einsichten im Alltag recht wenig. Weder in den meisten Arztpraxen und Krankenhäusern, noch in der Mehrzahl der Alten- und Pflegeheime. Aus Sicht der Altenpflege, wie sie vom Pflegeversicherungsgesetz definiert wird, sind das geradezu radikale Forderungen. Fernab der Realität, bestenfalls exotisch. Mit Gegenargumenten ist man schnell bei der Hand.

- Die Gesundheit hochbetagter Menschen verbessern? Das lohnt doch nicht mehr!
- Die Entwicklung fördern? Unmöglich, gegen den Verfall kommt man nicht an!
- Einfühlsame Gespräche führen? Das kann keiner bezahlen!

Solche harschen Reaktionen spiegeln wider, was in der aktuellen Altenpflege schief läuft. Es mangelt an hochqualifizierten Fachleuten und einer fundierten Theorie. Kommunikationsgeschick und ganzheitliche, systemische Sichtweisen? Kein Bedarf. Entwicklung, Verbesserung und Heilung passen einfach nicht in diese Gedankenwelt. Sie können sich vorstellen, wie sehr es uns widerstrebt, das zu akzeptieren. Allein schon aufgrund unserer Ausbildung steht Kommunikation für uns ganz vorne. Wir glauben, dass sie der Schlüssel für vieles ist. Für Wirksamkeit, Gesundheit, Wohlbefinden, materiellen Erfolg und nicht zuletzt Glück. Und wenn man sich so umschaut in Medizin, Psychologie, Pädagogik und Bildung, stehen wir nicht alleine da. Auch im Management oder Spitzensport reden mittlerweile alle von der Macht der Worte und Gesten. Man nutzt Bilder und Narrative, also Geschichten, um Menschen zu begeistern und zu überzeugen.

Kommunikation ist ein weites Feld. In unserem Fall geht es um therapeutische Kommunikation, die auf Entwicklung und Wertschätzung setzt. Anders gesagt: Die therapierende Person nimmt im Hinblick auf beide Themen eine bestimmte Haltung ein. Sie glaubt fest und wahrhaftig daran, dass jeder Mensch sich entwickeln kann. Und dass dafür Respekt, Achtung und positive Zuwendung nötig sind. Schauen wir uns beide Haltungen genauer an.

Entwicklung geht immer, in jedem Alter

Allem Lebendigem wohnt die Kraft und Fähigkeit inne, sich zu verändern und weiterzuentwickeln. Das sagen die meisten Wissenschaften, die sich mit lebenden Systemen beschäftigen. Zuvorderst die Biologie: Was lebt, entwickelt sich. Evolutionstheorie und Abstammungslehre fußen auf diesem Gedanken. Die humanistische Psychologie hat ihn sich zur Devise gemacht. In jedem Menschen schlummere die Kraft der Veränderung. Die Therapeutin bzw. der Therapeut habe die Aufgabe, sie aufzuwecken und zu stimulieren. Heilen und Gesunden seien keine Reparaturprozesse. Sie beruhen darauf, verborgene Potenziale im Patienten anzuregen und freizulegen. Der Therapeut als Gärtner, nicht als Klempner. Therapie als das Lösen von Blockaden.

Bei Kindern, Jugendlichen und jüngeren bis mittelalten Erwachsenen scheint Entwicklung ganz selbstverständlich zu sein. Niemand stellt sie infrage. Bei älteren bis hochbetagten Menschen hingegen regen sich Zweifel. Sorry, da verändert sich doch nichts mehr. Zu stur, zu steif, zu krank und verkalkt. Ganz aus der Luft gegriffen sind diese Bedenken nicht. Die Arbeit mit hochaltrigen Patienten, die oft mehrfach beeinträchtigt sind, ist kein Kinderspiel. Sie kann ein Kraftakt sein.

Entsprechend anspruchsvoll ist es, die Mitarbeiter zu schulen. Das Prinzip der Entwicklungsorientierung einer Kitaerzieherin nahezubringen, ist recht einfach. Kinder lernen jeden Tag dazu, man staunt über ihre Fortschritte, sieht sie wachsen, innerlich wie äußerlich. Wenn wir nun an eine Altenpflegerin mit 20 Jahren Erfahrung denken, sieht die Sache schon anders aus. Sie hat alte Menschen vor Augen, die an diversen Gebrechen leiden und in manchen Fällen kaum noch kommunizieren können. Sie kennt die „Maloche" in der Pflege nur zu gut, die wenig Raum für Austausch oder gar Förderung lässt. Sie wird daher schwer glauben können, dass Entwicklung in jeder Lage möglich ist.

Machen Sie den Selbsttest. Denken Sie an einen Menschen in ihrem Umfeld, der schwer beeinträchtigt ist. Sei es durch Krankheit, Behinderung oder eine andere Einschränkung. Ist es für Sie wirklich vorstellbar, dass für diesen Menschen noch Hoffnung auf Besserung besteht?

Das Prinzip Hoffnung

Ernst Bloch, der deutsche Philosoph, hat ihm sein Hauptwerk gewidmet. Es handelt sich um eine umfassende Utopie des 20. Jahrhunderts. Sie erstreckt sich über die gesamte Lebenswelt des modernen Menschen. Hoffnung ist aber auch eine der drei göttlichen Tugenden aus der Lutherbibel. Glaube, Hoffnung und Liebe. Und jeder kennt das Sprichwort: Die Hoffnung stirbt zuletzt. Sie ist eine mächtige Triebkraft. Wenn wir in Not sind, hoffen wir auf Rettung. Wir ziehen Kraft und neuen Mut aus unserer Hoffnung. Heute mag es düster und kalt sein, aber morgen wird die Sonne scheinen, hoffen wir. Das macht uns den Tag erträglicher.

Wenn ein Therapeut mit einem Patienten arbeitet, ist Hoffnung wichtig. Zunächst einmal auf Seiten des Therapeuten selbst. Denn wer pflegebedürftig ist, hat oft alle Hoffnung auf Besserung aufgegeben. Das empfundene Leid ist zu hoch. Ein Therapeut, der an Entwicklung, Besserung und Heilung glaubt und das zeigt, kann hier Wunder bewirken. Der Patient findet Halt und kann neue Zuversicht, Kraft und Energie schöpfen. Die Hoffnung steckt geradezu an. Wie das, was hier etwas metaphysisch klingt, im Therapiegespräch genau geschieht, darüber reden wir später noch.

Jeder Mensch ist liebenswert, auf seine Art

Nicht nur Entwicklungsorientierung prägt unsere Arbeit. Ebenso wichtig ist die Grundhaltung der Wertschätzung. Besonders Lutz hat sich in seiner Zeit als Psychotherapeut intensiv mit ihr beschäftigt. Wertschätzung gehört wie der Glaube an Entwicklung zu zentralen Elementen der humanistischen Psychologie. Der Therapeut solle dem Patienten wohlwollend zugewandt sein, so heißt es sinngemäß in den Werken von Carl. R. Rogers. Er begründete die Gesprächspsychotherapie in den 1950er Jahren. An seinen Gedanken orientieren sich weite Teile der Psychotherapie bis heute. Für Rogers war der Mensch prinzipiell gut. Wertschätzende Zuwendung machte für ihn den Weg frei zu Wachstum und Entwicklung, Gesundheit und Heilung.

In Deutschland inspirierte Rogers Werk das Psychologenehepaar Richard und Anne-Marie Tausch. Beide entwickelten in den 1960er und

1970er Jahren an der Universität Hamburg die Gesprächspsychologie weiter. Auch ihnen verdanken wir, dass Wertschätzung mittlerweile in weiten Teilen der Gesellschaft ein fester Begriff geworden ist. Manche würden sagen, sie ist zum Allgemeingut geworden. Wohin wir schauen, überall wird wertgeschätzt. In der Teamführung, in der Erziehung, in der Partnerschaft. Wer gute Beziehungen aufbauen und positive Ergebnisse erreichen will, sollte wertschätzend kommunizieren.

Auch wir bei domino-world haben Wertschätzung in unser Wertesystem integriert. Sie steht in den zehn domino-Regeln, die wir Ende der 1990er Jahre formuliert haben, auf Platz 2:

„Betrachte jeden Menschen als prinzipiell okay, gleich wertvoll und in seiner Besonderheit liebenswert. Erkenne dies, zeige es dem anderen und bringe ihm deine Wertschätzung zum Ausdruck."

Falls Sie sich fragen, was auf Platz 1 steht – in Regel 1 geht es um den Glauben an die Entwicklungsfähigkeit jedes Menschen.

Wertschätzung ist in aller Munde, wie bereits gesagt. Diese inflationäre Verwendung des Begriffs hat ihre Folgen: Im Laufe der Jahre, in denen wir das Thema in Schulungen an unsere Mitarbeitenden vermitteln, stellen wir fest, dass es an Bedeutung verliert. Wir beschließen, Wertschätzung durch einen anderen Begriff zu ersetzen. Einen, der uns viel stärker erscheint, aber auch gewagter. Wir sprechen von nun an von Liebe.

Liebe. Ein großes Wort. Es löst viele Emotionen aus. Wir verbinden es mit Romanze, Leidenschaft, Hingabe, Sex. Aber ausgerechnet mit Altenpflege?

Wir fordern: Liebe deinen Patienten! Unerhört. Man stelle sich vor, so etwas würde in einer Stellenausschreibung stehen. Was würde der Betriebsrat dazu sagen? Sollten wir nicht froh sein, wenn wir genug Mitarbeitende finden, die bereit sind, kranke Menschen anständig zu versorgen? Mussten wir ihnen zusätzlich noch etwas abfordern, was eher einem sozialromantischen Klischee entspricht?

Wir sind auf skeptische Mienen gefasst. Dennoch halten wir an der neuen Definition von Wertschätzung fest. Wir sind überzeugt, dass Liebe das ist, was Menschen in Not benötigen. Menschen, die sich vielleicht schon aufgegeben haben.

Liebe ist die stärkste menschliche Kraft, die Gutes bewirkt. Sie beflügelt Dichter, Songwriter, Maler ebenso wie Tinder-Nutzer. Wenn wir unseren Mitarbeitenden die Scheu vor diesem großen Wort nehmen wollen, führen wir gerne den Vergleich mit der „Säugetierliebe" an. Eine Hundemutter schmust mit ihren Welpen. Ohne diese würden die Kleinen erbärmlich leiden, in ihrer Entwicklung zurückbleiben, vielleicht sogar sterben. Bei allen Säugetieren finden wir, auf die eine oder andere Art, diese positive Zuwendung. So natürlich auch beim Säugetier Mensch. Körperliche Zuwendung erzeugt im Hypothalamus unseres Gehirns das Hormon Oxytocin. Es wird deshalb auch gerne als „Kuschelhormon" bezeichnet. Wenn wir verliebt sind, ist laut Wissenschaft unser Oxytocin-Spiegel hoch. Ist Liebe also nur ein hormonelles Phänomen? Romantische Seelen mögen hier widersprechen. Eine etwas nüchternere Betrachtung des Themas hilft uns jedenfalls, unseren Mitarbeitenden die Patientenliebe näherzubringen, ohne gleich als Spinner oder Sozialromantiker abgetan zu werden.

Warum ist aber Wertschätzung, pardon, Liebe, so grundlegend in der Therapeut-Klient-Beziehung? Kommt es nicht vielmehr auf solides therapeutisches Wissen und die richtigen Gesprächstechniken an? Hier fällt uns immer wieder ein Artikel ein, der 2001 in der Zeitschrift „Psychologie heute" erschienen ist. Wir haben ihn aufgehoben, weil er uns so wertvoll erschien. Es handelt sich um einen Auszug aus dem Buch „So wirkt Psychotherapie" (Hubble et al., 2001). Laut den Autoren gibt es vier Faktoren für gelungene Psychotherapie: Klient, Beziehung,

Erwartung und Technik. Welcher dieser Faktoren ist am wichtigsten? Laut der Untersuchung, die im Artikel angeführt wird, ist es der Faktor Klient. Zu rund 40 % ist er für eine Besserung verantwortlich. Etwas ernüchternd für Therapeuten, die ihren Einfluss gerne überschätzen. Die drei Faktoren Beziehung, Erwartung und Technik betreffen dagegen eher den Therapeuten. Wärme, Verständnis und Bestätigung gegenüber dem Klienten sind hierbei ausschlaggebend. Ebenso der Placeboeffekt, der sich aus der Entwicklungsorientierung des Therapeuten ergibt. Wie gesagt, Hoffnung steckt an.

Und was ist mit der Technik? Spezielle Methoden und bestimmte Therapierichtungen wirken sich nur in geringem Maße auf den Therapieerfolg aus. Wir sehen uns bestätigt: Wertschätzung und auch Entwicklungsorientierung sind die idealen Grundhaltungen für den therapeutischen Reha-Prozess des domino-coachings.

Was die Mitarbeitenden davon halten

Haltung kann man nicht verordnen. Aber man kann sie zeigen und auf Nachahmung hoffen. Unseren Mitarbeitenden vermitteln wir deshalb regelmäßig in Schulungen, worauf es uns ankommt. Nach und nach machen sie sich mit den Grundprinzipien vertraut. Bei dem einen geht es schneller, bei dem anderen dauert es etwas länger. Bevor wir auf die individuelle Lernfähigkeit unserer Mitarbeitenden eingehen, ein kurzer Blick auf die Struktur unseres Coachings.

Unser Modell des domino-coachings erfordert eine enge Begleitung des Patienten durch einen Mitarbeitenden. Jeder Patient erhält einen individuellen Therapieplan, genau zugeschnitten auf die jeweiligen Krankheiten und Handicaps. Der oder die zugeordnete Mitarbeitende, der Coach also, sorgt dafür, dass der Plan auch umgesetzt wird. Als feste Bezugsperson motiviert und trainiert er den Patienten. Ein Setting, das man aus der Psychotherapie kennt. Einmal im Monat findet ein einstündiges Gespräch zwischen Patient und Coach statt. Für dieses Coachinggespräch sucht der Coach den Patienten in seinem Umfeld auf. Sei es im eigenen Zuhause (ambulante Pflege) oder im Pflegeappartement (stationäre Pflege). Der Coach sammelt dabei genug Informationen, um einen Therapieplan aufzustellen bzw. anzupassen. Erkennt er zum Beispiel, dass eine bestimmte Maßnahme nicht mehr sinnvoll ist, setzt er diese ab. Hält er ein Therapieziel für erreicht, stellt er ein neues, weitergehendes auf.

Durch die regelmäßigen Gespräche entsteht eine enge therapeutische Beziehung. Der Patient fühlt sich seelisch unterstützt, seine Selbstwirksamkeit steigt, seine Selbstheilungskräfte werden stimuliert. Ein guter Sporttrainer geht ähnlich vor. Auch er führt intensive Gespräche mit seinen Athleten und fördert so ihre mentale Power.

Jeder Patient hat einen Coach. Damit dies in der Praxis funktionieren kann, ordnen wir jedem ausgewählten Coach mehrere Patienten zu. Mindestens drei, maximal sieben Patienten pro Coach sind es aktuell. Das bedeutet also drei bis sieben Arbeitsstunden extra im Monat, zusätzlich zur „normalen" Pflegearbeit. Hinzu kommt die Zeit für Fortbildung und Supervision. Denn jeder therapeutische Prozess braucht „den Blick von außen" in Form einer regelmäßigen Supervision. Sonst schläft er ein, oder man verbeißt sich in Dinge, die weder Patient noch Coach gut tun.

Soweit die grundlegende Struktur unseres Coachings. Wie gut oder schlecht finden sich nun die Mitarbeitenden in die für den Therapierfolg so entscheidenden Grundhaltungen der Entwicklungsorientierung und Wertschätzung ein? Alles in allem sind beide Haltungen zu einem festen Teil unserer Kultur geworden. Wir leben sie jeden Tag, wie man so schön sagt. Das heißt jedoch nicht, dass alle Mitarbeitenden von Anfang an die gewünschte Einstellung an den Tag legen. Wir schätzen, dass rund zehn bis zwanzig Prozent sich aufgrund ihrer Persönlichkeitsprofile recht schnell mit den beiden Grundhaltungen vertraut machen können. Entsprechende Trainings und weitere Hilfen vorausgesetzt. Der überwiegende Teil unserer Mitarbeitenden, rund zwei Drittel, lernte erst nach und nach, seine negativen Einstellungen und Bilder gegenüber den Patienten in eine neue wertschätzende Haltung zu verwandeln. Hier braucht der Wandel also mehr Zeit und Geduld, folglich auch mehr Schulung und Förderung. Leider kann selbst hoher Trainingsaufwand den Rest der Mitarbeitenden nicht dazu bewegen, eine veränderte Haltung an den Tag zu legen. Diese Gruppe umfasst rund zehn bis zwanzig Prozent der Mitarbeitenden. Sie ist damit ähnlich groß wie die Gruppe der besonders Aufgeschlossenen.

Wir geben trotzdem nicht auf und bemühen uns um jeden Mitarbeitenden. Wichtig für den Prozess ist auch immer, welche Personen auf Patientenseite gegenüberstehen. Ist es ein Mensch, der höflich und nett ist, den man direkt sympathisch findet? Dann fällt gelebte Wertschätzung viel leichter. Anders kann es bei einer Person sein, die verwirrt und dement ist, die ihrer Umwelt misstrauisch bis aggressiv begegnet, die sich zurückgezogen hat, alle Kontakte ablehnt und als verschroben gilt. In diesen Fällen stets wertschätzend und entwicklungsorientiert zu bleiben, gleicht einem Kunststück. Da hilft wieder die alte Zauberformel: üben, üben, üben.

Je häufiger und intensiver wir unsere Mitarbeitenden schulen und trainieren, umso besser werden sie. Im Rollenspiel lernen sie zum Beispiel, schwierige Beziehungssituationen zu meistern. Wie bricht man das Eis, wenn Menschen extrem verschlossen sind? Was tun bei Wutausbrüchen? Wie mit Ablehnung oder Desinteresse umgehen? Für diese und viele andere Fälle lassen sich Routinen einüben. Begleitend gibt es Supervisionssitzungen. Die Coaches erhalten wertvolles Feedback, das ihnen im Therapieprozess weiterhilft. Was läuft nicht so gut? Was habe ich bislang übersehen? Wie kann ich es von jetzt an besser machen?

Auf Augenhöhe mit dem Patienten sein – wie beim Tanzen

Einen guten Teil der Schulungszeit widmen wir den therapeutischen Kommunikationstechniken. Denn Haltung hin, Haltung her, ohne Technik würde sie wirkungslos verpuffen. Umgekehrt wäre Technik ohne die entsprechende Haltung seelenlos und wenig glaubhaft (also nicht authentisch – heutzutage der größtmögliche Vorwurf).

Beginnen wir mit der aus unserer Sicht wichtigsten Technik, dem „Spiegeln" des Patienten. Der Therapeut passt sich dabei an die nonverbale und verbale Kommunikation des Patienten an. Er spiegelt sie also auf empathische Weise wider. Der Patient fühlt sich wahrgenommen und verstanden. Das schafft eine tiefere Verbindung und fördert den Selbstheilungsprozess. In der oben erwähnten Gesprächspsychologie von Rogers wie auch beim Neurolinguistischen Programmieren (NLP) spielt das Spiegeln eine zentrale Rolle. Im Englischen läuft es meistens unter dem Begriff „Pacing" (übersetzt: Schritt halten). Ein schönes Bild. Man geht im gleichen Schritt wie der Patient, bleibt an seiner Seite, stets auf Augenhöhe.

Halten wir fest: Ein Coach sollte eine vertrauensvolle Beziehung zum Patienten aufbauen. Dies gelingt leichter, wenn er sich in den sprachlichen und nicht-sprachlichen Ausdrucksformen angleicht.

6 Alles beginnt mit Kommunikation

Kommunikation zwischen Menschen findet immer auf drei Arten statt: verbal (Sprache), nonverbal (Gestik, Mimik, Köperhaltung) und paraverbal (Lautstärke, Sprechtempo, Tonfall und Tonhöhe). Um es einfacher zu machen, fassen wir hier nonverbal und paraverbal zusammen. Wir unterscheiden in unserem Modell also nur zwischen verbaler und nonverbaler Kommunikation.

Was ist wichtiger? Verbales oder Nonverbales? Auf Social Media, in Podcasts, Seminaren und Ratgeberbüchern heißt es: das Nonverbale! Je nach Quelle ist mal von 70, 80, 90 % oder einem sogar noch höheren Wirkungsgrad die Rede. Wie man etwas sagt, zählt mehr, als das, was man sagt. Spiegeln bzw. Pacing sollte daher auf der nonverbalen Ebene beginnen. Die Gestik, die Körperhaltung und die Sprechweise des Coaches sollten denen des Patienten möglichst stark ähneln. Gelingt dies gut, erinnert das Ergebnis an einen Tanz. Ganz leichtfüßig schweben beide durch den Raum, getragen von tiefem Verständnis und gegenseitiger Wertschätzung.

Ein Tanz mag ein wunderschönes Bild sein. Im Alltag geben wir unseren Mitarbeitenden etwas praktischere Hilfen an die Hand. Um ihnen die ganze Bandbreite der nonverbalen Kommunikation vor Augen zu führen, haben wir fünf „Kontaktdrähte" definiert. Wir nennen sie Kontaktdrähte, weil sie für einen guten Kontakt, einen guten Draht zwischen Coach und Patient sorgen. Die Faustformel lautet: Je mehr Kontaktdrähte wir gleichzeitig nutzen, desto schneller und stärker bauen wir eine gute therapeutische Beziehung auf. Lassen Sie uns die fünf Kontaktdrähte einmal näher betrachten.

Die Sitzposition

Nicht zu nah, nicht zu weit. Coach und Patient sollten so sitzen, dass sie sich bequem die Hand geben können. Das ist der optimale Abstand für eine gute Gesprächsatmosphäre. Eine geringere oder größere Distanz zwischen beiden würde die Kommunikation verschlechtern. Auch sollten sich keine Barrieren, zum Beispiel ein Tisch oder Regal, zwischen den Gesprächspartnern befinden. Ein weiteres räumliches Kriterium ist der Sitzwinkel. Beide sollten leicht angewinkelt zueinander sitzen, genau gesagt im 135-Grad-Winkel. Säßen sie sich direkt gegenüber, also im 180-Grad-Winkel, könnte der Patient das als konfrontativ empfinden. Entspannter lässt sich in der genannten leicht angewinkelten Position miteinander reden.

Der Blickkontakt

Blicke können töten. Man würdigt sich keines Blickes. Sie ernteten böse Blicke. Solche Redewendungen deuten an, wie machtvoll das nonverbale Kommunizieren mit den Augen sein kann. Boxer fixieren sich vor dem Kampf intensiv. Ein gedemütigter Mensch senkt den Blick. Unsere Augen sind eben nicht nur Sinnesorgane, mit denen wir unsere Umwelt wahrnehmen. Sie sind auch Kommunikationsinstrumente und erfüllen im sozialen Alltag eine wichtige Funktion. In unserem Coaching-Modell heben wir zwei Aspekte des Blickkontaktes hervor: die Blickhöhe und die Blickachse. Beide sind für das Spiegeln des Patienten von Bedeutung.

Bei der Blickhöhe geht es um die altbekannte Augenhöhe. Wenn wir von ihr sprechen, meinen wir im übertragenen Sinne Fairness und Gleichberechtigung. Wir begeben uns auf die Höhe des Augenpaares des Gegenübers und signalisieren ihm so Respekt und Vertrauen.

Auf unser Gegenüber herabzuschauen, würde eher negativ ausgelegt werden, zum Beispiel als Dominanzverhalten. Wenn wir empathisch kommunizieren wollen, ist daher Blickhöhe mit dem Patienten sinnvoll. So gelingt das Spiegeln bzw. das Pacing besser.

Im Alltag machen wir das oft ganz automatisch, etwa wenn wir in die Hocke gehen, um mit einem Kind zu sprechen. Eine gut geschulte Servicekraft im Restaurant macht es ähnlich, um einen Kontakt zum sitzenden Gast aufzubauen. Sie beugt sich herunter und spricht mit ihm auf Augenhöhe. Schon wenige Zentimeter Höhenunterschied können die Atmosphäre eintrüben, die Kommunikation erschweren. Deshalb raten wir unseren Coaches: Geh auf Augenhöhe mit deinen Patienten. Insbesondere dann, wenn du stehen musst, während dein Gegenüber sitzt (auf dem Stuhl oder im Rollstuhl) oder, im Krankheitsfall, im Bett liegt.

Unsere zweite Regel beim Blickkontakt betrifft die Blickachse. Wir empfehlen, die Blickachse des Gegenübers zu spiegeln. Neigt der Patient also den Kopf leicht nach links, sollte der Coach wie dessen Spiegelbild agieren und seinen Kopf leicht nach rechts neigen. Ungewöhnlich ist das seitliche Kopfneigen nicht. Nur sehr selten halten wir den Kopf völlig gerade. Meist neigen wir ihn in die eine oder andere Richtung. Achten Sie selbst einmal darauf.

Sobald wir die Blickachse unseres Gegenübers spiegeln, fällt es leichter, uns in dessen seelische Verfassung einzufühlen. Entsprechend lässt unsere Empathie nach, sollten sich die beiden Blickachsen kreuzen. Das wäre der Fall, wenn das Gegenüber seinen Kopf nach rechts neigt und wir unseren Kopf ebenfalls nach rechts neigen. Halten wir uns dagegen daran, Augenhöhe und Blickachse des Patienten einzunehmen, trägt das zum Therapieerfolg bei.

Auf Augenhöhe mit dem Patienten sein – wie beim Tanzen

Der Körperkontakt

Was wäre der Menschen ohne Berührungen? Als soziale Wesen kommunizieren wir über sie. Ein Handschlag, ein Klaps auf die Schulter, ein Streichen über den Arm. Jeder Körperkontakt teilt etwas mit, löst Emotionen aus. Um uns seelisch und körperlich zu entwickeln, brauchen wir die Berührung durch andere. In der Sexualität ist sie unverzichtbar. Und nicht zuletzt ist Kuscheln ein Grundbedürfnis von Menschen und anderen Säugetieren. Wir sprachen bereits darüber. Soziale Rangfolgen zeigen sich in der Regel darin, wer wen in bestimmten Situationen berühren darf. Eine Regel in unserer Gesellschaft lautet zum Beispiel: Der Ranghöhere stellt zuerst den Körperkontakt her, etwa durch Handgeben. Eine Berührung am Arm kann hier durchaus als Dominanzverhalten gelesen werden. Auch unsere Sprache spiegelt wider, wie wichtig uns Körperkontakt ist. Wir fühlen uns „berührt" oder „ergriffen", wenn ein Ereignis, ein Lied oder ein Bild uns beeindruckt.

In unseren Schulungen unterrichten wir unsere Mitarbeitenden, dass der Handschlag mit dem Patienten die Coaching-Sitzung eröffnet. Im Zuge der Corona-Pandemie hat sich das etwas geändert. An sich ist der Handschlag aber ein sozial anerkanntes Ritual. Er schafft Nähe und legt zugleich einen gewissen Mindestabstand fest. Von weiteren Berührungen sollte man aber vorerst absehen. Wir betonen das extra, weil wir wissen, dass manche Pflegekräfte die Patienten unangemessen berühren. Ein kurzes Streicheln mit den Fingern über die Wange darf doch sein, oder? Nein, finden wir. Selbst bei Ärzten haben wir dieses Verhalten beobachtet, begleitet von Sprüchen wie „Na, Frau Meier, wie geht es uns denn heute?"

Beim Waschen von Pflegebedürftigen ist das Berühren unumgänglich. Im Coaching-Gespräch ist für Körperkontakt, noch dazu übergriffigen, kein Platz. Als Faustformel geben wir in den Schulungen an: Je enger das Vertrauensverhältnis, umso mehr Körperkontakt darf sein. Dass es auch dann Grenzen geben muss, versteht sich von selbst. Eine weinende Patientin, die der Coach gut kennt, darf er auch einmal in den Arm nehmen und trösten. Das ist in Ordnung. Doch der Griff ins Gesicht oder in die Nähe der Intimzonen bleibt untersagt.

Bei aller gebotenen Vorsicht: Richtig dosiert kann Körperkontakt die therapeutische Beziehung zwischen Coach und Patient vertiefen helfen.

Die Körperhaltung

Beim Blickkontakt haben wir bereits beschrieben, was das Spiegeln der Blickachse bewirken kann. Doch dieses „Spiegelphänomen" lässt sich auf den gesamten Körper erweitern. Menschen, die sich mögen und gut kennen, gleichen häufig ihre Körperhaltung an. Sie können dies sehr schön bei guten Freundinnen beobachten, die sich im Café unterhalten. Die Bewegungen, die Gesten gleichen sich an. Wenn eine mit der Hand durch die Luft wedelt, tut dies auch die andere. Man könnte denken, sie wären synchronisiert.

In der kindlichen Entwicklung ist das Spiegeln der Äußerungen von Säugling und Kleinkind durch die Bezugsperson die normalste Sache der Welt. Und natürlich imitieren die Kleinen auch das Verhalten der Erwachsenen. Verantwortlich für das Spiegeln bzw. Nachahmen sollen die sogenannten Spiegelneuronen im Gehirn sein. Giacomo Rizzolatti, ein italienischer Neurophysiologe an der Universität Parma, hat sie 1992 entdeckt. Zunächst nicht beim Menschen, sondern bei Makaken, einer Affenart.

Das Spiegeln der Körperhaltung setzen Therapeuten und andere Kommunikationsexperten bewusst ein, um schnell eine Beziehung zu ihren Klienten aufzubauen. Schon Siegmund Freud hat das Spiegelphänomen mit dem Konzept von Übertragung und Gegenübertragung beschrieben. Carl Rogers hat es quasi zum Dreh- und Angelpunkt seiner Vorgehensweise gemacht. Und auch beim Neurolinguistischen Programmieren (NLP) spielt es wie gesagt eine zentrale Rolle.

Und wie praktizieren wir diese Technik in unseren Coachings? Angenommen, ein depressiver Patient sitzt vornübergebeugt, mit hängenden Schultern, traurigem Gesicht, leicht nach links geneigtem Kopf und fast regungslos in seinem Sessel. Diese Haltung sollte nun auch der Coach einnehmen – in ähnlicher Form, bedachtsam und nicht übertrieben. Der Patient darf auf keinen Fall den Eindruck bekommen, dass er nachgeäfft wird. Ebenso unpassend wäre es, wenn der Coach gut gelaunt und kerzengerade vor dem Patienten sitzen würde. Auch dies könnte den Kontakt erschweren und zu einer ablehnenden Haltung führen. Unseren Coaches empfehlen wir für die beschriebene Situation: Stell dir vor, du bist nichts anderes als ein Spiegel deines Patienten. Gehe genau in dieselbe Sitzhaltung wie dein Gegenüber und spüre, ob du dessen Traurigkeit in dir spüren kannst.

Sobald wir unser Gegenüber körpersprachlich spiegeln, fällt es uns leichter, dessen emotionale Verfassung zu erkennen und in uns selbst zu spüren. Nichts anderes als Empathie kommt hier zum Ausdruck – wir fühlen die Trauer, Angst oder Freude des anderen Menschen.

Die Stimme

Auch beim fünften Kontaktdraht handelt es sich um eine Spiegeltechnik. Diesmal ahmen wir aber nicht die Haltung, die Bewegungen des Gegenübers nach, sondern seine Stimme. Genauer gesagt, die Lautstärke, die Geschwindigkeit und die Tonlage. Im Alltag machen wir das intuitiv. Im

Gespräch mit anderen Menschen können wir den Nachahmungseffekt beobachten. Spricht unser Gegenüber eher leise und langsam, passen wir unsere Sprechweise dem an. Oft fällt uns das, wenn überhaupt, erst nachträglich auf. Das Spiegeln der Stimme ist auch kein Naturgesetz, keine soziale Regel. Es passiert nur in bestimmten Situationen, zum Beispiel dann, wenn uns an dem Kontakt gelegen ist. Je nach Empathievermögen oder Stimmungslage kann es auch ganz anders laufen. Denken wir zum Beispiel an ein Gespräch, bei dem beide Seiten auf konträre Art miteinander sprechen, der eine sehr laut und mit kräftiger Stimme, der andere leiser und in matter Tonlage. Eine solches Ungleichgewicht weist auf einen ernsteren Konflikt hin. Es klingt nicht gerade nach dem „Ich verstehe dich", das durch ein Spiegeln der Stimme des anderen signalisiert wird.

In den Schulungen bringen wir unseren Mitarbeitenden die drei Ebenen der Stimme nahe. Da ist zunächst die Lautstärke als erste Ebene. Ist eine Patientin leise, zurückhaltend, vielleicht auch traurig und deprimiert, begegnen wir ihr mit zurückgenommener Lautstärke. Wir sprechen also deutlich leiser, als wir es normalerweise tun würden.

Die zweite Ebene bildet das Sprechtempo. Spricht ein Patient langsam und stockend? Dann wird das genauso von uns gespiegelt. Ist der Patient eher redselig, artikuliert er schnell? Seine freudige Erregung spiegeln wir ebenfalls mit unser Sprechgeschwindigkeit wider.

Die dritte Ebene ist die Tonlage, mit der gesprochen wird. Wer gut gelaunt ist und sich leicht und voller Energie fühlt, tendiert zu einer höheren Tonlage und moduliert seine Worte lebhaft. Wer dagegen niedergeschlagen und hoffnungslos ist, spricht eher in einer tiefen Tonlage und mit monotoner Stimme.

Diese fünf Kontaktdrähte vermitteln wir also in unseren Schulungen. Teils mögen die Erklärungen etwas technisch wirken. Sie mögen auch nicht unbedingt höchsten wissenschaftlichen Ansprüchen genügen.

Oder auf dem allerneuesten Stand der Psychotherapie sein. Doch bei uns geht es nicht um universitäre Ausbildung. Wir schulen Mitarbeitende für den Arbeitsalltag in unseren Pflegeeinrichtungen. Sie brauchen keine großen theoretischen Grundlagen, sondern Know-how für den Umgang mit den Patienten. Nicht zu vergessen ist, dass rund die Hälfte unserer Coaches keine Fachausbildung hat. Es handelt sich um sogenannte Pflegehelfer. Zuvor haben sie vielleicht als Verkäufer, Lagerarbeiter oder Gärtner gearbeitet. Gut verständliche Erklärungen und viele praktische Tipps sind sehr hilfreich für sie. Unsere Schulungen sind daher besonders praxisorientiert. Und unsere Erfahrung zeigt: Die meisten Menschen können sich die erforderlichen Techniken aneignen, wenn sie denn motiviert sind.

Das Trainingsformat, auf das wir in den Schulungen bevorzugt setzen, ist das Rollenspieltraining. Wir simulieren zum Beispiel ein therapeutisches Gespräch. Ein Mitarbeitender spielt den Coach, ein anderer den Patienten. Die restlichen Teilnehmenden sitzen im Kreis drumherum, beobachten und geben anschließend Feedback. Eine gewisse Aufgabenteilung ist dabei hilfreich. Sitzen beispielsweise zehn Personen in der „Beobachtungsgruppe", teilen wir sie in Zweierteams auf. Jedes von ihnen ist für einen Kontaktdraht zuständig und gibt den Rollenspielern ein gezieltes Feedback zum jeweiligen Punkt.

Beliebt sind die Rollenspiele zunächst nicht. Die meisten Teilnehmenden treten ungern „vor Publikum" auf. Doch mit der Zeit gewöhnen sie sich daran, es fällt ihnen leichter und sie wissen die Lerneffekte zu schätzen.

6 Alles beginnt mit Kommunikation

Besser verstehen, was der Patient wirklich sagt

Bislang haben wir sehr viel über die nonverbale Kommunikation gesprochen. Über verbale Äußerungen, also Sprache an sich, haben wir dagegen erst wenig geredet. Was für eine Ironie. Gilt Sprache doch gemeinhin als wichtigstes Kommunikationsmittel des Menschen. Das war aber nicht immer so. Die ersten Menschen verständigten sich mit Lauten, Gesten, Zeichen. Vor etwa 40.000 Jahren – die Wissenschaft ist sich hier nicht ganz einig, es könnte auch lange vorher gewesen sein – kam dann die menschliche Sprache dazu. Vermutlich sind wir aufgrund der immensen Vorerfahrung bis heute so gut darin, nonverbale Signale zu verstehen. Wie gesagt, ein Großteil unserer Kommunikation spielt sich im Nonverbalen ab.

Beim domino-coaching wenden wir zwei verbale Kommunikationstechniken an, die relativ schnell zu erlernen sind: Zum einen ist es das aktive Zuhören, auch als Paraphrasieren bekannt, zum anderen ist es die Technik der offenen Fragen.

Starten wir mit dem aktiven Zuhören. Dass Zuhören gar nicht so einfach ist, erleben wir im Alltag ständig. Wir denken, dass unser Gegenüber ganz Ohr ist – und dann stellen wir eine kurze Frage und müssen erkennen, dass unser vermeintlicher Zuhörer in Gedanken ganz woanders war. Oder wir selbst merken, dass wir einer Person zwar zugehört, sie aber nicht verstanden haben.

„Die ist aber eine gute Zuhörerin." Eine solche Aussage ist ein großes Lob. In der Regel meinen wir damit, dass jemand besonders emphatisch ist. „Niemand hört mir zu!" Das ist ein Hilfeschrei. Ein Mensch fühlt sich unverstanden, übersehen, abgeschoben.

Aktives Zuhören heißt nicht einfach nur, mit dem Kopf zu nicken und ab und zu ein „Hm" oder „Ah" zu äußern. In manchen Ratgebern wird das tatsächlich so beschrieben. Wir verstehen darunter etwas

Anspruchsvolleres, nämlich das Paraphrasieren. Dabei geht es darum, das Gehörte in eigene Worte zu fassen, ohne es zu verfälschen, zu verkürzen oder zu interpretieren. Auf keinen Fall sollte es eine wörtliche Wiederholung sein.

Wir können Inhalte paraphrasieren, aber auch Gefühle. Beide Arten wenden wir in unseren Coachings an. Unser Ziel ist es, uns in den Standpunkt, die Erlebnis- und Gefühlswelt des Patienten hineinzuversetzen. Und das vorurteilsfrei, ohne Bewertung. Was wir als Coaches denken oder meinen, zählt nicht. Auch hier findet wieder ein starker, positiv geprägter Spiegeleffekt statt. Paraphrasieren wir gut, fühlt sich der Patient richtig verstanden und angenommen. „Endlich hört mir jemand zu."

Richtig verstehen, was jemand sagt – hierzu gibt es das bekannte „Vier-Ohren-Modell" des deutschen Psychologen Friedemann Schulz von Thun: Jede Nachricht hat vier Ebenen, die wir mit verschiedenen „Ohren" wahrnehmen. Erstens ist da die Sachebene, also der sachliche Inhalt der Nachricht. Zweitens die Beziehungsebene, die etwas über das Verhältnis von Sprecher (Sender) und Zuhörer (Empfänger) verrät. Drittens gibt es eine Selbstoffenbarungsebene, durch die der Sprecher etwas über sich preisgibt. Das vierte Ohr betrifft die Appellebene, bei der es darum geht, was der Sprecher beim Empfänger erreichen will.

Zugegeben, das klingt noch sehr theoretisch. Machen wir es an einem Beispiel greifbarer. Der Einfachheit halber beschränken wir uns, wie in unseren Coachings, auf zwei Kommunikationsebenen. Auf die Sachebene und die Beziehungsebene. Letztere bezeichnen wir auch gerne als Gefühlsebene.

Schauen wir uns den Umgang mit beiden Ebenen in der Praxis an. Nehmen wir an, eine Patientin sagt im Gespräch mit dem Coach: „Ich habe gestern wieder furchtbar lange auf meinen Sohn warten müssen."

Der Coach paraphrasiert nun die Sachebene dieser Aussage. Kurz gesagt, er gibt den Inhalt in eigenen Worten wieder: „Sie haben sich gestern darauf eingestellt, dass Ihr Sohn pünktlich ist. Aber es dauerte lange, bis er endlich kam."

Wie gesagt, die Kunst des Paraphrasierens besteht darin, die inhaltliche Botschaft in eigene Worte zu fassen, ohne sie verändern oder zu deuten – und ohne das Gehörte nur platt zu wiederholen. Die Patientin in unserem Beispiel erfährt so, ob der Coach ihr gut zugehört und sie richtig verstanden hat. Sie kann nun gegebenenfalls ihre Aussage präzisieren, ergänzen oder sogar zurücknehmen. Etwa: „Oh, nein, nein, er war nur zehn Minuten zu spät. Aber mir kam es viel länger vor." Auf jeden Fall sollte sie sich dank des gelungenen Paraphrasierens des Inhalts verstanden und angenommen fühlen.

Das Paraphrasieren von Gefühlen geht einen Schritt weiter. Wir betrachten nun die Beziehungs- bzw. Gefühlsebene der Aussage „Ich habe gestern wieder furchtbar lange auf meinen Sohn warten müssen." Jetzt kommt die nonverbale Kommunikation mit ins Spiel. Wie sagt die Patientin es? Klingt sie traurig oder gar resigniert? Oder eher verärgert und anklagend? Der Coach achtet auf Stimme und Körperhaltung, er interpretiert die nonverbalen Signale. Dann paraphrasiert er die Gefühle der Patientin. Zum Beispiel so: „Es hat Sie traurig gemacht, Sie fühlten sich allein gelassen." Oder: „Sie haben sich über ihn geärgert. Er hat die Verabredung nicht wichtig genommen." Im einen Fall hat er eher Traurigkeit und Einsamkeit erkannt, im anderen Fall eher Ärger und Enttäuschung.

Durch dieses emotionale Spiegeln fühlt sich die Patientin noch besser verstanden. Mein Zuhörer, mein Coach versteht wirklich, wie ich mich fühle. Er kann nicht nur meine Gedanken nachvollziehen, er spricht sogar meine Gefühle aus. Hinzu kommt eine therapeutische Wirkung.

Eventuell ist der Patientin gar nicht bewusst, wie sie sich im Moment fühlt. Durch das Paraphrasieren von Gefühlen erhält sie eine größere Klarheit über sich selbst und damit die Möglichkeit, sich zu verändern.

Und es gibt einen weiteren positiven Effekt. Fast immer erzeugt das Spiegeln der Gefühle eine Art von Entlastung. „Geteiltes Leid ist halbes Leid", mit diesem Sprichwort bringen wir das in den Schulungen auf den Punkt. Die Patientin darf ihre Gefühle von Enttäuschung, Zurückweisung und Verlassenheit offen aussprechen. Der Coach versteht ihre Gefühlswelt und akzeptiert sie so, wie sie ist. Er hört zu, bewertet und kritisiert sie nicht und er gibt vor allem keine Ratschläge. Ratschläge sind Schläge – ein weiteres Sprichwort, das wir gerne verwenden, um unsere Mitarbeitenden von noch so gut gemeinten Belehrungen abzuhalten.

Menschen neigen zum schnellen Ratschlag. Ungeschulte Mitarbeitende würden in unserem Beispiel vielleicht sagen: „Wenn Ihr Sohn immer zu spät kommt, müssen Sie ihm einfach sagen, dass er sich die Uhrzeit aufschreiben soll. Er hat sicher beruflich viel um die Ohren." Dadurch wollen sie der Patientin helfen. Ohne zu wissen, ob ihre Lösungsstrategie überhaupt willkommen ist. Vielleicht möchte die Patientin gar keine Lösung erhalten, sondern sich mitteilen, um Mitgefühl zu erheischen? Sie spricht auf der Beziehungsebene (Fokus auf den Gefühlen), der Coach antwortet jedoch auf der Sachebene (Fokus auf den Inhalten). Schon ist das Missverständnis perfekt und die Enttäuschung groß.

Ein Coach, der versteht (also Inhalte paraphrasiert) und mitfühlt (also Gefühle paraphrasiert), ist ein guter Begleiter auf dem schweren und holprigen Weg der Rehabilitation. Das setzt eine hohe Empathie und entsprechendes Kommunikationstalent voraus.

Mangelt es an der Fähigkeit zum Spiegeln bzw. Pacing, dann machen die Pflegemitarbeitenden meistens dieselben Verhaltensfehler. Sie hören nicht zu, weil das mitunter anstrengt und dauert. Sie fühlen sich nicht in den Patienten ein, weil das seelischen Stress bedeutet und psychische Energie kostet. Stattdessen wiegeln und lenken sie ab. In unserem Beispiel („Ich habe gestern wieder furchtbar lange auf meinen Sohn warten müssen") könnte sich das so anhören: „Ach, das war doch nicht so schlimm. Wir gehen jetzt zum Mittagessen, und das wird Ihnen heute besonders gut schmecken." Gut gemeint von der Pflegekraft, aber schlecht gemacht. Sie hat Zeit gespart und sich den seelischen Ballast ihres Gegenübers vom Hals gehalten. Doch die Patientin wird sich unverstanden und in ihrem Leid alleine gelassen fühlen.

Damit das nicht passiert, trainieren wir die Technik des Spiegelns in Gruppenübungen und Rollenspielen. Es braucht einige Übung, und nicht immer gelingt die Integration in den Pflegealltag. Manche Mitarbeitende tun sich schwer damit, anderen fällt es leichter. Es liegt immer am Menschen selbst. Ob mit Fachausbildung oder ohne, ob älter oder jünger.

Schlecht praktiziertes Pacing ist nicht nur wirkungslos, es irritiert auch die Patienten. Weil es „unecht" auf sie wirkt, nach Technik riecht und nicht nach Mitgefühl. Schlimmstenfalls fühlen sie sich nachgeäfft.

Gut gemachtes Spiegeln ist der Schlüssel zum Aufbau einer therapeutischen Beziehung. Es stößt Veränderungs- und Heilungsprozesse an und fördert sie. Und es erhöht die Lebensqualität von alten kranken Menschen signifikant. In den Anfangsjahren vom domino-coaching bestand unsere Praxis überwiegend aus der emotionalen Zuwendung durch Pacing. Systematische Kraft- und Reha-Trainings hatten wir noch nicht. Trotzdem machten die Patienten enorme Fortschritte. Ihre Eigeninitiative und ihre Selbstheilung wurden allein durch den emotionalen Beistand getriggert.

Offene Fragen bringen Gedanken und Gefühle ans Licht

Die zweite Kommunikationstechnik, mit der wir arbeiten, ist die Technik der offenen Fragen. Sie ist leichter zu erlernen als das Paraphrasieren und basiert in unserem Fall auf dem schon mehrmals erwähnten Neurolinguistischen Programmieren (NLP). Diese Methode wurde Anfang der 1970er Jahre vom Psychologen Richard Bandler und dem Linguisten John Grinder an der University of California in Santa Cruz entwickelt. Die beiden Wissenschaftler untersuchten hierfür, wie berühmte Psychotherapeuten in ihren Sitzungen mit ihren Klienten sprachen. Sie verglichen diese Sprachmuster miteinander und schufen daraus das NLP. Im Prinzip handelt es sich um eine eigene „Schule" der Psychotherapie. Im Laufe der Jahrzehnte wurde sie aber in andere Anwendungsbereiche übertragen. Unter anderem ins Kommunikationstraining oder in den Verkauf.

Wir beide haben NLP schon in unserer Ausbildung kennengelernt. Unser Coaching-Modell ist sehr inspiriert davon. Das NLP unterscheidet zwischen *Pacing* und *Leading*. Mit Pacing, also dem Spiegeln, bauen wir eine Brücke zum Patienten. Nun kann eine wirkungsvolle Begegnung stattfinden. Wir führen den Patienten zu neuen Ufern. Das nennt sich Leading, also Führen.

Pacing und Leading gehören zusammen. Erst im Wechselspiel wird eine wirksame Therapie möglich. Und Sprache steht dabei im Mittelpunkt. Genauer gesagt das „Meta-Modell der Sprache". Dahinter steckt die Annahme, dass wir unsere Wahrnehmungen und Erfahrungen durch Sprache nicht exakt wiedergeben können. Sprache vereinfacht, verkürzt und verfälscht. Das führt zu Missverständnissen, fehlerhaften Deutungen und damit zu vielen Problemen.

Stellen wir uns hierzu wieder einen Eisberg vor. Der kleinere Teil, der aus dem Wasser ragt, lässt sich klar beobachten und beschreiben. Doch der riesige Rest unterhalb der Wasserlinie bleibt uns verborgen. So ähnlich ist es mit unseren Gedanken und Gefühlen. Unsere Sprache „verrät" nur einen kleinen Teil von ihnen. Das meiste schlummert im Verborgenen. Linguisten sprechen hier von der Oberflächen- und der Tiefenstruktur der Sprache.

Ein Beispiel. Die Patientin sagt zum Coach: „Die Kinder sind neulich wieder nicht gekommen." Der Coach könnte sich nun mit dieser kurzen Aussage zufriedengeben und die Frau trösten. Dann würde er die Chance verpassen, mehr über die Erlebniswelt der Patientin zu erfahren. Doch er weiß: In der Alltagssprache verkürzen, verallgemeinern und verzerren wir die Dinge oft. Er wird daher fragen, nachhaken, sich ein genaueres Bild verschaffen. Welche Kinder sind gemeint? Wann war „neulich"? Wohin sollten die Kinder kommen? War es überhaupt ein vereinbartes Treffen? Was bedeutet „wieder nicht"? Also zum wievielten Male nicht? Erst wenn der Coach das alles weiß, hat er die Patientin wirklich verstanden und kann ihr helfen.

Vielleicht ist es Ihnen aufgefallen: Alle Fragen des Coaches sind offene Fragen. Die Patientin kann nicht einfach mit „ja" oder „nein" antworten. Sie muss schon einen halben, einen ganzen Satz oder mehrere Sätze sagen. Damit erfährt der Coach viel mehr, als wenn er ihr ganz bequem eine geschlossene Frage gestellt hätte. Etwa: „Hatten Sie heute schon Besuch?"

Offene Fragen beginnen stets mit wer, was, wie, wann etc. Man nennt sie deshalb auch W-Fragen. Im NLP ist die W-Fragetechnik sehr weit aufgefächert. In unseren Schulungen geben wir unseren Mitarbeitenden einen stark vereinfachten Fragekatalog an die Hand:

Offene Fragen bringen Gedanken und Gefühle ans Licht

- Wer genau?
- Was genau?
- Wie genau?
- Wo genau?
- Welche genau?
- Wohin genau?
- Warum genau?

Von der Warum-Frage raten wir allerdings ab. In der Therapie alter Menschen finden wir sie eher hinderlich. Die meisten Patienten erzählen dann ihre „alten Geschichten", sie geben ihre tief verinnerlichten Glaubenssätze und Gewissheiten wieder. Auf dem Weg zu neuen Lösungsstrategien bringt uns das nicht weiter.

W-Fragen sind nicht nur ideal, um die Gedanken und Gefühle des Gegenübers besser zu verstehen. Sie animieren auch zum Erzählen, zum Kommunizieren. Mit einem knappen „Ja" oder „Nein" käme kein Gespräch, kein Austausch in Gang. Eine W-Frage ermuntert jedoch dazu, den Worten freien Lauf zu lassen. Das ist allein schon deshalb wichtig, weil in unseren Coachings die 80-20-Formel gilt. Der Patient sollte rund 80 % der Zeit sprechen, der Coach rund 20 %. In der Altenpflege ist diese Formel eine Herausforderung. Zu verlockend ist es für viele Pflegekräfte, einen Monolog zu halten. Das kostet weniger Zeit und Nerven als ein echtes Gespräch. Hier ein paar Beispiele, wie wir offene Fragen einsetzen:

Sagt ein Patient etwa „Ich habe doch schon alles probiert", bezieht sich der Coach auf dieses „alles" und fragt: „Was genau haben Sie schon ausprobiert?".

Geht es um das Thema Schmerzen, vermeidet der Coach die geschlossene Frage „Haben Sie Schmerzen?" und fragt stattdessen:

6 Alles beginnt mit Kommunikation

„Was tut Ihnen weh?". Sollte der Patient hierauf mit „Eigentlich alles" antworten, hakt der Coach nach: „Wo genau tut es Ihnen weh?".

Äußert eine Patientin „Es ist alles so schrecklich hier", hilft die offene Frage nach dem Extrem: „Was ist am schrecklichsten hier?". Bei Aussagen mit „nie", „immer" oder „jeder" sollte man hellhörig werden. Solche Adverbien sind Verallgemeinerungen. Sie tragen dazu bei, die wahren Verhältnisse sprachlich zu verschleiern.

Das klingt dann auf Patientenseite so:

- „Ich bekomme nie Besuch."
- „Ich bin immer so müde."
- „Jeder macht mir Vorwürfe."

Diese offenen Fragen des Coaches sorgen für Klarheit:

- „Wann genau war der letzte Besuch?"
- „Wann genau waren Sie besonders müde?"
- „Was genau meinen Sie mit Vorwürfen?"

Die Technik der offenen Fragen (Leading) sollte immer mit dem Spiegeln bzw. Paraphrasieren (Pacing) kombiniert werden. Erst durch das Wechselspiel entsteht eine therapeutische Kommunikation, von der die Patienten profitieren. In unseren Schulungen lehren wir genau das. Unsere Coaches lernen zunächst zu paraphrasieren, um in das Pacing zu gelangen. Anders gesagt: Sie begeben sich auf Augenhöhe mit den Patienten. Erst dann wenden sie die Technik der offenen Fragen an. Sie vermeiden geschlossene Fragen, Ratschläge und Bewertungen.

Soweit die Grundlagen unserer therapeutischen Kommunikation. Unser Coaching-Konzept umfasst aber auch eine „körperliche" Seite, das Reha-Training. Im nächsten Kapitel lernen Sie dieses kennen.

7 Training bringt den Erfolg

Kurzer Sprung zurück ins Jahr 2000. Wir haben gerade unseren USP definiert. Ein Modell, das auf Coaching statt Pflege setzt. Die eine Hälfte dieses Modells kennen Sie bereits: die therapeutische Kommunikation. Der Coach baut eine sehr enge persönliche und emotionale Beziehung zum Patienten auf. Regelmäßige Begegnungen und Gespräche sorgen für eine Atmosphäre, die Hoffnung vermittelt und den Glauben an sich selbst stärkt. Das Credo: Es ist nie zu spät, an der eigenen Gesundheit, Fitness und Selbständigkeit zu arbeiten.

Damals ist uns klar, dass wir neben der therapeutischen Begleitung einen systematischen Trainingsprozess brauchen werden. Dieser soll die zweite Hälfte unseres Modells bilden. Wir streben ein Reha-Training an, das regelmäßig und konsequent durchgeführt, überprüft und verbessert wird. Ein Kreislauf der kontinuierlichen Optimierung, der bei allen Patienten gleich ist.

Inspiration finden wir nicht etwa in der Medizin, sondern im Management. Genauer gesagt: beim Qualitätsmanagement von Industrieprodukten. Unser Maßstab ist hier der P-D-C-A-Zyklus. Der US-amerikanische Physiker und Statistiker William Edwards Deming hat ihn entwickelt. Die vier Buchstaben stehen für Plan, Do, Check und Act, also Planen, Umsetzen, Überprüfen und Verbessern. Im Jahr 2000 ist uns dieser sogenannte Deming-Kreis erst frisch vertraut. Wir wenden ihn in unserer Unternehmensführung an und sind begeistert, wie gut wir damit arbeiten können. Wir denken uns: Könnte dieser Lern- und Verbesserungsprozess nicht auch unser Reha-Training positiv prägen und Qualität und Effizienz sicherstellen?

7 Training bringt den Erfolg

Gesagt, getan. Wir strukturieren den Reha-Prozess entsprechend der vier Schritte.

Beim ersten Schritt, dem Planen, geht es zunächst um eine Bestandsaufnahme: In welchem körperlichen, geistigen und seelischen Zustand befindet sich der Patient? Dann wird das Ziel bestimmt. Und zwar nicht vom Coach allein, sondern gemeinsam mit dem Patienten, der seine Wünsche und Vorstellungen einbringt. So entsteht ein realistischer Planungshorizont.

Im zweiten Schritt führen wir das Reha-Training durch. Die Übungen sind von der Art, Intensität und Häufigkeit her genau auf den Patienten zugeschnitten.

Im dritten Schritt überprüfen wir die Wirksamkeit der Reha-Maßnahmen. Hat der Patient sein Ziel erreicht? War es zu hoch gesteckt oder gar zu niedrig angesetzt? Gab es Rückschläge beim Gesamtbefinden, etwa durch einen Sturz oder einen Krankenhausaufenthalt?

Der vierte Schritt besteht darin, den bestehenden Plan zu verbessern und neue Ziele zu definieren. Wie geht es weiter? Nach dem Spiel ist vor dem Spiel sozusagen. Nur eines ist keine Option: aufgeben.

Die vier Schritte haben wir letztlich in sieben Phasen umgewandelt, um sie im Alltag handbarer zu machen. Diese sieben Phasen unseres Reha-Prozesses stellen wir Ihnen in diesem Kapitel vor. Wir wollen es aber nicht bei nüchternen Ausführungen belassen. Wir lassen auch die Menschen zu Wort kommen, die von den Reha-Trainings profitieren. Es sind O-Töne unserer Patienten, die wir seit vielen Jahren sammeln und regelmäßig unter dem Titel „domino-coaching™ Erfolge des Sommers" veröffentlichen. O-Ton heißt hier: unverfälscht, ehrlich, „frei nach Schnauze" (wir sind schließlich in Berlin).

Erste Phase: Wir erfassen den aktuellen Zustand und die Entwicklungsgeschichte der Patienten

Alles beginnt damit, dass der Coach sich einen Eindruck vom Zustand des Patienten verschafft. Wo steht dieser? Wo kommt er her? Schließlich will der Coach ein guter Begleiter sein. Dafür muss er den Lebensweg des Patienten verstanden haben. Die Bestandsaufnahme startet mit einem Gespräch von ca. 45 Minuten Dauer. Der Coach stellt dem neu aufgenommenen Patienten unser Coachingprogramm vor. Die Ziele, die bisherigen Erfolge und mehr. Er weist auf wissenschaftliche Studien hin, welche die Wirksamkeit belegen. Noch wichtiger aber: Er berichtet von den vielen, vielen positiven Erfahrungen anderer Patienten. So wird bereits am Anfang die Selbstwirksamkeit getriggert.

Unsere schon erwähnte Buchreihe „domino-coaching™ Erfolge des Sommers" ist dabei eine wertvolle Hilfe. Seit über 20 Jahren berichten hier Patienten, Angehörige und andere Beteiligte von ihren Erlebnissen und Erfolgen mit domino-coaching. Woher der Name? Weil das erste Buch der Reihe im damaligen Sommer entstand. Mittlerweile sind über 3.200 Geschichten zusammen gekommen, die meisten von ihnen sehr emotional und vielschichtig. Es berichten Patienten, die sich schon aufgegeben hatten. Es berichten Angehörige, die Partner oder Eltern ins Heim bringen mussten. Es berichten Mitarbeitende, die hautnah die Fortschritte ihrer Patienten erleben durften. Jede der Geschichten liefert ein Beispiel dafür, dass es trotz schwerer Erkrankungen und vieler Rückschläge gelingen kann, neue Ziele zu erreichen.

Dieser Optimismus steckt an. Neue Patienten, die noch am Anfang des Weges stehen, schöpfen Hoffnung. Wenn so viele andere es geschafft haben, kann es dann nicht auch mir gelingen, mein altes Leben zurückzugewinnen?

Weiterhin macht der Coach im Gespräch die Rollenverteilung klar. Der Patient selbst ist verantwortlich für seine Gesundheit. Nicht der Coach oder jemand anderes. Das ist nicht selbstverständlich, denn meistens hatten die Patienten diese Verantwortung zuvor abgegeben. An Angehörige, Ärzte oder Pflegekräfte. Der Coach nimmt jedoch die Rolle des Unterstützers ein und setzt sein Know-how, seine Erfahrung und seine Empathie im Dienste des Patienten ein.

Die Bestandsaufnahme im Rahmen des ersten Gesprächs mit dem Patienten kann ein hartes Stück Arbeit für den Coach sein. Hinter seinem Gesprächspartner liegt oft ein langer Leidensweg. Mancher hat sich aufgegeben, sieht kein Licht am Horizont mehr.

So berichtet unsere Patientin Brigitte Bartelt (domino-coaching™ Erfolge des Sommers 2021) von ihrer Situation:

„Ich war Lehrerin – Sport war mein Lieblingsfach. Gesund ernährt habe ich mich auch und doch hat es mich erwischt – ein böser Schlaganfall. Ich konnte nicht einmal mehr meinen Kopf bewegen. Mein wichtigstes Instrument ist weg, meine Sprache. Krankenhausaufenthalt, Reha, und das zu Corona-Zeiten.

Meine Sorge gilt meinen beiden lieben Kindern, denn sie dürfen mich nicht besuchen. Telefonieren geht auch nicht. Immer und immer wieder frage ich mich: Wie geht es weiter? Was machen meine Kinder? Ich habe große Sorgen, denn meine Reha neigt sich dem Ende zu. Holen mich die Kinder nach Hause? Und was passiert dann? Wie soll es weitergehen? Ich falle in mich zusammen. Was wird aus mir? Wie sollen sich die Kinder um mich kümmern, denn sie arbeiten und haben Familie.

Endlich, letzter Reha-Tag und meine Kinder sind da, um mich abzuholen. Gott, wie ich sie vermisst habe. Es tut so gut, sie wiederzusehen, doch irgendetwas stimmt nicht. Ihre Gesichter, ihre Blicke sehen so traurig,

Erste Phase: Wir erfassen den aktuellen Zustand und die Entwicklung

so sorgenvoll aus. Und jetzt wird ausgesprochen, was ich längst weiß und was ich einfach nicht hören will. ‚Wir haben einen Heimplatz für Dich.'

Nicht das auch noch! Meine Welt ist schon zerbrochen, aber jetzt ist sie explodiert. Ich weine unaufhaltsam, meine Kinder auch. Das war es jetzt, mein Ende ist da.

Ich komme im Heim an, was ich nie wollte, aber es geht ja nicht anders. Liebevoll haben meine Kinder das Zimmer eingerichtet. Ich lasse meine Blicke schweifen... – ich will nach Hause."

Während der Bestandsaufnahme baut der Coach nicht nur eine therapeutische Beziehung zum Patienten auf. Er sammelt auch systematisch eine Menge an Informationen. Schließlich will er sich ein Bild machen: Was für eine Persönlichkeit sitzt da vor mir? Wie steht es körperlich, geistig, seelisch um sie? Nach und nach baut er sich so aus vielen Mosaiksteinchen ein Gesamtbild zusammen. Er lernt die Entwicklungsgeschichte des Patienten kennen.

Das klingt dann zum Beispiel so, wie es unsere Patientin Erdmute Seidler (domino-coaching™ Erfolge des Sommers 2021) beschreibt:

„Ich wurde 1959 geboren und bin somit erst 62 Jahre alt. Ich bin Diplom-Informatikerin und habe von 1991 bis 1999 an der Technischen Universität Berlin studiert. Viele Jahre lang war ich für international agierende Forschungs- und Beratungsunternehmen tätig. In den letzten Jahren habe ich als freiberufliche Projektleiterin, Systemarchitektin und Systementwicklerin gearbeitet. Der Fokus lag dabei auf der analytischen und konzeptionellen Umsetzung von steuernden Funktionen in allen Phasen der Softwareentwicklung.

Dann trafen mich mehrere Schlaganfälle, im August 2019 und im Januar 2020. Man könnte sagen: ‚Mein eigener Computer erlitt System-

zusammenbruch.' Seitdem bin ich links halbseitengelähmt, Bein betont. Das bedeutet, ich kann mich nicht mehr selbstständig im Alltag versorgen. Kann mich weder allein waschen, anziehen oder in den Rollstuhl transportieren, ganz zu schweigen von Laufen oder Treppen steigen.

Deshalb musste ich auch meine schöne Wohnung im 4. Stock ohne Fahrstuhl aufgeben. Das war alles sehr frustrierend und traurig für mich. Ich fühle mich deshalb auch oft sehr müde, bin antriebsarm und liege viel in meinem Bett. Nach einer längeren Reha in Berlin-Rudow, wohne ich seit dem 20.04.2020 im domino-world Club Tegel. Hier versuche ich nun, mit Hilfe des domino-coaching meine eigene Software wieder hochzufahren und auch neu zu entwickeln. Mein großes Ziel ist es, Laufen und Treppensteigen zu können, um dann wieder in eine eigene Wohnung zu ziehen."

Zweite Phase: Wir bewerten die Leistungsfähigkeit und die Gesundheit

Den körperlichen und geistigen Zustand des Patienten erfassen – dies erledigen wir in den ersten Jahren unseres Coachings noch mit recht hausgemachten Mitteln. Das stellt uns nicht zufrieden. Wir wollen Testvorgaben, die genauer und aussagekräftiger sind und ein ganzheitliches Bild liefern. Was kann der Patient körperlich noch leisten? Wie steht es um seine geistigen Fähigkeiten? Wie sieht es mit seiner seelischen Verfassung aus?

In der Medizin gibt es die entsprechenden Testverfahren bereits. Ein Teil unserer Coaches absolviert deshalb eine Fortbildung im Krankenhaus. Dort machen sie sich mit dem Barthel-Index vertraut. Er bildet die körperliche Situation des Patienten ab, anhand von zehn Basisfähigkeiten, die man braucht, um allein zuhause leben zu können. Das reicht vom sogenannten Transfer (das Aufstehen aus dem Bett) und dem Gehen über das An- und Ausziehen bis zum Treppensteigen. Allesamt sehr alltägliche Kompetenzen, aber eben nicht selbstverständlich für alte, kranke Menschen.

Nehmen wir das Treppensteigen. Manche unserer Patienten, die zu Hause leben, können die Treppenstufen in ihrem Wohnblock nicht mehr bewältigen. Oft geht es nur im die wenigen Stufen vom Hochparterre hinunter zur Haustür. Diese armen Menschen können ihre Wohnung nicht mehr ohne fremde Hilfe verlassen. Den traurigen Rekord hält hier eine Patientin aus Hennigsdorf. Sie war, als wir mit dem Coaching begannen, seit zwölf Jahren nicht mehr im Freien gewesen. Nur weil sie keine Treppen steigen konnte. Durch eine gezielte Reha-Maßnahme hätte sich dieses Leid vermeiden lassen.

Von einer ähnlich traurigen Alltagssituation berichtet unsere Patientin Wiltrud Jensch (domino-coaching™ Erfolge des Sommers 2020), die in unserem Club Tegel lebte:

„Ein Jahr lang versuchte mein Mann, mich zu Hause zu versorgen. Ich sah, wie er mit dieser Situation nicht mehr umgehen konnte und wie er litt. Wir haben beide gelitten. Mein Mann litt, weil er mit der Situation überfordert war und ich litt, weil ich so schrecklich hilflos war. [...]

Mein Zustand war, gelinde gesagt, miserabel.

Ich war nicht imstande, mich allein an- und auszukleiden, meinen Körper zu reinigen und zu pflegen, selbstständig zu essen, mich allein im Bett aufzusetzen oder aufzustehen, zu gehen und Treppen zu steigen. Ich war ständig bettlägerig und völlig auf fremde Hilfe angewiesen.

Gemeinsam haben wir dann beschlossen, dass ich in eine Pflegeeinrichtung, den domino-world Club Tegel gehe.

Mein Mann und ich wurden [...] sehr freundlich begrüßt [...]. Wir beide wussten nun, dass unser gemeinsames Leben in unserem schönen Haus vorbei war. Wieder war da das Gefühl der Traurigkeit und der Hilflosigkeit. Bevor wir weiter darüber nachdenken konnten, klopfte es schon an meiner Tür. Es war eine Mitarbeiterin, die sich mir als mein domino-coach vorstellte. Sie sagte mir, dass sie mich gerne näher kennenlernen wollte und bat mich um einen Termin für ein persönliches Gespräch. Naja, dachte ich, warum nicht? Scheint ja ganz nett zu sein, dieser domino-coach.

Nach drei Tagen war es dann soweit. Mein domino-coach kam zum vereinbarten Gesprächstermin und wir unterhielten uns nett über mein bisheriges Leben. Sie fragte nach meinen Wünschen und auch nach meinen Ängsten und Befürchtungen. Nach dem Gespräch sagte sie mir dann noch, dass sie in den nächsten Tagen noch einmal vorbeikommt, um mit mir ein paar interessante Tests zu machen. Gesagt, getan. Da war sie wieder, mein domino-coach.

Sie erklärte mir, dass sie mit mir den GDS und den MMSE-Test machen möchte. ‚Äh, was?', dachte ich. Sie klärte mich jedoch sofort auf, worum es bei diesen Tests ging.

Nachdem mein domino-coach die Tests ausgewertet hatte, sagte sie mir, dass sie nun mein persönliches Therapieprogramm zusammenstellen kann. Dieses wird mir dann helfen, dass ich wieder Dinge machen kann, die mir verlorengegangen sind. Ich dachte nur: Wie soll das denn gehen? Sie hat doch gesehen, in welchem Zustand ich mich befinde. So blind kann doch keiner sein! Ich werde aus der Situation, in der ich mich befinde, nicht mehr herauskommen. Damit haben mein Mann und ich uns abgefunden. Wie kann man denn nur so naiv sein und glauben, dass es mir jemals wieder besser gehen wird!"

Die Skepsis, die aus diesen Worten spricht, ist kaum verwunderlich. Neue Patienten erwarten in der Regel das Programm „Satt-sauber-

Zweite Phase: Wir bewerten die Leistungsfähigkeit und die Gesundheit

trocken" und sind dann ganz überrascht, wenn wir sie mit ganz neuen Aussichten konfrontieren. Auch in den Köpfen der Pflegekräfte und Angehörigen stehen die Standards Waschen und Baden ganz oben.

Als wir mit domino-coaching starteten, führten wir lange Diskussionen mit unseren Mitarbeitenden. Wir überzeugten sie, dass es wichtiger sei, Laufen oder Treppensteigen mit den Patienten zu trainieren, als sie täglich von Kopf bis Fuß sauber zu halten.

Viele Angehörige ticken ähnlich sauberkeitsorientiert. Sie denken sich: Wenn wir unsere Mutter, unseren Vater schon ins Heim geben müssen, soll sie oder er zumindest besser gepflegt sein als zu Hause. Auch hier müssen wir Überzeugungsarbeit leisten und ihnen die Vorteile unseres Modells vor Augen halten.

Zurück zum Barthel-Index, der übrigens auch die Kategorien Waschen und Baden enthält. Durchgeführt wird er im Rahmen einer Fremdbeurteilung. Der Coach schätzt ein, was der Patient in jeder der zehn Kategorien leistet.

Weiterhin nutzen wir den IADL-Index, um die körperliche Leistungsfähigkeit zu bewerten. IADL steht für Instrumental Activities of Daily Life, also die alltäglichen Verrichtungen. Hier beurteilt der Coach, wie gut der Patient mit acht Dingen des täglichen Lebens zurechtkommt. Vom Kochen über das Einkaufen bis zu hin zu Geldgeschäften. Der IADL-Index ist aber leider nur für Patienten geeignet, die zuhause leben. In einem Pflegeheim entfallen die meisten täglichen Verrichtungen. Man kocht nicht mehr selbst, geht nicht mehr einkaufen.

Der Coach beurteilt den Patienten also anhand von Barthel-Index und (bei ambulanter Pflege) IADL-Index. Dann führt er im Interview zwei weitere Tests durch. Den MMSE-Test und den GDS-Test.

Beim MMSE-Test (Mini Mental State Examination) geht es um die geistige Leistung des Patienten. Es gilt, ein paar kleine Aufgaben zu lösen. Hierbei zeigt sich unter anderem, ob der Patient kognitive Einschränkungen hat.

Der GDS-Test (GDS steht für Geriatrische Depressionsskala) kann Hinweise auf eine depressive Erkrankung liefern. Mit 15 Fragen prüft der Coach, in welcher psychischen Verfassung sich der Patient befindet. Gegebenenfalls zieht er einen Facharzt hinzu, der genauer diagnostizieren kann.

Sie können sich vorstellen, dass diese Tests für unsere Mitarbeitenden nicht immer leicht sind. Einerseits sollen sie im Coaching eine enge emotionale Verbindung zum Patienten aufbauen. Andererseits erfordern die Tests aber eine neutrale Position und gewisse Distanz zum Patienten. Der Coach prüft Kriterien, stellt Fragen, ordnet ein und bewertet. Auf die emotionale Befindlichkeit seines Gegenübers kann er in diesen Momenten eher wenig eingehen.

Die genannten vier Tests führen wir in der Regel alle sechs Monate durch. Nicht selten zeigen sich beim zweiten Mal schon Verbesserungen, gerade beim Barthel-Index. Das intensive Training hat positive Effekte, Patient und Coach sind stolz auf ihren gemeinsamen Erfolg.

Auch Wiltrud Jensch aus Tegel kann von Fortschritten berichten. Lassen wir sie noch einmal zu Wort kommen:

„Das, was mit mir in den letzten zehn Monaten geschehen ist, ist für mich wie ein Segen, ein Wunder. Ich kann es kaum beschreiben, dieses Gefühl, wieder ein selbstständiger, gesünderer und fitterer Mensch zu sein.

Jetzt sitze ich in einem ganz normalen Rollstuhl, mit dem ich munter über die Flure düse. Ich nehme meine Mahlzeiten selbstständig im Clubraum ein und bin in der Lage, an allen Gruppentherapien, wie z. B. Kraft- und Balancetraining, Ergotherapie und Qi Gong teilzunehmen.

Und das Beste ist, ich mache schon fleißig die ersten Stehübungen an der Sprossenwand."

Dritte Phase: Wir betrachten die größten Stärken und Schwächen

Weniger ist mehr. So lautet unsere Devise, wenn wir die Erkenntnisse aus der Bestandsaufnahme und den Tests auswerten. Unser Instrument hierfür ist das Schwächen-Stärken-Profil. Wir konzentrieren uns jeweils auf die drei größten Schwächen und Stärken des Patienten. In herkömmlichen Pflegemodellen sind es weit mehr, und zwar bis zu zwölf Probleme und Ressourcen. Wir halten eine geringere Zahl für besser handhabbar.

Wie sieht die Anwendung im Alltag aus? Der Coach ermittelt zunächst die drei Schwächen des Patienten. Hierfür nimmt er sich die Ergebnisse des Barthel-Index vor. In welchen Bereichen hat der Patient die geringste Punktzahl? Wenn der Patient im häuslichen Umfeld lebt, betrachtet der Coach auch den IADL-Index. Er prüft, ob die dort ermittelten Defizite relevant genug sind, um in das Schwächen-Stärken-Profil einzufließen. Im Anschluss sichtet er die Ergebnisse vom MMSE-Test und vom GDS-Test. Stellt etwa eine leichte Demenz oder eine depressive Verstimmung eine Schwäche dar?

Sobald er die drei Schwächen ermittelt hat, macht der Coach mit den Stärken weiter. Basis sind die Informationen aus dem Gespräch, das er mit Zuge der Bestandsaufnahme geführt hat. Hier tappen manche Mitarbeitende in eine Denkfalle. Sie denken bei Stärke an den Begriff Ressource, der in herkömmlichen Pflegemodellen verwendet wird. Doch aus unserer Sicht ist nicht entscheidend, was ein Patient noch kann. Wir wollen wissen, welche Fähigkeiten und Eigenschaften ihn auszeichnen. Worin ist er besonders stark? Wenn wir diese Stärken herausgefunden haben, überlegen wir, wie sie sich nutzen lassen, um an den Defiziten zu arbeiten.

Die Menschen, die unsere Coaches betreuen, sind beeindruckende Persönlichkeiten. Es fällt meistens nicht schwer, ihre Stärken zu erkennen.

Ein gutes Beispiel ist Jürgen Ridder, der im Club Treptow lebt (domino-coaching™ Erfolge des Sommers 2023):

„Ich war ein großer, sportlicher junger Mann, ich liebte das Fahrradfahren und vor etwa 30 Jahren habe ich die Leidenschaft zum Saunagänger entwickelt.

Durch meine Arbeit auf Schiffen habe ich viel von der Welt gesehen. In Berlin Baumschulenweg bin ich dann sesshaft geworden."

Unser Coach Rüdiger Otto ist sehr beeindruckt von seiner Patientin Anita Wild (domino-coaching™ Erfolge des Sommers 2023) und berichtet uns:

„Dies ist [...] die einfache Geschichte über eine bemerkenswerte Frau, die man wirklich gernhaben muss [...].

Frau Wild kenne ich jetzt fast vier Jahre. Kennengelernt habe ich sie praktisch bei einer ihrer ersten Tageshandlungen, auf dem Balkon beim Rauchen. Ich erlebe sie immer freundlich und aufgeschlossen.

Sie wohnt zusammen mit ihren Söhnen, die sie unterstützen und sehr stolz auf sie sind. Frau Wild hat unter anderem im Stahlwerk

Hennigsdorf und im Lok-Werk gearbeitet. Sie war verheiratet (leider ist ihr Mann verstorben). [...]

Was mich immer bei ihr beeindruckt ist, dass sie immer zufrieden und positiv eingestellt ist. Sie kann sich an Kleinigkeiten wie dem Wetter oder Blumen erfreuen. Sie ist nie neidisch auf andere und wirkt immer mit sich im Reinen.

Bis vor kurzem konnte sie auch noch Fahrrad fahren, musste dies aber wegen Augenproblemen sicherheitshalber aufgeben. Nun hat sie bereits zwei Augenoperationen hinter sich gebracht und sich gut erholt. Für die Tagesstruktur hat sie nun den klaren Plan, nach dem Aufstehen und Waschen das Ankleiden zu erledigen, damit wir spazieren gehen können. Frau Wild geht gerne spazieren, dabei kann man nämlich gut rauchen. Sie raucht nicht übermäßig viel aber sehr gerne, dies würde sie aber niemals in der Wohnung machen. Auch habe ich in all den Jahren nie erlebt, dass sie eine Zigarette auf der Straße wegwirft. Immer wieder wird sie ausgetreten, aufgesammelt und in einem Mülleimer entsorgt. Da ist sie sehr genau."

Vierte Phase: Wir vereinbaren die Entwicklungsziele

Kommen wir zum Herzstück des domino-coachings, der Zielvereinbarung zwischen Patient und Coach. Wir nennen sie Entwicklungszielvereinbarung. Man könnte sie auch als Reha-Zielvereinbarung bezeichnen. Warum sprechen wir vom Herzstück? Weil sie darüber entscheidet, ob das Reha-Vorhaben gelingt oder scheitert.

Halt mal, werden Sie jetzt vielleicht denken, Zielvereinbarungen kenne ich aus meinem Job. Sie haben uns ertappt, wir bedienen uns hier wieder einmal aus dem Werkzeugkasten des Managements. In Unternehmen und Institutionen, in öffentlichen Behörden und selbst in Schulen vereinbart man mittlerweile Ziele. Zwischen Vorgesetzten und Mitarbeitenden, zwischen Lehrern und Schülern. Es handelt sich um eine Übereinkunft zwischen zwei oder mehreren Personen, ein bestimmtes Ergebnis, eine bestimmte Kennzahl in einem definierten Zeitrahmen zu erreichen. In der Wirtschaft spricht man vom „Management by Objectives", also dem Führen durch Zielvorgaben. Seit den späten 1990er Jahren wenden wir diese Methode in unserem Unternehmen erfolgreich an. Schon damals war uns klar, dass sie auch in unserem neuen dominocoaching wertvolle Dienste leisten könnte.

Für die Motivation des Patienten spielt die Zielvereinbarung eine immense Rolle. Warum ist das so?

Zum einen ist es immer besser, wenn ein Mensch das tut, was er sich selbst vorgenommen hat. Ohne Druck von außen, ohne drohenden Zeigefinger. Im gesellschaftlichen Zusammenleben sehen wir oft, dass der Appell an die Vernunft wenig bringt, wenn den Menschen ihre persönlichen Bedürfnisse kurzfristig wichtiger erscheinen. So ist es auch hier. Einseitige Zielvorgaben, etwas durch eine Vorgesetzte oder einen Arzt, laufen ins Leere, wenn die andere Seite nicht mitzieht. Die vorgegebene Kennzahl wird dann nicht erreicht, die verordnete Medizin nicht eingenommen. Das Gegenteil zum Motivationskiller Fremdbestimmung ist eine zweiseitige Zielvereinbarung, wie wir sie praktizieren.

Zum anderen wirkt sich das Vereinbaren von Zielen positiv auf die Motivation aus, weil es auf die „Herzenswünsche" des Patienten baut. Er hat ein starkes emotionales Bild vor Augen. Dieses wirkt wie ein Motivationsanker und hilft auch über Trainingskrisen hinweg. Spitzensportler machen das seit vielen Jahren. Sie visualisieren das Trainingsziel.

So wichtig die Zielvereinbarung für den Coaching-Prozess ist, so anspruchsvoll ist sie auch in der Durchführung. Um unseren Mitarbeitenden die Arbeit zu erleichtern, haben wir das Vorgehen in vier Schritte unterteilt:

Im ersten Schritt schauen wir uns die Ergebnisse der Testauswertungen an. Hat der Barthel-Index etwa ergeben, dass eine Patientin keine Treppenstufen mehr bewältigen kann, dann sollte „Fähigkeit zum Treppensteigen" eines von drei Zielen der Vereinbarung werden. Ohne Mithilfe des Patienten leiten wir so drei „theoretische" Ziele ab. Theoretisch deshalb, weil wir zu diesem Zeitpunkt noch gar nicht wissen, ob diese Ziele wirklich relevant sein werden. Es könnte zum Beispiel sein, dass die Patientin in einer barrierefreien Umgebung lebt und deshalb keine Treppen steigen muss.

Im zweiten Schritt führen wir das eigentliche Gespräch mit dem Patienten. Am Ende steht ein Bild im Kopf des Patienten. Seine Lieblingssituation aus einer Zeit, als er noch selbständig lebte und fit war. Eine kurze Szene voller Glück. Aus einem Film, der längst vorbei ist. Oder etwa doch nicht?

Die erste Frage im Gespräch lautet daher: Was würden Sie gerne wieder tun und können, um Ihr altes Leben zurückzugewinnen? Wir fragen nach einer Situation, einer Beschäftigung, an der das Herz hängt. Eine große Sehnsucht, eine erfüllende Begegnung, ein lang gehegter Traum. Das kann der Moment gewesen sein, in dem man frischverliebt mit dem Partner auf einer Seebrücke stand und Ringe getauscht hat. Oder die erste Fahrt im Käfer Cabrio mit Wind im Haar. Was immer es ist, wir versuchen, im Patienten solch ein emotional aufgeladenes Bild zu wecken. Kraft, Zuversicht und Glück stecken für ihn drin. Es ist eine Reise zum inneren Ich, eine Phantasiereise an den Ort, wo jene Energie schlummert, die der Patient brauchen wird.

Dank der Fragen des Coaches malt der Patient das innere Bild mit allen Sinnen. Bei unserem Beispiel mit der Seebrücke würde sich das so anhören:

7 Training bringt den Erfolg

- „Sie stehen jetzt auf der Brücke. Was sehen Sie?"
- „Was hören Sie?"
- „Was riechen, was schmecken Sie?"
- „Was spüren Sie auf Ihrer Haut, in Ihrem Haar?"

So geht der Coach mit dem Patienten alle Sinneskanäle durch. Je mehr Kanäle aktiviert werden, umso fester wird sich das Bild im Kopf des Patienten verankern. Wir sprechen hier tatsächlich vom „Ankern" des Zielbildes, weil es sich um einen emotional-visuellen Motivationsanker handelt.

Hören wir unserer Patientin Herta Sichting aus Tegel (domino-coaching™ Erfolge des Sommers 2023) zu, wie sie die Arbeit an ihren Entwicklungszielen erlebt:

„Seit meinem Einzug im Jahre 2018 habe ich als domino-coach Frau Melanie Lehmann an meiner Seite.

Wir sind ein großartiges Team, denn sie hat die Gabe, mich immer wieder zu motivieren. Zusammen machen wir alle drei Monate eine Phantasiereise und ich bin danach immer völlig perplex, wie sie es schafft, mich in so einen Traum zu versetzen, dass wirklich alle meine Sinne erregt werden.

Sie fragte mich erst kürzlich, was ich gerne mal wieder machen möchte und was ich früher immer getan habe. Ja, in den Jahren hatten wir schon so einige Phantasiereisen, einige sind dann auch wirklich in Erfüllung gegangen. Wenn Sie nun denken, man träumt sich ein wenig in eine großartige Welt und – bang! –, da ist sie dann schon, so muss ich sie leider enttäuschen. Es war harte Arbeit, um mein Ziel zu erreichen.

Als ich einzog, war mein Traum, selbständig in den Rosengarten zu laufen. Und das an einem herrlichen Sommertag, die Sonne scheint mir ins Gesicht, so dass ich blinzeln muss. Ich sitze auf einer Bank, bewundere und rieche die schönen Rosen, höre das Summen der Bienen, genieße die Stille und fühle mich glücklich und sorgenfrei.

Nun wollte ich mehr. Ich wollte in den neuen Tegeler Passagen in einem Café am Fenster sitzen und von da aus beobachte ich das bunte Treiben der Menschen. Einige sind hektisch, andere bummeln nur, Kinder rennen und lachen, es ist schön, dies alles zu sehen. Im Hintergrund höre ich klassische Musik. Zu dieser esse ich ein großes Stück Erdbeertorte; die Erdbeeren lutsche ich als erstes genussvoll. Der Geruch meines frisch gebrühten Kaffees schreit nach mehr! Diesen Tag genieße ich so sehr, dass ich alles andere vergesse."

Bei dem Bild im Kopf belassen wir es aber nicht. Wir ermuntern den Patienten, ein sogenanntes Echtbild anzufertigen. Das kann eine Collage aus Fotos und Grafiken sein. Oder eine handgezeichnete Skizze der jeweiligen Situation oder Tätigkeit. An die Zimmertür gehängt, erinnert ihn dieses Abbild seines Herzenswunsches daran, auch an schwierigen Tagen durchzuhalten.

Im dritten Schritt des Vorgehens berichtet der Coach von den Ergebnissen und „theoretischen" Zielen, die er auf Basis der Tests ermittelt hat.

Im vierten Schritt gleichen Coach und Patient die Testauswertungen mit den Erfordernisse des Zielbildes ab. Gemeinsam legen sie die drei Ziele fest, die nötig sind, um das Patientenbild zu realisieren. Angenommen, das Bild des Patienten sieht so aus: „Ich möchte noch einmal an meinen Lieblingsort an der Ostsee." Dann könnten die Ziele lauten: Gehen, Treppensteigen, Benutzung von Transportmitteln. Sind sich beide Seiten einig, halten sie diese drei Ziele schriftlich fest. Coach und Patient unterschreiben die Zielvereinbarung. Die Reha kann starten.

Fünfte Phase: Wir planen das Therapieprogramm

Die Entwicklungsziele sind klar. Nun geht es darum, sie in ein Therapieprogramm umzusetzen. Für jedes Entwicklungsziel legen wir drei Therapieziele fest. Diese müssen inhaltlich und sprachlich mehrere Kriterien erfüllen.

Erstens beschreibt der Coach jedes Ziel aus der Zukunftsperspektive, er nimmt das Erreichen des Ziels also sprachlich vorweg. Etwa so: „In einem Monat ist Frau S. in der Lage, die zehn Treppenstufen von ihrer Wohnung bis zur Haustür herauf- und hinabzusteigen." Formulierungen mit „sollen" oder „müssen" vermeiden wir, weil sie die Motivation des Patienten nicht gerade fördern.

Zweitens formuliert der Coach auf positive Weise und vermeidet Verneinungen. Diese können wir nämlich gedanklich nicht in einem Bild fassen. Wir erklären das unseren Mitarbeitenden gerne mit diesem Beispiel: Versuchen Sie einmal, nicht an einen rosaroten Elefanten zu denken. Merken Sie es? Damit kommt unser Gehirn nicht klar. Das Therapieziel „Frau S. braucht keinen Rollator mehr" wäre also kontraproduktiv. Wir sagen lieber: „Frau S. geht selbständig."

Drittens sollte die Zielbeschreibung so konkret und spezifisch wie möglich sein, inklusive eines klar definierten Zeithorizonts. Etwa so: „Frau S. wird bis zum 1. Dezember wieder selbständig die Treppe in ihrem Haus nutzen können."

Viertens achtet der Coach darauf, dass das Ziel überprüfbar und messbar ist. Es sollte also zweifelsfrei nachweisbar sein, ob und wie das Ziel erreicht wurde. Formulierungen wie „Frau S. kann gut laufen" erfüllen diesen Anspruch nicht.

Der Coach muss auch einschätzen, ob das jeweilige Therapieziel realistisch ist. Ist es zu hoch oder zu niedrig angesetzt? Passt es zu den Rahmenbedingungen, unter denen der Patient lebt? Leider sind unseren

Patienten oftmals Grenzen gesetzt. Gerade im häuslichen Bereich sind häufig intensive Reha-Trainings erforderlich, die durch die Pflegeversicherung nicht abgedeckt werden.

Sobald die Therapieziele definiert sind, plant der Coach die Übungen. Hierfür nutzt er die „domino-coaching Bausteine". Sie beschreiben, welche Übungen jeweils nötig sind, um eine bestimmte Kompetenz wiederzuerlangen.

Der Mehrzahl unserer Patienten mangelt es an Kompetenzen in diesen drei Bereichen: beim Gehen, beim Treppensteigen und beim An- und Ausziehen. Wie wichtig diese Fähigkeiten sind, leuchtet sofort ein. Schließlich wollen die meisten pflegebedürftigen Menschen wieder selbständig aus dem Haus gehen können. Sie möchten einkaufen, ein Café oder Museum besuchen, eine Reise machen. In jedem dieser Fälle müssen sie weite Strecken gehen, Treppen steigen, Jacke oder Mantel anziehen. Für die drei Grundkompetenzen Gehen, Treppensteigen und An- und Ausziehen haben wir einen Leitfaden entwickelt. Er erklärt in Text und Bild alle nötigen Übungen.

Hat der Coach seine Planung fertig, führt er das nächste Gespräch mit seinem Patienten. Er stellt ihm jede Übung vor und übt sie direkt mit ihm ein. Der Patient soll in der Lage sein, alle Übungen selbständig, also ohne Coach, durchzuführen. Allein aus Kostengründen ist es nicht möglich, dass der Coach jede Reha-Einheit persönlich betreut. Im Rahmen der Pflegeversicherung ist Reha praktisch nicht vorgesehen. Vor allem im häuslichen Bereich müssen wir deshalb genau überlegen, wie wir Leistungen so modifizieren, dass der Coach Zeit für die Trainings findet. Aktuell sind es 30 Minuten pro Woche. Eine knappe halbe Stunde betreute Reha gerade mal. In der restlichen Zeit sollten die Patienten alleine üben. Wesentlich besser sieht es in der stationären Pflege, also in unseren Heimen bzw. Clubs aus. Dazu gleich noch mehr.

Alleine üben? Das fordert den Patienten viel Motivation ab. Zum Glück sind sie nicht komplett auf sich allein gestellt. Sie haben ja Herbert, unseren Therapie-Elch, an ihrer Seite. Diese Plüschfigur überreicht ihnen der Coach am Ende des Gesprächs. Das klingt dann etwa so: *„Liebe Frau S., ich habe Ihnen heute Herbert mitgebracht. Der ist nur für Sie da. Herbert ist ein Elch, ein domino-coaching Elch. Er soll Ihr Maskottchen, Ihr Glücksbringer, Ihr Kraftspender werden. Er wird Sie auf Ihrem Weg, wieder fitter und selbstständiger zu werden, ständig begleiten."*

Elch Herbert hat sich in der Praxis sehr gut bewährt. Natürlich, mancher Patient belächelt ihn zunächst als Spielzeug. Mit der Zeit erkennen aber selbst die härtesten Elch-Kritiker, dass Herbert ihrer Motivation gut tut – auch wenn sie das nicht immer offen zugeben möchten. Herbert ist ein echter Kraftspender.

Lassen wir domino-coach Christiane Walk (domino-coaching™ Erfolge des Sommers 2022) einmal in die Rolle von Herbert schlüpfen und von dessen Erfolgen berichten:

„Sie glauben ja nicht, was ich mir alles anhören muss. Aber denken Sie nicht, dass ich Ihnen jetzt persönliche Dinge erzählen werde, die mir in meinen über 20 Jahren als domino-coach erzählt wurden. Sie wissen ja – Schweigepflicht, Datenschutz usw. Ist alles Teil des Arbeitsvertrages und ich bin ja schließlich auch kein Klatsch-Elch. Mein Name ist Herbert und ich bin ein Stofftier.

Wenn ich meinen Patienten vorgestellt werde, finden mich ja alle so niedlich und putzig. Hallo, ich bin ein Elch! Meine Gattung ist groß, stark, ausdauernd und widerstandfähig. Die kalten Winter in den Wäldern des hohen Nordens sind schließlich kein Elchschlecken. Meine menschlichen Kollegen erklären dann auch gleich, dass ich kein Kuscheltier bin. Als allererster domino-coach habe ich eine sehr wichtige Aufgabe. Ich bin

Vorbild, denn auf meinen weichen, plüschigen Beinen kann ich stehen. Ich will nicht vermessen sein, aber für ein Plüschtier eine herausragende Leistung, eine Weltsensation...

Das Wichtigste aber ist, ich höre zu. Die Patienten können mir alles erzählen mit der Gewissheit, dass ihre Geheimnisse bei mir gut aufgehoben sind. Ich erzähl' ja nix weiter – wie auch. Und ich beobachte, und zwar alles! Ich sitze auf der Sprossenwand und sehe, wie sich unsere Patienten mit ihren Übungen abmühen. Ich sitze bei der Gruppentherapie dabei und sehe, wie sie sich beim Qi Gong entspannen und dabei gleichzeitig den Körper trainieren, wie sie Spaß an den Aufgaben beim kognitiven Training haben. Ich sehe kleine und große Fortschritte und ich sehe Rückschläge. Und immer bin ich da und höre zu, wenn meine Patienten traurig, stolz, wütend oder freudig sind.

Und ich sehe meine fantastischen, menschlichen Kollegen. Auch sie sind, wie ich, gut im domino-coaching ausgebildet und nehmen mir viel Arbeit mit der begleitenden Dokumentation ab. Mit viel Empathie und Geduld führen und begleiten sie jeden einzelnen Patienten durch den domino-coaching-Prozess, informieren und beraten ihre Angehörigen. Nie geben sie auf, freuen sich über jede Weiterentwicklung und motivieren bei Misserfolgen; und das alles neben ihren Aufgaben in der Pflege. Was für wundervolle Menschen. Sie können zu Recht stolz auf sich und ihre Arbeit sein. Ihnen gebührt meine größte Hochachtung."

Ob mit oder ohne Herbert, im häuslichen Bereich ist sehr viel selbständiges Üben angesagt. Im stationären Bereich können wir unseren Patienten aber weitaus mehr persönliche Betreuung bieten. Jeder Patient erhält durchschnittlich 60 Minuten Reha-Training – pro Tag!

Eine Stunde Reha pro Tag, wie kann das gehen? Das Personal in Pflegeheimen ist doch knapp. Und die Pflegekräfte beklagen die Überlastung. Nun, in unseren Clubs gelingt es uns, die nötige Zeit freizuschaufeln. Unter anderem durch eine konsequente Tourenplanung, die ein effektiveres Arbeiten ermöglicht. Ebenso versuchen wir die üblichen Pflegetätigkeiten so einzurichten, dass die Muskulatur des Patienten aufgebaut wird. Davon profitiert der Patient, aber auch der Mitarbeitende. Denn fittere Patienten benötigen weniger Hilfe und kosten weniger Kraft.

Außerdem setzen wir die Betreuungskräfte, die jedes Pflegeheim beschäftigen muss, auch für Reha-Trainings ein. Normalerweise führen sie Kurse in Seidenmalerei oder andere Beschäftigungstherapien durch. Manche Bewerber für offene Stellen im Betreuungsbereich reagieren verwundert, wenn wir ihnen das zusätzliche Aufgabenfeld erläutern. Sie wollen Bewohner „beschäftigen", aber nicht mit ihnen Sport machen. Leider kommen wir dann nicht zusammen.

Überrascht zeigen sich auch viele neue Bewohner, wenn die Clubleitung ihnen rät, Trainingsanzug und Sportschuhe mitzubringen. In anderen Pflegeheimen läuft man tagsüber im Nachthemd herum, bei uns trägt man dieses wirklich nur zum Schlafen.

Auch unsere Bewohnerin Adolfine Helm (domino-coaching™ Erfolge des Sommers 2023) war anfangs skeptisch:

„Ja, ich habe geschluckt, als mir mein damaliger domino-coach Melanie das Therapieprogramm unter die Nase hielt. Was ich nicht alles machen sollte: an allen Gruppentherapien teilnehmen, täglich an der Sprossenwand den Wechseltritt trainieren, am Ergometer meine Arme und Beine usw.

‚Ups', dachte ich so bei mir, ‚habe ich da überhaupt noch Freizeit? Und vor allem, wie soll ich das strenge Programm bewältigen? Hat mein domino-coach Melanie Tomaten auf den Augen? Sieht sie nicht, wie leidend ich hier im Rollstuhl sitze?'"

Fünfte Phase: Wir planen das Therapieprogramm

Die Skepsis zu Beginn ginn legt sich bald. Die Patienten wissen es zu schätzen, dass sie sich bei uns wieder fit machen können. Eine von vielen Stimmen, die das belegen, stammt von Roland Eitner (domino-coachingTM Erfolge des Sommers 2023) aus dem Club Tegel:

„Ich bin frisch hier in den domino-world Club Tegel eingezogen. Na ja, ich muss sagen, gefällt mir ganz gut hier. Jeden Tag finden Gruppen- und Einzeltherapien statt.

Am Anfang dachte ich eigentlich, ‚Ach, da machst du mal mit – so aus Spaß an der Freude.' Aber Pustekuchen, daraus wurde täglich, regelmäßig, immer. Mann, Mann, Mann: was für ein straffes Programm. Mein domino-coach hält mich ganz schön auf Trab. Wir haben jetzt im Club Tegel auch einen Fitnessraum, den ich auch nutze. Puh, irgendwie habe ich das Gefühl, ich bin hier in einer Reha-Klinik gelandet und nicht in einer Pflegeeinrichtung.

Gerne erzähle ich Ihnen mal ein kleines Beispiel über einen ganz normalen Tag im Club Tegel: Mit guter Laune gehe ich nach dem Frühstück in mein Zimmer, um mir festes Schuhwerk anzuziehen. In wenigen Minuten kommt dann mein domino-coach, um mit mir an die Sprossenwand zu gehen. Anschließend gehen wir noch in das Treppenhaus, um einige Treppenstufen zu steigen. Von dort aus gehe ich dann in den Clubraum, wo pünktlich um 10:00 Uhr die Gruppentherapie durchgeführt wird – und das eine ganze lange Stunde!

Manchmal, wenn jemand Geburtstag hat, macht die Therapie besonders viel Spaß, weil wir dann alle ein Eierlikörchen am Ende der Therapie schlürfen – zum Wohl auf das Geburtstagskind.

Nach der Gruppe absolviere ich dann noch mein Lauftraining. Nach dem Mittag habe ich etwas Luft und genieße die Zeit, um meine Zeitung zu lesen oder einfach mal ein Nickerchen zu machen. Viel Zeit bleibt mir dafür nicht, da um 15:15 Uhr schon wieder die nächste Gruppentherapie stattfindet, diesmal Handfunktion.

Na, und wenn Sie jetzt denken, das war es für heute... Nee, nee, jetzt geht es noch ab in den Fitnessraum und ran an den Banner, zack zur Beinpresse und dann noch auf das Fahrrad. Am Anfang hatte ich noch ziemlichen Muskelkater, was sich aber mittlerweile gelegt hat. Tja, und dann ist schon wieder Abendbrotzeit. Also, Langeweile kommt hier nicht auf, das können Sie mir glauben."

Sechste Phase: Wir binden Angehörige, Ärzte und weitere Mitarbeitende ein

Der Patient kennt nun die Therapieziele und weiß, welche Übungen er allein oder unter Anleitung durchführen muss. Doch das allein reicht nicht. Es gibt noch weitere Personen, die für den Reha-Erfolg wichtig sind: die Angehörigen, die Ärzte sowie weitere Mitarbeitende.

Beginnen wir mit den Angehörigen. Im Laufe der Jahre haben wir es oft erlebt, dass sie dem domino-coaching skeptisch gegenüberstehen. Diese Ablehnung überträgt sich dann leicht auf den Patienten und demotiviert ihn. Stellen wir uns folgende Szene vor: Die Tochter kommt zu Besuch und ihre Mutter ist gerade mit ein paar Kraftübungen beschäftigt. „Mutti, was soll das denn?!", sagt sie und ihre Miene spricht Bände. Die Mutter wird das nicht nur irritieren, vielleicht schämt sie sich plötzlich. Auf jeden Fall wird ihr das einen Schlag versetzen und ihr Coach wird Mühe haben, sie wieder aufzubauen.

Sechste Phase: Wir binden Angehörige, Ärzte und weitere Mitarbeitende ein

Dagegen hilft nur, die Angehörigen rechtzeitig mit ins Boot zu holen. Sie also umfassend darüber zu informieren, was wir vorhaben und warum es so wichtig ist, dass sie ihre Mutter, ihren Vater oder ihren Partner unterstützen. Ebenso gilt es, auf Seiten unserer Mitarbeitenden Verständnis für die Lage der Angehörigen zu wecken. Für Familienmitglieder ist es ein harter Schritt, wenn sie einen Angehörigen ins Heim bringen müssen. Haben wir versagt? Ist das nicht herzlos? Viele von ihnen leiden darunter. Erinnern wir uns an die Worte von Brigitte Bartelt (domino-coaching™ Erfolge des Sommers 2021):

„Endlich, letzter Reha-Tag und meine Kinder sind da, um mich abzuholen. Gott, wie ich sie vermisst habe. Es tut so gut, sie wiederzusehen, doch irgendetwas stimmt nicht. Ihre Gesichter, ihre Blicke sehen so traurig, so sorgenvoll aus. Und jetzt wird ausgesprochen, was ich längst weiß und was ich einfach nicht hören will. ‚Wir haben ein Heimplatz für Dich.'

Nicht das auch noch! Meine Welt ist schon zerbrochen, aber jetzt ist sie explodiert. Ich weine unaufhaltsam, meine Kinder auch. Das war es jetzt, mein Ende ist da."

Manche unserer Patienten reagieren mit großer Wut auf die Entscheidung ihrer Angehörigen. Hildegard Rischer (domino-coaching™ Erfolge des Sommers 2020) schildert uns ihre damalige Gemütslage:

„Nach dem Tod meines Mannes lebte ich in einer Zweiraumwohnung und fiel meinen Kindern nicht zur Last. Ich war noch selbstständig im Haushalt, habe sogar noch eingeweckt, Gurken eingelegt und Gartenarbeit gemacht! Das war meine Erfüllung, hier konnte ich mich ausleben und fand meine Ruhe fern von Menschenmassen.

Nach einem Sturz in der Weihnachtszeit kam es zu einem Krankenhausaufenthalt. Als es mir besser ging, waren die Ärzte und meine

Angehörigen der Meinung, ich würde allein zu Hause nicht mehr zurechtkommen und redeten mir ein, ich müsse ins Heim. Ich war schon immer ein großer Gegner von Heimen!

Beim Einzug in den Club im Januar 2013 hatte ich solch eine Wut! Ich hätte gern allen, die mich hierher gebracht haben, etwas Schlimmes angetan. Meiner Tochter war ich sehr böse, fühlte mich abgeschoben."

Wut, Skepsis, Schuldgefühle – keine gute Mischung. Oft kompensieren Angehörige ihr schlechtes Gewissen, indem sie darauf bestehen, dass der Patient besonders gut gepflegt wird. Meine Mutter soll immer adrett gekleidet sein und ihren Lieblingsduft tragen. Mein Vater soll stets sauber und glatt rasiert sein. Hier müssen wir eine Menge Aufklärungsarbeit leisten.

So erinnern wir die Angehörigen daran, wie der Alltag ihrer Verwandten aussah, als sie noch zuhause lebten. Täglich baden oder duschen? Die wenigsten alten Menschen tun das. Sie nutzen lieber den Waschlappen. Wir erklären den Angehörigen auch, dass es wichtiger ist, dass ein alter Mensch wieder laufen oder Treppen steigen lernt, als dass er passiv und sauber im Bett liegt.

Wie läuft es ab, wenn wir die Angehörigen einbinden? Der Coach stellt ihnen zunächst die Entwicklungsziele des Patienten vor. Das passiert in einem persönlichen Gespräch, nicht einfach mal kurz zwischen Tür und Angel. Dabei versucht der Coach, die Angehörigen bei ihren Bedürfnissen abzuholen. Oft sind sie psychisch oder körperlich erschöpft – oder beides zusammen. Sie haben Monate oder gar Jahre lang ihr Familienmitglied betreut. Wie das aussehen kann und wie groß die Erleichterung ist, wenn ein Heimplatz gefunden ist, berichtet uns eine Angehörige, deren Mutter an Alzheimer erkrankt ist (dominocoaching™ Erfolge des Sommers 2020):

Sechste Phase: Wir binden Angehörige, Ärzte und weitere Mitarbeitende ein

„Es ist wieder Samstag. Ich bin gerade dabei, grüne Bohnen zu kochen, denn die mag sie ja doch so gerne, als aus heiterem Himmel die Frage kommt: ‚Kommt denn heute nicht der Telebus?'. Ich antworte wie immer an solchen Tagen: ‚Nein, Mutti! Heute kommt nicht der Telebus'. – Stille – ‚Wann kommt denn nun der Telebus?'. Ich antworte wie immer sehr geduldig (ich weiß nicht, wie oft ich diesen Satz heute schon gesagt habe): ‚Der Telebus kommt erst am Montag wieder'. ‚Schade'. – Ruhe – ‚Wann kommt denn nun der Telebus?' kommt plötzlich wie aus dem Nichts die Frage. ‚Mutti, schau...' (ich gehe zum Kalender und zeige mit dem Finger auf den Plan), ‚...der Telebus kommt am Montag wieder, und heute ist erst Sonnabend, und dann kommt Sonntag, und dann kommt Montag, und dann kommt der Telebus'. ‚Ah ha, das ist ja toll, dann kommt bestimmt auch der Lange wieder'. (Wer ist wohl der ‚Lange', frage ich mich? Ich glaube, das ist wohl der Florian, wer denn sonst?).

Ich hole tief Luft und fahre zur Arbeit, denn ich weiß, heute kann ich mich voll auf meinen Job konzentrieren, denn meine Mutter ist hervorragend versorgt und untergebracht, und man wird sich liebevoll um sie kümmern. Das beruhigt mich und macht mir für ein paar Stunden den Kopf frei."

Die Angehörigen brauchen Zeit, um sich zu erholen. Nicht immer ist ihnen wohl bei dem Gedanken, dass Mutter oder Vater nach einigen Monaten wieder fit genug sein könnten, nach Hause zurückzukehren. Beginnt dann alles wieder von vorne? Unsere Coaches versuchen, ihnen diese Sorgen zu nehmen, sie positiv zu stimmen. Schließlich sollen sie einen Beitrag leisten, den Patienten motivieren, ihm Mut zusprechen, ihn loben, aber auch ermahnen, bei den Übungen dranzubleiben. In jedem Gespräch sollte das domino-coaching vorkommen. Wie geht es voran?

Was brauchst Du noch, damit es läuft? Auch Hanteln, Manschetten, Sportsachen und andere Trainingsutensilien gilt es zu besorgen.

Alle drei Monate findet ein Evaluationsgespräch mit den Angehörigen statt. Welche Therapieziele wurden erreicht? Gibt es neue Ziele? Welcher Trainingserfolg des Patienten ist für sie am bedeutsamsten? Nach und nach verändern so selbst skeptische Familienmitglieder ihren Blick auf unser Coaching. Auch für sie rückt die Entwicklung des Patienten ganz nach vorne.

Eine ähnlich wichtige Rolle im Reha-Prozess kommt den Ärzten zu. Sie verschreiben die nötigen Hilfsmittel für die Trainings. Doch auch als Autoritätspersonen sind sie gefragt. Sobald sie den Wert des domino-coachings erkannt haben, stehen sie bereit, um den Patienten zur Umsetzung zu ermuntern und in schwierigen Situationen zu unterstützen.

Eine weitere Baustelle in Sachen Kommunikation gibt es noch: die Kollegen des Coaches. Direkt nachdem er die Therapieziele mit dem Patienten abgestimmt hat, lädt der Coach alle Teammitglieder ein und stellt ihnen seine Planungen vor. Diese große Runde diskutiert dann die vereinbarten Ziele und Maßnahmen. Dahinter steckt wieder der Gedanke, dass alle an einem Strang ziehen müssen, damit die Therapie gelingt. Alle Mitarbeitenden sind aufgerufen, sich beim Patienten zu den Übungen zu erkundigen. Sie loben ihn, wenn er sie zuverlässig absolviert hat. Und sie ermahnen ihn, wenn er einmal nicht so diszipliniert war. Eine nicht immer einfache Aufgabe, wollen die meisten Pflegekräfte doch Konflikte mit den Patienten möglichst meiden.

Siebte Phase: Wir überprüfen den Therapieerfolg

Der Patient führt den größten Teil der Übungen selbständig durch, ohne Begleitung. Einmal im Monat setzt er sich mit dem Coach zusammen. Sie besprechen, wie es in den letzten vier Wochen gelaufen ist, welche Fortschritte und welche Hindernisse es gab. Der Coach fragt gezielt und ermittelt systematisch, ob Maßnahmen angepasst werden müssen. Wenn ein Therapieziel erreicht ist, wird ein neues, weitergehendes Ziel definiert. Bei einem verfehlten Ziel geht es an die Ursachenforschung. Häufig liegt es daran, dass der Patient die Maßnahmen nicht wie geplant durchgeführt hat. Zum Beispiel, weil er nicht motiviert genug war. Der Coach sollte ihm dann nicht nur wertschätzend, sondern auch mit einer gewissen Strenge begegnen und die nötige Disziplin und Leistung einfordern. So wie ein guter Lehrer oder Sporttrainer. Wie gut unsere Mitarbeitenden diesen Mix aus Lob und Ansporn beherrschen, zeigen die folgenden Patientenberichte.

So erzählt uns Gerda Runde aus Birkenwerder (domino-coaching™ Erfolge des Sommers 2020):

„In diesem Jahr gab es auch wieder viele Tage, an denen ich völlig unmotiviert und die Couch mein bester Freund war. Na ja, aber ich wusste, wehe, wenn mein domino-coach Udo kommt, der macht mir Beine, wenn ich so faul rumliege!

Er kam und gab sich jeden Tag Mühe, mich dazu zu bringen, meine mit ihm gemeinsam festgelegten Übungen auch selbstständig zu absolvieren. Doch immer wieder kamen bei mir diese Momente auf, in denen ich kraftlos und motivationslos war.

7 Training bringt den Erfolg

Es ist ein wirkliches Glück für mich, dass ich im domino-coaching ausgerechnet von diesem Coach begleitet werde. Mit ihm kann man lachen und andere schöne Dinge unternehmen. Doch wenn mal etwas nicht so läuft, wie er es sich vorstellt, dann kommt sein berüchtigter Satz: ‚So, Frau Runde, jetzt ist aber Schluss mit lustig, jetzt geht es zurück ins Leben!'

Er setzt sich dann in aller Ruhe mit mir hin und bespricht meine Therapieziele. Manchmal sind diese zu hochgesteckt und werden dann in eine realistische Form gebracht. Mit seiner Unterstützung bei der Durchführung der körperlichen und kognitiven Übungen gelingt es mir immer wieder, schnell Freude an den erreichten Fortschritten zu haben und sie auch deutlich zu bemerken."

Ruth Görner aus Oranienburg (domino-coaching™ Erfolge des Sommers 2022) berichtet uns:

„Die zweite Woche begann und jemand sagte zu mir: ‚So geht das hier nicht weiter. So kann es einfach nicht weitergehen – so muss es nicht weitergehen.' Sie glauben nicht, was dann alles auf mich niederprasselte.

Sport sollte ich machen. ‚Die Beine und Arme sind gesund, also darf man sich auch bewegen', sagten die Mitarbeiter und die Ärztin stimmte ihnen zu. Am Anfang dachte ich, dass es kaum schlimmer werden kann. Training am Ergometer für die Beine, an der Sprossenwand, das Aufstehen üben, Handtraining zum Greifen, Zirkel-, Lauftraining und, und, und."

Und erinnern wir uns noch einmal an Adolfine Helm aus Berlin-Tegel (domino-coaching™ Erfolge des Sommers 2023). Sie hatte sich zunächst bei ihrer Coach Melanie über das Therapieprogramm beschwert, weil sie fürchtete, die Übungen nicht zu schaffen:

Siebte Phase: Wir überprüfen den Therapieerfolg

„Aber irgendwie hat es sie nicht richtig interessiert. Sie fand es viel wichtiger, in Erfahrung zu bringen, was ich gerne noch einmal machen möchte und was ich früher immer gern getan habe.

Oh, da gab es vieles, aber eine Sache wollte ich sehr gerne noch einmal machen: Ich wollte live ein schönes klassisches Konzert hören.

Tja, was soll ich sagen? Darauf trampelte sie nun wortwörtlich rum. Wenn es mal einen Tag gab, an dem ich nicht so große Lust hatte zu trainieren, ertönte aus weiter Ferne plötzlich klassische Musik. Ich drehte mich nach rechts und links, niemand war zu sehen. Komisch dachte ich, jetzt geht es bei dir auch schon los...

Die Einzige, die mich eben mit schnellen Schritten überholt hatte, war Melanie. Aber sie hatte ja keinen Kassettenrecorder oder ähnliches dabei. Ein paar Meter weiter stand sie lachend vor mir und ich sah, dass die Musik aus ihrem Handy kam und sie mir zwinkernd, aber auch irgendwie sehr ernst sagte: ‚Wenn Sie unbedingt zu einem Konzert wollen, müssen Sie auch etwas dafür tun. Der Konzertsaal wird nicht zu Ihnen hier auf die Etage 3 kommen.'"

Manchmal genügt Anspornen aber nicht. Körperliche oder seelische Krisen können den Patienten aus der Bahn werfen. Auch dann ist der Coach mit seiner Fähigkeit zur therapeutischen Kommunikation gefragt. Zuhören, beistehen, motivieren.

Unsere Patientin Brigitte Bartelt (domino-coaching™ Erfolge des Sommers 2022) sagt hierzu:

„Ich bekam einen Schlaganfall, verlor mein Zuhause, ich konnte nichts, bis auf Kopfschütteln oder Nicken.

Die Zeit ist vergangen, und ich dachte, mein Leben sei vorbei. Lange Zeit habe ich gebraucht, um die Traurigkeit loszuwerden, lange Zeit habe

7 Training bringt den Erfolg

ich gebraucht, um zu akzeptieren, was mir geschehen ist. Nie hätte ich gedacht, dass es mir wieder besser gehen könnte. Nun ja, was soll ich Ihnen sagen, ich bin am Leben – nein, noch besser: ich bin wieder mitten im Leben!

Die Mitarbeiter und auch meine Kinder haben nicht aufgegeben, mir Mut zu machen und an mich zu glauben – sie hatten viel Geduld. Heute bin ich dankbar für diese Geduld, aber damals habe ich es nicht verstanden.

Es kam einfach der Zeitpunkt bei mir, wo die Tränen leer waren und sich meine Mundwinkel wieder nach oben zogen. Ich sah, wie es sich lohnt, täglich zu trainieren, täglich aufzustehen und weiterzukämpfen. Ich habe meine Freude am Leben wiedergefunden."

Wie schwierig es auch sein mag, das monatliche Evaluationsgespräch sollte immer zu einem optimierten Therapieprozess führen. Mehrere Instrumente helfen dabei. So hakt der Patient die durchgeführten Übungen in einem persönlichen Therapieprotokoll ab. Hat er einen Monat lang alle Übungen absolviert, erhält er sogenannte Elch-Punkte, inspiriert von unserem Therapie-Elch Herbert.

Eine weitere Hilfe ist der Aufsteller „Mein Weg zum Ziel". Auf ihm ist eine Treppe mit zehn Stufen dargestellt. Mit jeder Stufe kommt der Patient seinem Entwicklungsziel näher. Coach und Patient schauen sich in jedem Gespräch an, welche Stufe aktuell erreicht ist. Natürlich geht es nicht immer herauf, es kann auch Rückschritte geben. Halt mal, ich muss eine Stufe zurück? Das ist ärgerlich und kann den Patienten anspornen, seine Leistung zu steigern.

Besonders bewährt hat sich der „Mutmacher des Monats". Die Mitarbeitenden eines Teams wählen regelmäßig denjenigen Patienten aus, der in den letzten Wochen den größten Fortschritt im domino-

Siebte Phase: Wir überprüfen den Therapieerfolg

coaching erzielt hat. Patient und Coach erhalten eine Urkunde. Diese wird in der jeweiligen Einrichtung ausgehängt. Außerdem bekommt der Patient ein Geschenk mit Therapiebezug, zum Beispiel Hanteln. Eine solche Auszeichnung wirkt enorm. Die gekürten Mutmacher erleben einen wahren Push für ihr Selbstbewusstsein. Stolz weisen sie Besucher auf die Urkunde hin. Schaut, das hab ich geschafft! Andere Patienten fühlen sich umso motivierter. Bei der nächsten Übung geht ihnen durch den Kopf: Ich will auch einmal „Mutmacher des Monats" werden.

8   Damit es auch funktioniert

Alles nur Fake. Ein Marketingtrick. Die Wahnvorstellung von Idealisten. Ein betriebswirtschaftliches Täuschungsmanöver. All das mussten wir uns schon von Kritikern unseres Coaching-Modells vorwerfen lassen. Doch jeden Tag beweisen wir das glatte Gegenteil. Unser dominocoaching funktioniert. Unsere Patienten und Mitarbeitenden erleben, dass es wirkt. Unsere Zahlen zeigen, dass es sich rechnet.

Unser Modell ist nicht am grünen Tisch entstanden. Es ist keine wissenschaftliche Kopfgeburt. Wir haben es innerhalb eines Unternehmens entwickelt, das sich am Markt behaupten muss. Die Konkurrenz ist hoch. Die wirtschaftlichen Zwänge sind hart. Wir mussten also von Anfang an sicherstellen, dass unser Modell nicht nur in der Theorie, sondern auch ganz praktisch funktioniert. Es braucht Bodenhaftung. Hierfür sind Rahmen- und Stützprozesse notwendig. Ohne diese Anker würde das Modell „abheben", sich von den Anforderungen des Unternehmensalltags lösen, sprich scheitern.

Die wichtigsten Anker stellen wir im Folgenden vor. Es wird um Schulung und Fortbildung gehen, um Erfolgskontrolle und um die Vorbildfunktion von „Leuchttürmen". Wenn Sie also immer noch skeptisch sein sollten, ob unser Modell wirklich alltagstauglich ist – wir meinen hier den Alltag in der deutschen Pflegebranche -, dann finden Sie hier sehr greifbare Antworten. Wir zeigen Ihnen, wie die Rahmenbedingungen gestaltet sein sollten, damit es funktionieren kann.

8 Damit es auch funktioniert

Mitarbeitende zu Mitstreitern schulen

Ein neues Pflegemodell, das es in dieser Form bei keinem anderen Pflegeanbieter gibt – hiermit sehen sich neue Mitarbeitende bei uns konfrontiert. Sie kommen zu uns, haben all die üblichen Altersbilder im Kopf, und sollen plötzlich alten Menschen helfen, möglichst wieder ohne fremde Hilfe auszukommen. Verrückt, nicht wahr?

Den von uns angestrebten Paradigmenwechsel in der Pflege müssen wir zunächst in den Köpfen unserer Mitarbeitenden bewirken. Es geht nicht nur darum, ihnen neue Techniken beizubringen. Viele von ihnen haben zuvor noch nie etwas mit Paraphrasieren oder Spiegeln zu tun gehabt. Gesprächsmethoden und Psychologie gehörten eher nicht zu ihrer Ausbildung. All dies lernen sie bei uns. Noch schwieriger gestaltet sich aber, sie dazu zu bewegen, ihre Einstellungen gegenüber alten Menschen zu überdenken. Pflegekräfte unterscheiden sich hier nur wenig vom Rest der Bevölkerung. Es erfordert einen großen Kraftakt. Auf beiden Seiten. Bei rund 850 Mitarbeitenden kann man sich den erforderlichen Aufwand vorstellen. Zumal immer wieder neue Mitarbeiter eintreten und gut geschulte Kräfte uns verlassen. Neue Mitarbeitende für unser „exotisches" Pflegemodell zu gewinnen ist daher der Dreh- und Angelpunkt vom domino-coaching.

Unser Vorgehen bei der Schulung der Mitarbeitenden hat sich organisch entwickelt. 2000 fingen wir mit drei Pilotgruppen an. Jede Schulung dauerte einen Tag lang. Damals wie heute setzen wir auf einen Mix aus Theorievermittlung und praktischen Übungen. Rollenspieltraining ist dabei besonders wichtig. Die Rollenspiele schneiden wir oft mit. Anfangs traf das bei vielen Mitarbeitenden auf großen Widerstand. Wir mussten sie überzeugen, dass es sich nicht um „Stasi-Methoden" handelte, sondern um ein wertvolles Feedback-Medium.

Wie sieht so ein Schulungstag nun aus? Theoretische Kenntnisse vermitteln wir in Kleingruppenarbeit. Übungen zur Selbst- und Fremderfahrung spielen dabei eine wesentliche Rolle. Wenn es zum Beispiel um die Haltung der Wertschätzung geht, erproben die Teilnehmenden die Wirkung und die Vorteile in der Gruppenarbeit. In einer ersten Übung arbeiten sie an dieser Frage: Was finde ich an mir selbst liebenswert und positiv? Dahinter steckt der Gedanke: Nur wer sich selbst liebt, kann auch andere Menschen wertschätzen. In einer zweiten Übung wenden sie sich dem jeweiligen Sitznachbarn zu: Was finde ich an dir positiv, sympathisch, liebenswert? Danach geht es weiter mit Erfahrungen aus dem privaten und beruflichen Bereich. Zum Beispiel: Wie erlebe ich meine Patienten, besonders die schwierigen unter ihnen?

So erarbeiten sich die Teilnehmenden Schritt für Schritt ein Thema. Mag es auch ungewohnt sein oder ihnen persönlich sehr nahegehen. Sie arbeiten immer auch an ihrer Einstellung. Im Rollenspiel üben sie dann Gesprächssequenzen ein und erhalten Feedback von den anderen Teilnehmenden.

Am Ende der Schulung erhält jeder eine „Hausaufgabe". Zum Beispiel diese: Führe Zielvereinbarungsgespräche mit drei „Schulungspatienten" durch und zeichne diese auf. Vier Wochen später, am nächsten Schulungstag, stellen ausgewählte Teilnehmende ihre Mitschnitte vor und erhalten Feedback vom Trainer und ihren Kollegen.

Insgesamt besteht die Ausbildung zum domino-coach aus vier bis sechs Schulungstagen, die jeweils im Vier-Wochen-Turnus stattfinden. Rund ein halbes Jahr dauert das Ganze also manchmal. In dieser Zeit arbeiten die Teilnehmenden mit drei Patienten. Danach wird meistens auf fünf bis sieben Patienten erhöht. Nach gut einem Jahr kann sich der Coach zertifizieren lassen. Wir beurteilen seine Arbeit anhand der Falldokumentation. Auch einige Tonbandmitschnitte hören wir uns an, um die Qualität der Gesprächsführung zu überprüfen. Bei positivem Ergebnis laden wir den Coach zu einer Gruppenprüfung in unsere Zentrale ein. Dort sitzen dann aufgeregte Menschen, die einst im Laden bedient, im Restaurant gekellnert oder in der Schreinerei gearbeitet haben, und beantworten unsere Fragen: Wie funktioniert ein Assessment? Was ist ein Placeboeffekt? Wie läuft eine Zielvereinbarung ab? In der Regel sind wir nicht allzu streng. Die meisten Prüflinge verlassen die anschließende Feier mit einem Zertifikat in der Hand. Endlos gültig ist die Zertifizierung aber nicht. Alle drei Jahre muss sie erneuert werden.

Doch damit ist es nicht getan. Unser Modell, unsere Arbeit unterliegen einer hohen Entwicklungsdynamik. Laufend verändert sich etwas, kommt Neues hinzu. Regelmäßige Fortbildung muss also sein. Wir schulen, welche Bausteine unseres Modells wir weiterentwickelt und welche Vorgehensweisen wir aufgefrischt haben. Auf diese Weise gewährleisten wir, dass in allen Filialen die gleiche „Version" vom domino-coaching genutzt wird. So ähnlich wie beim Aktualisieren eines Betriebssystems oder einer App.

Supervision als echte Superpower einsetzen

Ohne Supervision ist keine gute therapeutische Arbeit möglich. Davon waren wir von Anfang an überzeugt. Lutz kannte sich dank seiner früheren Arbeit als Psychotherapeut bestens mit dieser Form der Qualitätssicherung aus. Supervision bedeutet Überblick oder Übersicht. Quasi von oben betrachtet man das Handeln von Personen. In der Medizin und Psychotherapie, aber auch in der Sozialarbeit, Erziehung und anderswo wird dieses Instrument genutzt.

Beim domino-coaching wenden wir Einzel- und Gruppensupervisionen an. Bei der Einzelsupervision bespricht ein Supervisor die Fallarbeit mit dem Coach. Bei der Gruppensupervision gibt der Supervisor einem Team von Coaches Feedback zu ihren einzelnen Fällen. Supervisor ist jeweils der Vorgesetzte der Mitarbeitenden. Ganz neutral, so wie es nach Lehrbuch sein sollte, ist seine Position also nicht. Doch aus Effizienzgründen müssen wir das in Kauf nehmen. Immerhin finden bei uns jeden Monat Supervisionen für rund 500 Coaches statt. Externe Supervisoren wären betriebswirtschaftlich kaum vertretbar.

Was würde passieren, wenn wir keine Supervisionen durchführten? Zum einen würde die Qualität der Arbeit der Coaches leiden. Deren „blinde Flecken" könnten sich negativ auswirken. Dabei handelt es sich um Themen oder Gefühle, die der Therapeut persönlich verdrängt und dann auch beim Patienten ausblendet oder übersieht. Oder der Coach kommt früher oder später an einen Punkt, an dem sein therapeutisches Handeln „leerläuft", in Routinen erstickt. Schlimmstenfalls gerät der Coach in Konflikt mit dem Patienten und produziert negative Gefühle. Durch Supervision lassen sich die geschilderten Situationen vermeiden. Der Supervisor erkennt aktuelle oder drohende Störungen und sucht mit dem Coach nach Lösungen.

Zum anderen würde ohne Supervision der wichtige Aspekt des „Controllings" der fachgerechten Ausführung fehlen. Schließlich sind die Abläufe vom domino-coaching alles andere als trivial. Leicht schleichen sich methodische bzw. fachliche Fehler ein. Daher müssen wir regelmäßig die fachliche Qualität kontrollieren. Unsere geschulten Vorgesetzten übernehmen diese Aufgabe im Rahmen der Supervision.

Auch hier weichen wir wieder von der reinen Lehre der psychologischen Supervision ab. Eigentlich sollten zwei verschiedene Personen diese beiden Aufgaben bearbeiten: einerseits die persönliche Seite des Prozesses beobachten, andererseits die methodische Richtigkeit kontrollieren. Wie bereits gesagt, in der Realität eines mittelgroßen Dienstleistungsbetriebs, in dem rund 500 Mitarbeitende betreut werden müssen, stellt sich die Kostenfrage. Wir lassen beide Aufgaben deshalb in Personalunion bearbeiten.

Führungskräfte in Überzeugungskräfte verwandeln

Was hat domino-world, unser gemeinnütziges Unternehmen, mit den innovativsten und erfolgreichsten Unternehmen der Welt gemeinsam? Unser Ansicht nach ist es die Überzeugung, dass die Kunst der Führung nicht im Steuern von Prozessen und Kennzahlen besteht. Sondern in der Kommunikation und Beziehungsarbeit mit den Mitarbeitenden. Einfach gesagt: Ob der Umsatz wächst oder schrumpft, ob der Krankenstand steigt oder fällt, ob neue Mitarbeitende viele Jahre im Betrieb bleiben oder ihr Glück schnell bei einem anderen Arbeitgeber suchen, hat immer mit dem Verhalten der Führungskräfte zu tun.

Dieses Bild von Führung wirkt sich auf die gesamte Unternehmensführung aus. Wenn wir ein Unternehmen verändern und entwickeln wollen – Achtung, Change Management –, müssen wir zunächst die Führungskräfte von unseren Ideen und Plänen überzeugen. Und zwar nicht einmal, sondern immer wieder. Nur dann können wir sicher sein, dass sie unsere Mitarbeitenden „mitnehmen" können. Auf eine Reise ins Unbekannte, als Pioniere einer Mission, die viele für unmöglich halten.

Klingt sehr anspruchsvoll. Wie sieht das nun im Alltag aus? Einmal im Monat treffen sich unsere Führungskräfte in sogenannten Leitergruppen. Alle Beschäftigten mit direkter Führungsverantwortung in der Pflege nehmen teil. Also nicht nur die Pflegedienstleiter, auch die Stationsleiter, die bei uns Teammanager heißen. Insgesamt sind es aktuell rund 40 Personen, die sich auf zwei Leitergruppen verteilen. Jede der Gruppen wird von uns beiden persönlich geleitet.

Zum einen geht es in diesen Veranstaltungen um die neuesten Entwicklungen im domino-coaching. Wir diskutieren mit den Führungskräften und binden sie in den Entwicklungsprozess mit ein. Ihre Kreativität wecken wir durch Workshopelemente. Am Ende sind die Führungskräfte aller zwölf Filialen auf dem gleichen Wissensstand.

Zum anderen sprechen wir über Fragen, die für das Gelingen des Veränderungsprozesses wahrscheinlich noch viel entscheidender sind. Sie berühren die Einstellungen und Überzeugungen der Führungskräfte. Warum ist es sinnvoll, hochbetagten Menschen noch Reha-Maßnahmen zukommen zu lassen? Müssen wir unsere bewährte Dienstleistung wirklich auf „Teufel komm raus" verbiegen? Und dafür auch noch Geld drauflegen, weil die Kassen nicht dafür zahlen wollen? Wieso halten wir seit über 20 Jahren an einer Idee fest, die fast alle um uns herum für Unsinn halten? Warum sollen wir uns mit Mitarbeitenden herumstreiten, die weder Lust noch Zeit haben, innerhalb der Minutentaktpflege auch noch Reha-Übungen unterzubringen? Solche Fragen bewegen unsere Führungskräfte. Wenn wir diese nicht offen mit ihnen diskutieren würden, dann würden sie in der Raucherpause unter sich über sie reden. Ohne uns.

Solange unser Pflegemodell kein Selbstläufer ist und in der Branche umstritten bleibt, müssen wir unsere Überzeugungsarbeit kontinuierlich leisten. Wir ringen jeden Tag um die Zustimmung unserer Führungskräfte und Mitarbeitenden. Ansonsten würde unser innovativer Ansatz einen leisen Tod sterben.

Am besten lässt sich ein typisches Treffen einer Leitergruppe durch ein praktisches Beispiel vermitteln: Wenn wir zum Beispiel ein neues Schulungskonzept vorstellen wollen, praktizieren wir zu Beginn ein Vorgehen, das wir „Sternstunden" nennen. Das sind persönliche Erfolgsgeschichten der Führungskräfte, in der Regel geht es um Erlebnisse mit Patienten, die besonders bemerkenswerte Reha-Erfolge erzielt haben. Jede Führungskraft berichtet zwei, drei Minuten lang. Das schafft eine positive Grundstimmung, schließlich geht es um erfreuliche Dinge. Doch auch im Alltag wirken sich die „Sternstunden" positiv aus. Da jeder Teilnehmende weiß, dass er bei der nächsten Leitergruppe eine Erfolgsgeschichte vorweisen sollte, wird sein Fokus geschärft. Welcher Patient macht kleine oder größere Fortschritte? Durch welche Maßnahmen steigen die Heilungschancen? Entwicklungen, die ansonsten unbemerkt blieben, werden auf einmal wahrgenommen. Insofern haben die „Sternstunden" einen wahren Trainingseffekt. Die Führungskräfte erkennen die Erfolge vom domino-coaching besser und können unser Modell daher überzeugter vertreten. Übrigens führen wir die „Sternstunden" deshalb auch innerhalb unserer Filialen mit den Pflegemitarbeitenden durch, zu Beginn jeder Teamsitzung.

Zeit als relative Größe begreifen (so wie Einstein)

Reha in der Pflege? Gut und schön, aber dafür fehlt uns leider die Zeit! Und das Geld! Und das Personal! Dieses Argument begegnet uns immer wieder. Es dient Lobbyisten, Kassenvertretern und Sozialpolitikern als Rechtfertigung, am bestehenden System nichts zu verändern. Mehr als „satt, sauber, trocken" sei leider nicht möglich.

Da das Zeitargument sich so hartnäckig hält, möchten wir hier noch einmal erklären, wie wir die Sache sehen. Und wie wir im domino-coaching die nötigen Zeit- und Budgetressourcen bereitstellen, um Reha möglich zu machen.

Aus unserer Sicht steht im deutschen Pflegesystem ausreichend Zeit und Geld für eine qualitativ hochwertige Versorgung alter, kranker Menschen bereit. Von Unterfinanzierung kann keine Rede sein. Auch die Personalschlüssel reichen aus, um den Menschen in der Altenpflege umfassend zu helfen. Wenn alle vorgesehenen Stellen besetzt sind, gibt es kein Zeitproblem. Wo liegt dann der Hase im Pfeffer? Einerseits in der Finanzierungslogik, andererseits im Management der Einrichtungen.

Die Finanzierungslogik der Pflegeversicherung setzt falsche Anreize. Schlechte Pflege zum Beispiel belohnt sie durch höhere Zahlungen. Denn wenn, bedingt durch passive Pflege, der Pflegegrad der Patienten steigt, erhält die Einrichtung einen höheren Kostensatz. Warum also den alten Menschen wieder auf die Sprünge helfen? Dann würde man doch Geld verlieren! Eine fatale Logik.

Im Management und der Personalführung der Einrichtungen sieht es oft ähnlich düster aus. Gutes Management braucht gute Prozesse und gutes Controlling. Davon sind viele deutsche Altenpflegeeinrichtungen meilenweit entfernt. Klingt das nach Bashing unserer Mitstreiter? Das ist nicht unsere Absicht. Wir weisen auf die Realitäten hin, um zu erklären, warum wir mit ganz normalen Kostensätzen, Preisen und Personalschlüsseln so viel mehr für unsere Patienten leisten können. Dank professionellen Managements und motivierender Führung der Mitarbeitenden erreichen wir einen Produktivitätsgrad, der uns erlaubt, eine moderne Reha-Pflege zu bieten.

Seit dem Jahr 2000 arbeiten wir nach dem bereits erwähnten EFQM-Modell, das dem Qualitätsmanagement dient. Dadurch haben wir sehr effiziente Betriebsabläufe, motivierte Mitarbeitende, eine geringe Fluktuation und einen niedrigen Krankenstand. Vorbild war für uns die Automobilindustrie. Wir haben damals mehrere Unternehmen der Branche besucht und uns einiges abschauen können. So einfach kann es sein. Pflege lernt vom Automobilbau, wie man optimal mit Zeit, Geld und Personal umgeht.

Höhere Effizienz ist eine Hälfte des „Geheimnisses", woher wir die Zeit für das Reha-Training unserer Patienten nehmen. Die andere Hälfte ist ebenso schnell erklärt: Ein fitter, selbständiger Patient braucht weniger Hilfe und Betreuung. Er spart Zeit. Braucht ein alter Mensch anfangs zwei Mitarbeitende, die ihn aus dem Bett heben, reduziert sich das nach kurzer Zeit auf einen Mitarbeitenden – und nach wenigen Wochen kann er alleine, ohne fremde Hilfe, aufstehen. Zu Beginn des Coachings ist der personelle Aufwand größer, aber nach und nach sinkt er und schließlich wird er durch die „Einspareffekte" mehr als kompensiert.

Hört sich das für Sie jetzt zu sehr nach eiskaltem Effizienzdenken an? Klingen wir wie kleinkarierte Optimierer, denen Kennzahlen wichtiger sind als die Menschen dahinter? Dann lassen Sie uns einen Blick in die Welt werfen, in der domino-coaching stattfindet. Nehmen wir an, Sie würden eines unserer Häuser betreten, die wir Clubs nennen, nicht Heime. Warum? Das verstehen Sie beim Betreten der Lobby. Ein weiter Raum, große Fenster, schöne Möbel, Bilder an den Wänden. Musik liegt in der Luft, kein „Pflegemuff". Das fühlt sich eher nach Hotel als nach Pflegeheim an. Statt eines Speisesaals gibt es ein Restaurant. Jeder Bewohner hat ein Einzelappartement mit eigenen Möbeln. Fitnessräume und Sportgeräte sind allgegenwärtig. Auf Schritt und Tritt begegnen Ihnen Menschen in Trainingskleidung. Hier wird trainiert und geschwitzt, nicht im Bett gelegen. Muckibude trifft Reha-Klinik. Und immer wieder überall im Haus: freundliche Gesichter und lebendiges Treiben.

Wenn Sie uns nun fragen, wie man das alles erreicht, lautet unsere Antwort: durch hohe Systematik. Je zielgerichteter, konsequenter und regelmäßiger wir etwas tun, umso mehr Erfolg haben wir. Das gilt fürs Sport- und Musik machen, aber auch in der Wirtschaft. Unternehmen führen ihre Abläufe nach vordefinierten Standards durch, was nicht nur die Bilanzen verbessert, sondern auch der Sicherheit von Mitarbeitenden und Kunden dient.

Für unsere Coaching-Gespräche und Reha-Trainings haben wir daher nicht nur Vorgaben für jeden einzelnen Prozessschritt erstellt. Wir kontrollieren auch akribisch die praktische Durchführung. Wie oft findet das Training statt? Wie lange dauert es? Wie viele Verbesserungen sind bereits erreicht worden? Wir zählen und messen das alles mit Kennzahlen. In anderen Wirtschaftsbereichen ist das gang und gäbe. Ohne Kennzahlensteuerung würde kein Auto fahren, kein Computer laufen.

Denken Sie noch einmal an die Eindrücke vom oben geschilderten Besuch in einem unserer Clubs. Was wir zeigen wollen: Professionelles Management kann auch in der Pflege der Schlüssel sein, um aus den Beiträgen und Zuzahlungen der Versicherten mehr Zeit, mehr Qualität und vor allem mehr Menschlichkeit herauszuholen.

„Leuchttürme" als Vorbilder nutzen

Von heute auf morgen ein Pflegefall werden. Durch ein tragisches Ereignis oder eine plötzliche Krankheit. Dieser Alptraum verfolgt viele Menschen. In all den Jahren unserer Arbeit sind uns zahlreiche dieser Fälle begegnet. Da kommen Menschen zu uns, die gerade noch fit und selbständig waren, aus ihrem bisherigen Leben gerissen wurden, und sich nun als Pflegefall wiederfinden. Zum Beispiel nach einem Schlaganfall oder Herzinfarkt. Eine hervorragende Betreuung im Krankenhaus und eine gute Reha in einer speziellen Klinik haben nicht ausgereicht, ihnen ihr altes Leben wiederzugeben. Ihnen bleibt nur noch das Pflegeheim. Was für eine Tragödie. Denn im Grunde kann diesen Menschen geholfen werden. Sie brauchen nur eine etwas längere Rehabilitationszeit.

Hilfe finden diese Menschen bei uns. Wir haben unser dominocoaching so zugeschnitten, dass wir sie besonders intensiv fördern können. Da sie durch ihre spezielle Situation aus der Menge der Pflegebedürftigen herausragen, nennen wir sie „Leuchttürme". Dabei haben wir einen Hintergedanken. Wenn es diesen Menschen gelingt, sich ihr altes Leben zurückzuholen, wieder selbständig im eigenen Zuhause zu leben, dann strahlt dieser Erfolg weit über ihr persönliches Umfeld hinaus. Andere Patienten fühlen sich ermutigt, ihre eigenen Anstrengungen zu intensivieren. Und insgesamt spricht es für unser dominocoaching: Das Pflegeheim muss keine Endstation sein, es gibt einen Weg zurück nach Hause – zurück ins alte Leben.

Unsere Idee der Leuchttürme nimmt der gefürchteten Institution Pflegeheim den Schrecken. Mit dem Einzug beginnt nur eine verlängerte Reha. Als Entwicklungsziel schwebt den Leuchtturm-Patienten vor Augen, wieder das zu tun, was sie lieben und unbedingt zurückgewinnen möchten. So wie unser Patient Jürgen Schlößer (dominocoaching^{TM} Erfolge des Sommers 2022), der von seinem alten Leben zu Hause berichtet, das er wieder führen möchte:

„Ich saß auf meinem geliebten Sessel, die Beine gemütlich auf meinem Hocker und neben mir auf dem kleinen runden Tisch meine Zeitung, und meine Lieblingssendung „Rote Rosen" lief. Ich war zufrieden und glücklich."

Die Leuchtturm-Patienten, die planen, aus den Clubs wieder auszuziehen, trainieren wesentlich intensiver als die anderen. Statt einer Stunde pro Tag sind es bei ihnen vier Stunden, in denen sie an ihrer körperlichen Fitness arbeiten. Und das an sieben Tagen die Woche. Sie üben all die Kompetenzen, die sie für einen selbständigen Alltag brauchen: Treppen steigen, sich anziehen und ausziehen, weitere Strecken gehen. Für eine höhere Motivation sorgt, dass in Gruppen von 8 bis 15 Personen trainiert wird. Ein Mitarbeitender, in der Regel mit Ausbildung im Fitnesstraining, leitet die Gruppe.

Wie fordernd diese Gruppentrainings sein können, schildert Coach Melanie Lehmann am Beispiel ihrer Patientin Sabine Kuhlberg (dominocoaching™ Erfolge des Sommers 2023):

„Frau Kuhlberg ist erst 63 Jahre alt, hat aber schlimme Schicksalsschläge hinter sich. Sie hatte zwei schwere Schlaganfälle und sitzt nun mit einer Hemiparese und einer Aphasie im Rollstuhl. Sie versucht manchmal zu reden, das ist dann so laut und mit so einer tiefen Stimme, dass fremde Leute denken würden, sie ist unzufrieden und brüllt. [...]

Sie zog direkt aus dem Rehazentrum hier ein. Ihr Sohn war dabei, denn eigentlich wohnt er in Düsseldorf. Sie war aufgeregt und natürlich auch traurig. Alles fremde Menschen, ein neues Zuhause und plötzlich gelten feste Regeln und Zeiten, einfach alles anders.

Frau Kuhlberg wurde sofort in die Leuchtturmgruppe eingeplant und seitdem geht sie jeden Tag allein und pünktlich dort hin. Nach Rücksprache mit der Fitnesstrainerin ist sie hoch motiviert und trainiert hart.

Ihre erste Trainingseinheit in der Leuchtturmgruppe endet um 10.00 Uhr. Danach beginnen die Gruppentherapien auf der Etage. Sie fährt dann in einer enormen Geschwindigkeit mit ihrem Rollstuhl vom Erdge-

schoss auf die Etage 3, um auch an dieser Trainingseinheit teilnehmen zu können.

Auch auf ihr Lauftraining legt sie großen Wert, denn dort versucht sie, an einer Gehhilfe selbständig zu laufen. Wenn andere sich nach dem Mittagessen hinlegen, geht das Training für sie in der Leuchtturmgruppe weiter.

Das regelmäßige und fleißige Trainieren hat in kürzester Zeit große Erfolge gebracht, es ist echt der Wahnsinn.

Sie läuft nun täglich allein mit der Gehhilfe über die Etage und setzt sich eigene Streckenziele, die sie immer weiter erhöht. Demnächst beginnt das Trainieren der Treppe und ich bin mir ganz sicher, dass sie diese auch bald allein bewältigt. […]

Frau Kuhlberg ist das beste Beispiel, dass man alles erreichen kann. Auch wenn man den Rollstuhl noch etwas braucht oder sich nicht sprachlich äußern kann, ist das kein Grund, sich aufzugeben.

Sie hat den festen Willen wieder auszuziehen und trainiert dafür hart. Jeden Tag über mehrere Stunden. Sie schimpft nicht, weil sie so wenig Freizeit hat. Nein, sie ist dankbar, dass domino-world es ihr ermöglicht, wieder ausziehen zu können."

Es läuft natürlich nicht immer alles wie geplant. Bei einzelnen Patienten dauert es mit der Rückkehr nach Hause ein paar Wochen länger. Um ihnen unter die Arme zu greifen, gibt es wöchentliche Motivationsgruppen. Unter Anleitung eines Mitarbeitenden tauschen sich die Leuchtturm-Patienten aus. Womit habe ich mich besonders schwer getan? Wie habe ich mich wieder aufgerappelt? Was ist mir besonders leicht gefallen? So lassen die Teilnehmenden die Trainingswoche Revue passieren. Gerüchten zufolge belohnt man sich auch einmal mit einem Gläschen Eierlikör. Doch das möchten wir weder bestätigen noch dementieren.

„Leuchttürme" als Vorbilder nutzen

Übrigens fallen die Leuchttürme auch durch ihr Äußeres auf. Sie tragen strahlend pinkfarbene Sport-Shirts. Damit leuchten sie schon von Weitem und wecken in manch anderen Patienten den Wunsch, sich selbst noch etwas mehr anzustrengen.

Steht dann der Auszug an, weil das domino-coaching erfolgreich abgeschlossen ist, wird es sehr emotional. So schreibt Coach Melanie Lehmann über den baldigen Auszug von Sabine Kuhlberg:

„Ich weiß, dass demnächst von allen Seiten Tränen fließen werden, Tränen der Freude, Tränen des Abschieds. Aber wir wissen, dass sie es schafft und wir werden ihr alles Glück der Welt wünschen."

Wie gesagt, die Erfolge unserer Leuchttürme werben enorm für unser Modell. Wer davon erfährt, dass ein Patient nach kurzem Aufenthalt im Pflegeheim wieder in sein altes Leben zurückkehren kann, ist begeistert. Und fragt sich womöglich, warum nicht die Zukunft von weit mehr Pflegebedürftigen so aussehen könnte. Die Politik, die Kranken- und Pflegekassen werden hellhörig. Wenn unser Ansatz Schule machen würde, ließen sich die Kosten für Pflege deutlich senken. Was aber noch viel wichtiger wäre: Menschen, die heute noch Pflege brauchen, könnten morgen wieder unabhängig leben.

9 Jetzt sind Sie gefragt

Glücklich leben, bis ins hohe Alter. Möglichst ohne schwere Krankheiten. Fit und selbstbestimmt. Wie weit sind wir von dieser Vision noch entfernt?

Wir haben über die bestehenden Altersbilder gesprochen. Wir haben die Nachteile der aktuellen Altenpflege offengelegt. Und wir haben Ihnen unser Modell, das auf Förderung statt Pflege setzt, vorgestellt. Durch therapeutische Kommunikation und Training können wir alte Menschen zurück ins Leben bringen. Eigentlich sollte das doch überzeugend genug sein, um einen Wandel einzuleiten? Können wir uns also entspannt zurücklehnen und darauf warten, dass sich unsere Art des Denken und Handelns schon durchsetzen wird? Vernunft siegt?

Unsere Erfahrung sagt uns, dass wir keine ruhige Kugel schieben dürfen. Es ist kein leichtes Spiel. Es erfordert einen langen Atem und viel, viel Überzeugungsarbeit. Wir müssen Entscheidungsträger überzeugen. Doch noch wichtiger ist es, die Betroffenen selbst zu erreichen. Das ist einer der Gründe, warum wir dieses Buch geschrieben haben. Ja, Sie als Leserin, als Leser, können zu einem unserer Verbündeten werden. Kümmern Sie sich um ein betagtes Familienmitglied? Befinden Sie sich selbst schon in einem Alter, in dem eine mögliche Pflegebedürftigkeit näher rückt? Oder bewegt Sie gerade das Thema Altern aus dem einen oder anderen Grunde? Dann sind Sie „betroffen". Im Prinzip sind wir alle es. Denn wir alle altern.

Wir können Modetrends aus dem Weg gehen. Wir können uns hinter Gewohnheiten und Glaubenssätzen verschanzen. Wir können aufs Land ziehen oder den bisherigen Lebenspartner gegen einen neuen tauschen. Doch dem Alter und den Fragen, die es aufwirft, entgehen wir nicht.

Zum Glück arbeiten manche Umstände für uns. Unsere Bilder vom Alter sind in Bewegung, wie wir bereits geschildert haben. Der demografische Wandel erzeugt einen gewaltigen Druck auf Gesellschaft, Wirtschaft und Sozialsysteme. Da wird so manche festgefügte Ansicht über Ältere erschüttert, so manches Klischee übers Alter fortgewischt werden. Gut so.

Dennoch gibt es Dinge, die einem echten Paradigmenwechsel in der Altenpflege im Wege stehen. Sie sind nicht zu unterschätzen. Das System ist hartnäckig und lässt Kritik wie auch konstruktive Ideen an sich abprallen.

Beiden, den positiven Trends wie auch den Hindernissen, wollen wir in diesem Ausblick nachgehen. Wir beginnen mit dem Wandel der Altersbilder.

Beige oder Silver? Das ist hier die Frage

Blicken wir uns auf den Straßen und Plätzen um, bietet sich ein widersprüchliches Bild. Wir sehen ältere Menschen, die voll und ganz dem Klischee entsprechen, das man sich vom „typischen Rentner" macht. Beigefarbene Windjacke, leichtes bis schweres Übergewicht, die Haare schlecht frisiert, der Gang schleppend. Oft kommt noch eine Gehhilfe hinzu. Deutschland, einig Rollator-Land?

Wir sehen aber auch ältere Menschen, die so gar nicht beige wirken. Sie sind gerade auf dem Weg ins Fitnessstudio. Oder tragen

Tüten von angesagten Modelabels in der Hand. Im Restaurant bestellen sie den teuren Wein. Per Smartphone buchen sie die nächste Kreuzfahrt. Deutschland, einig Silver Ager-Land?

Der Kontrast könnte kaum größer sein, nicht wahr?

Angesichts dieses sehr gemischten Bilds mag es dann doch überraschen, dass die Altersdiskriminierung noch so groß ist. Zumindest hat man einen jungen Begriff für sie gefunden: Ageismus. Die oft angemahnte Rücksicht auf Ältere, sie ist in vielen Fällen einfach nur diskriminierend. Der Beitrag von älteren Menschen zum Fortschritt der Gesellschaft wird vom Großteil der Bevölkerung geringgeschätzt (Kessler & Warner, 2023). Und Mark Zuckerberg, Chef vom Facebook-Konzern Meta, hält junge Menschen einfach für klüger als ältere Menschen.

Wir haben einen Verdacht: Diese diskriminierenden Ansichten beziehen sich weitgehend auf die Beige-Fraktion der Älteren. Die „anderen" Alten mögen hier und da unter ihnen leiden, insgesamt treiben diese aber den Wandel der Altersbilder voran. Ganz einfach, indem sie sich allen Klischees vom Alter widersetzen. Denken wir noch einmal an Mick Jagger, Iris Apfel oder die zahlreicher werdenden „Silver Models" in der Werbung.

Es ist wie bei vielen anderen Emanzipationsbewegungen. Sie beginnen in den gebildeteren, wohlhabenderen Schichten und breiten sich dann aus. Dies entspricht nicht unbedingt dem sozial Gewünschten, ist aber eine gesellschaftliche Realität. So achteten gutverdienende Menschen als erste auf eine „gesunde" Lebensführung. Biolebensmittel, Yogatrips nach Indien und Personal Training muss man sich erst einmal leisten können. Und nicht umsonst sprechen wir von „Lebensstilfaktoren", wenn es darum geht, bis ins hohe Alter fit und vital zu bleiben.

Und dann wäre da noch der demografische Wandel. Die Menschen leben immer länger, die Zahl der Älteren steigt, ihre Marktmacht wächst. Die Generation der Babyboomer geht in Rente und bringt die Altersbilder auf breiter Front ins Wanken. Die nachfolgenden Generationen X, Y und Z werden es ihr danken. Apropos Rente. Wir sind recht optimistisch, dass sich unsere Arbeits- und Rentenmodelle in den nächsten Jahren und Jahrzehnten stark verändern werden. Wir werden nicht länger arbeitswillige und -fähige Menschen in den „Ruhestand" schicken, nur weil sie eine bestimmte Altersgrenze erreicht haben. Die Älteren werden unverzichtbar für den Arbeitsmarkt sein – und nicht länger belächelt und ausgegrenzt werden. Ja, wir gehen tatsächlich davon aus, dass der Arbeitskräftemangel den Wandel der Altersbilder mächtig antreiben wird.

In der Gesellschaft zeichnet sich eine neue Haltung gegenüber dem Alter deutlich ab. Doch wie sieht es mit dem Wandel in der Pflege aus? Ist dieses System wirklich so verkrustet und schwer zu reformieren, wie viele behaupten? Hat Innovation hier überhaupt eine Chance?

Gegen „falsches" Denken hilft richtig gute Ausbildung

Wir wollen nicht sofort über Geld und Zeit reden, wie so oft, wenn die Pflege kritisiert wird. Wir wollen zunächst über das Denken reden. Genauer: über die Bilder in den Köpfen der Pflegekräfte. Aus falschem Denken kann kein richtiges Handeln entspringen. Und in der deutschen Altenpflege wird leider sehr viel falsch gedacht. Das haben wir beide immer wieder erlebt.

In der Pflege wird defizitorientiert gedacht. Ein Mensch kann sich nicht mehr alleine waschen? Dann nehmen wir ihm diese Tätigkeit doch ab und waschen ihn nun fortan. Ihn befähigen, etwa durch Reha, sich wieder alleine reinigen zu können? Das ist nicht vorgesehen. Was sollte das auch? Alte entwickeln sich nicht mehr. Basta.

Verlangen wir zu viel, wenn wir erwarten, dass Pflegeprofis dem Rest der Bevölkerung ein Stück voraus sind und nicht die üblichen Stereotypen übers Alter vertreten? Sollten sie nicht besser Bescheid wissen über Muskelwachstum, Neuroplastizität und Selbstwirksamkeit? Alles Dinge, die den gängigen Bildern vom unaufhaltsamen Niedergang des Menschen im Alter widersprechen.

Doch in den Köpfen der allermeisten Pflegekräfte stehen die Uhren immer noch auf Florence-Nightingale-Zeit. Sie denken karitativ, fürsorglich, aufopfernd. Im Prinzip sind solche Einstellungen lobenswert – aber sind sie auch hilfreich?

Es mangelt anscheinend an einer soliden Ausbildung, die das nötige „moderne" Wissen vermittelt. Hoffnung gab hier 2020 das neue Pflegeberufegesetz. Es sollte die bis dahin geltende Alten- und Krankenpflegeausbildung reformieren. Neueste Erkenntnisse der Pflegewissenschaft, praxisgerecht vermittelt! Schaut man jedoch genau hin, ist davon in der Umsetzung wenig zu erkennen. Therapie und Rehabilitation alter Menschen? Fehlanzeige. Nach wie vor geht es um eine defizitorientierte Altenpflege. Satt, sauber, trocken.

Andere Länder machen es besser. Als Gradmesser für eine gute Ausbildung von Pflegekräften gilt die Akademisierungsquote. Wie hoch ist also der Anteil der studierten Fachkräfte? International betrachtet man eine Quote von 15–20 % als angemessen. In den Niederlanden liegt sie bei 45 %. In Schweden und Großbritannien sogar bei 100 %. Und in Deutschland? Hier haben gerade einmal ein Prozent der Pflegenden ein Studium absolviert. Eine traurige Zahl. Während in Skandinavien die Pflegekräfte ein hohes Ansehen wie Ärzte genießen und auch ähnlich gut verdienen, herrscht in Deutschland weiterhin das Bild vom angelernten Laien vor. Auch in Frankreich, USA oder Kanada führt der Weg in den Pflegeberuf über die Universitäten. Deutschland liegt hier weit zurück. Wenn wir unser Pflegesystem wirklich reformieren wollen, brauchen wir mehr studierte Pflegekräfte.

Allein durch bessere Ausbildung werden wir das Problem aber nicht lösen können. In unsere soziale Pflegeversicherung ist der Gedanke der Defizitorientierung praktisch einzementiert. An sich ist sie gut gemeint. Sie soll die Angehörigen und Familien der Pflegebedürftigen entlasten. Das führt dann dazu, dass die (laienhafte) Angehörigenpflege durch externe Dienstleistungen ergänzt oder gar ersetzt wird. Wenn Angehörige, Nachbarn oder Freunde die Pflege zu Hause übernehmen, wird Pflegegeld gezahlt. Sollte das nicht mehr oder nur noch zum Teil möglich sein, greift die sogenannte „Sachleistung". Das heißt, die Pflegeversicherung übernimmt die Kosten für die häusliche Pflegestation oder das Pflegeheim. Und weil es um den Ersatz der hoch geschätzten Laienpflege geht, verlässt man sich leider auch im professionellen Bereich in hohem Maße auf Laien. In der häuslichen Pflege durch Pflegedienste überwiegen die Pflegehelfer ohne Ausbildung. Selbst im Pflegeheim besteht die Hälfte des Personals aus ungelernten Hilfskräften. Verwundert es da noch, dass in der Logik der Pflegeversicherung etwas so Anspruchsvolles wie Rehabilitation keinen Platz hat? Und dass man an universitäre Ausbildung kaum einen Gedanken verschwendet?

Die Finanzierungslogik der Pflegeversicherung macht die Sache nicht besser. Je hilfloser ein Mensch ist, desto höher der Pflegegrad – und desto mehr Geld fließt an pflegende Angehörige, Pflegedienst oder Pflegeheim. Darin liegt die Crux. Viele professionelle Anbieter sind daran interessiert, mehr Umsatz und damit auch mehr Gewinn zu machen. Wer sich bemüht, die Pflegebedürftigen wieder fit zu machen, handelt demnach wirtschaftlich unvernünftig. Denn dann sinkt der Pflegegrad und damit auch der Umsatz. Böse gesagt: „Schlechte" Pflege wird vom

System belohnt. Wir möchten niemandem Böses unterstellen, aber wir hatten in der Vergangenheit öfter das Gefühl, dass unser Modell auch deshalb abgelehnt wurde. Mancher fürchtete, sich wirtschaftlich ins eigene Fleisch zu schneiden, indem er auf Reha-Pflege setzt.

Betrachten wir es ganz nüchtern. Der von uns geforderte Paradigmenwechsel in der Pflege wird nicht über Nacht passieren. Allein schon die strukturellen Hemmnisse sind groß. Hinzu kommt, dass die Pflegebranche nicht mit einer Stimme sprechen und für ihre Interessen eintreten kann. Wie will man als Profession ernst genommen werden, wenn man noch nicht einmal eine standesrechtliche Vertretung hat? Es gibt keine Bundespflegekammer. Nur Rheinland-Pfalz und Nordrhein-Westfalen haben eine Pflegekammer (Stand Ende 2024). Alle Standards der Branche werden „von oben", also durch den Staat oder Akteure wie die Pflegekassen, vorgegeben.

Man stelle sich vor, das wäre in anderen Brachen genauso. Dann würde die Regierung den Autobauern das Design der Karosserien diktieren und den Marmeladenherstellern die Gestaltung der Glasetiketten. Undenkbar, oder? In der Pflege ist das aber ganz normal. Man lässt sich vorgeben, wie Qualität und Innovation auszusehen haben, und setzt das dann um. Als „Qualitätsbeweis" dienen unter anderem umfangreiche Dokumentationen. Pausenlos schreiben die Pflegekräfte auf, was sie gerade in welcher Zeit erledigt haben. Die Pflegekassen wollen es so. Nichts gegen ein schriftlich fixiertes Vorgehen, aber wenn es an fachlichen Inhalten mangelt, lässt sich dies nicht durch formale Vorschriften übertünchen.

9 Jetzt sind Sie gefragt

Pflege braucht Profis, die besser managen und führen

Doch wie heißt es so schön, bevor man sich über andere beschwert, sollte man erst einmal vor der eigenen Tür kehren. Die Pflegebranche jammert gerne über die Rahmenbedingungen, die von anderen Akteuren gesetzt werden. Über die eigenen Unzulänglichkeiten spricht man aber ungern. Zuvorderst ist das der Mangel an Professionalität und systematischem Management. Leistung und Qualität messen? Dagegen wehren sich die meisten Pflegedienstleister mit Händen und Füßen. Sie klagen: Wie soll man denn Gesundheit, Menschlichkeit und Zuwendung in Kennzahlen fassen? Diese scheinbar moralischen Erwägungen sind nichts anderes als Ausreden für Inkompetenz und Gleichgültigkeit. In vielen deutschen Pflegeeinrichtungen sitzen Amateure am Ruder. Durch unprofessionelles Management werden enorm viele Ressourcen, sprich Zeit und Geld verschwendet. Das ständige Klagen über eine angebliche Unterfinanzierung verwundert daher kaum. Das bestehende System ist gefräßig und wird jede weitere Milliarde gierig verschlingen – ohne nennenswerte Zuwächse bei der Qualität. Die Dummen sind die Pflegebedürftigen, die weiterhin nur gepflegt, aber nicht gefördert werden.

Wie ginge es besser? Eine solide Professionalisierung der Dienste ist kein Hexenwerk. Wir haben es mit unserem Unternehmen vorgemacht und uns Lehrmeister aus anderen Branchen gesucht. Von Hotels lernten wir, wie Kundenorientierung, Mitarbeiterführung und Beschwerdemanagement gehen. Von Zulieferern der Autoindustrie ließen wir uns Prozessmanagement und Qualitätssteuerung mit Kennzahlen zeigen.

Eine Pflegeeinrichtung oder ein Pflegedienst ist zunächst einmal ein Betrieb wie jeder andere auch. Nur weil es um Krankheit und Gesundheit geht, heißt das nicht, dass man keine markt- und betriebswirtschaftliche Anforderungen erfüllen muss. Also heißt es: Sorgsam mit Geld und Zeit umgehen. Eine möglichst hohe Qualität der Dienstleistung erreichen. Innovativ sein, um den sich verändernden Wünschen und Bedürfnisse der Kunden gerecht zu werden. Hier hat die Pflegebranche viel nachzuholen. Der Druck wächst, weil die finanziellen Mittel nicht endlos steigen können. Wie kann es gelingen, eine ganze Branche betriebswirtschaftlich fit zu machen? Es wird wohl nur in kleinen Schritten passieren können.

Am meisten Hoffnung legen wir in das Thema Führung. Wer die Diskussionen der letzten Jahre um New Work, nachhaltiges Wirtschaften und andere Trends in Wirtschaft und Management verfolgt hat, wird immer wieder auf ein Schlüsselthema gestoßen sein: gute Führung. Irgendwie scheint eine Menge von ihr abzuhängen. Wie zufrieden Mitarbeitende sind. Wie gut sich ein Unternehmen im Markt behauptet. Wie reibungslos Veränderungsprozesse gelingen. Doch wie steht es um die Qualität des Führens in Pflegebetrieben?

Die Vorgesetzten, die Chefinnen und Chefs in der deutschen Altenpflege, sind von guter Führung oft weit entfernt. Sie begreifen sich noch nicht einmal als Führungspersonen. Sie agieren als Pflegekräfte mit besonderen Befugnissen. Oder als Büromenschen, die mit ihren Teammitgliedern auf gleicher Ebene stehen, quasi als Kollegen mit besonderen administrativen oder bürokratischen Aufgaben. Wir erleben das selbst noch manchmal in unserem Unternehmen. So bezeichneten sich manche Führungskräfte in unseren ambulanten Pflegediensten anfangs als „Büroteam". Die ihnen unterstellten Pflegekräfte nannten sie „Pflegeteam". Klingt doch erst einmal gar nicht so schlecht, oder? Im Alltag zeigten sich aber die negativen Folgen dieser Gleichmacherei. Die Teams beschuldigten sich gegenseitig, schlecht zu arbeiten und sich rücksichtslos gegenüber dem anderen Team zu verhalten. Das Problem lag darin, dass die Vorgesetzten sich nicht wie Führungskräfte verhielten und ihren Führungsauftrag nicht erfüllten. Der bestand darin, für das Wohlergehen der Mitarbeitenden zu sorgen und gute Rahmenbedingungen für eine optimale Patientenarbeit zu schaffen. Nur gute Stimmung macht gute Arbeit, meint der amerikanische Psychologe Daniel Goleman (2003). Führung sei die Kunst der Kommunikation. Führungskräfte sollten motivieren, anleiten, korrigieren, loben und anstoßen. All das hatte das „Büroteam" vernachlässigt und kassierte die Quittung in Form von mieser Stimmung und schlechter Leistung.

Was bei uns in kleiner Form passiert ist, geschieht in der Pflegebranche jeden Tag in großer Form. Es wird schlecht geführt. Die Folge sind Fluktuationsquoten von 20–30 % pro Jahr. Den Führungskräften kann man noch nicht einmal große Vorwürfe machen. Sie erhalten kaum Schulungen oder andere Unterstützung für ihre Arbeit. Alleingelassen stehen sie da und müssen sich mit den Herausforderungen des Führungsalltags herumschlagen. Die Mitarbeitenden fühlen sich schlecht behandelt, klagen über autoritäres Verhalten, empfinden ihre Chefs als unfähig. Doch „Jobhopping" von einer Einrichtung zur anderen ist auch keine Lösung. Im neuen Job erwartet sie das nächste Führungsvakuum. Der Frust steigt und steigt, irgendwann geben sie auf und flüchten aus der Pflege.

Burn, baby, burn!

Negative Altersbilder in den Köpfen der Pflegekräfte. Ineffizientes Management der Pflegeeinrichtungen. Miese Führung der Mitarbeitenden. Wie soll unter diesen Bedingungen eine andere Pflege möglich werden? Wir brauchen große Veränderungen. Wir brauchen Innovation. Vor allem aber brauchen wir Inspiration und Leidenschaft. Nur wer selbst für etwas brennt, kann in anderen Menschen ein Feuer entfachen, sagt man. Der Schlüssel liegt also auf der Leitungsebene, bei den Chefinnen und Chefs, bei den Führungskräften. Dort muss der Wandel beginnen. Dort muss das Feuer zuerst brennen.

Und was ist mit den berühmten strukturellen Bedingungen? Natürlich muss sich auch hier eine Menge tun. Wir wollen nur einen Punkt herausgreifen: Wenn Reha in der Pflege wirklich ernst genommen werden soll, muss sie auch entsprechend belohnt werden. Die aktuelle Finanzierungslogik widerspricht dem. Sie bestraft Fortschritte der Pflegebedürftigen durch sinkende Zahlungen.

Am Ende können wir aber nicht auf die Politik warten. Wir sollten nicht darauf hoffen, dass „die Umstände" es schon richten werden. Bei domino-world haben wir bewiesen, wie Innovation geht. Seit zwei Jahrzehnten denken und handeln wir anders als die restliche Pflegebranche. Wir bieten unseren Patienten ein hohes Maß an Reha und machen sie in vielen Fällen wieder fit für ein glücklicheres Leben. Und das kostenneutral, mit den üblichen Pflegebudgets.

Wir behaupten: Jedem anderen Pflegeunternehmen kann das auch gelingen. Wenn die Leitung es denn will und sich ins Zeug legt. Unser Erfolg lässt sich kopieren. Das wäre nicht schlimm für uns. Wir fordern sogar dazu auf.

Also bitte nachmachen, liebe Kolleginnen und Kollegen!

9 Jetzt sind Sie gefragt

Und was können all die anderen unter Ihnen tun, die einfach nur daran interessiert sind, im Alter möglichst fit und selbstbestimmt zu leben?

Mischen Sie sich ein, reden Sie mit.

Machen Sie den Mund auf, wenn Ältere diskriminiert werden oder Jung gegen Alt ausgespielt wird.

Prüfen Sie aber auch Ihre Haltung, achten Sie auf Ihre Sprache. Werten Sie ältere Menschen durch bestimmte Formulierungen oder wohl gemeinte Rücksichtnahme ab? Denken Sie sich selbst alt?

Üben Sie sich in einem neuen Blick aufs Alter. Eine Entwicklung hin zum Besseren ist immer möglich, in jedem Alter. Suchen Sie nach positiven Vorbildern in Ihrem Umfeld. Oder werden Sie selbst eines.

Was immer Sie tun, geben Sie sich nicht mit den Gegebenheiten zufrieden. Sie haben die Wahl. Wollen Sie Ruhestand? Oder ein bewegtes und glückliches Leben im Alter?

Die Kunst des guten Alterns

An den Beginn dieses Buches haben wir zwei Zitate gestellt, die auf den ersten Blick nicht gegensätzlicher sein könnten:

„Das Alter ist kein Kampf; das Alter ist ein Massaker" von Philip Roth (2006, S. 156) und „Youth is a gift of nature... but age is a work of art" (sinngemäß: „Die Jugend ist ein Geschenk der Natur... aber das Alter ist ein Meisterwerk der Kunst") von Stanislaw Jerzy Lec.

Das Zitat des US-amerikanischen Schriftstellers Philip Roth ist ein furchterregendes Bild voller Schmerz, er lässt noch nicht einmal den Begriff des Kampfes gelten – eine niederschmetternde Aussicht auf das Älterwerden.

Der polnische Lyriker Stanislaw Jerzy Lec hingegen macht uns Mut, den Alterungsprozess als Gestaltung eines Kunstwerkes, nämlich das unseres Selbst, aufzufassen und verbreitet damit Hoffnung und Zuversicht auf eine mehr als lohnenswerte Lebensphase.

Wenn wir genauer hinschauen, entdecken wir, dass diese grundsätzlichen Standpunkte auch Pole sind, zwischen denen wir uns bewegen können. Die beiden Aussagen sind nicht unvereinbar. Sondern sie können, jede zu ihrer Zeit und an ihrem jeweiligen Ort, höchst zutreffend sein.

Vielleicht besteht das Kunstwerk, von dem Lec spricht, gerade darin, die gesundheitlichen Einschläge, die das Alter mit sich bringt, immer wieder neu zu interpretieren. Vom Massaker hin zu einer neuen Herausforderung, an der wir wachsen und uns weiterentwickeln können.

In dem englischen „work of art" steckt ja auch das Wort Arbeit, also Arbeit, die wir verrichten müssen, um das Kunstwerk guten Alterns zuwege zu bringen. Ohne Anstrengung wird dies nicht gelingen. Dieser Kraftaufwand kann sich manchmal wie ein kleines Massaker anfühlen.

Den eigenen Lebensweg zu finden und zu gestalten ist eine höchst individuelle und damit unterschiedliche Angelegenheit. Nur wir selbst können der Spezialist für diese Aufgabe sein.

Aber natürlich gibt es für diesen Weg auch Erkenntnisse und Regeln, die überindividuell sind und die mit unserer biologischen Natur zu tun haben. Mit unserem Lebensstil und mit der Kraft unserer Gedanken und Emotionen können wir unsere entwicklungsgeschichtliche Herkunft, unsere genetische Ausstattung, die Naturgesetze der Biochemie in den Zellen unserer Organe, unsere Muskeln und unser Gehirn beeinflussen. Und das ist mehr, als wir gewöhnlich glauben. Unser Credo ist der unbedingte Glaube an die Entwicklungsfähigkeit jedes Menschen, in jedem Alter, in jeder noch so hoffnungslos scheinenden Situation.

Glaube versetzt Berge, und Liebe ist die gewaltigste Kraft, um Hoffnung und Glück zu erschaffen. Aber ohne Anstrengung und richtiges Handeln wären auch Glaube und Liebe nur halb so viel wert. Wie Martin Luther gesagt haben soll: „Man muss beten, als ob alles Arbeiten nichts nützt, und arbeiten, als ob alles Beten nichts nützt." In diesem Sinne könnte man unsere Ethik durchaus als protestantisch bezeichnen.

Ohne ein angemessenes Maß von Arbeit im Alter und ohne Arbeit am Alterungsprozess wird sich ein gutes Leben jenseits der 70 oder 80 oder 90 nur schwerlich einstellen. So wie unsere Muskeln und unser Denkapparat die Anstrengungen lieben, und darauf mit Wachstum und Wohlbefinden reagieren, braucht unser Selbstwertgefühl die Bestätigung durch andere Menschen. Und die nachhaltigste Bestätigung kommt aus dem Gebrauchtwerden. Gebrauchtwerden im familiären

Kontext ist gut und schön, als Ratgeber, als Unterstützer bei der Beaufsichtigung und Erziehung der Enkel. Weit größere Bedeutung und Bestätigung werden wir aber erfahren, wenn wir uns weiterhin gesellschaftlich nützlich machen können. Das kann durchaus ehrenamtlich geschehen, aber mit einer angemessenen Bezahlung wird der Nutzen oft noch sicht- und greifbarer. In Zeiten chronischen Fach- und Arbeitskräftemangels sollte das doch keine Schwierigkeit sein.

Unser Selbstwertgefühl, unser Selbstbewusstsein wird lebenslang vor allem durch soziale Akzeptanz, Anerkennung, Bestätigung und Lob gestärkt. Und Altersdiskriminierung besteht unglücklicherweise genau darin, älteren Menschen diesen Treibstoff fürs Gutfühlen vorzuenthalten, zu verwehren, weil man glaubt, dass da nur noch wenig sei, was unsere Anerkennung verdient. Und da aus Mitleid geschenkte Anerkennung wenig wert ist, müssen wir eben selbst dafür sorgen, dass wir im Alter nützlich und wichtig bleiben.

Arbeiten hat im Übrigen auch noch den Vorteil, dass wir wichtige soziale Einbindungen nicht verlieren, dass wir unseren Geist und, abhängig von den Arbeitsinhalten, vielleicht auch unsere körperlichen Fähigkeiten weiter trainieren können. Arbeit also, als ganzheitliches Fitnessprogramm verstanden, mit der wir nebenher noch die meist knappen Renteneinkünfte aufbessern können.

Aber der wahrscheinlich wichtigste Punkt, der aus unserer Sicht die Kunst des guten Alterns ausmacht, ist – wie an vielen Stellen dieses Buches betont – eine Frage der Einstellung, eine Frage, von welchen Glaubenssätzen wir uns in unserem Leben leiten lassen. Glauben wir, dass unsere Weiterentwicklung lebenslang in jedem Alter, in jeder Lebensphase, in jeder noch so aussichtslosen Situation möglich ist oder haben wir uns bereits mit dem unaufhaltsamen Altersabstieg abgefunden? Ist Entwicklung etwas, das nur Kinder und junge Menschen auszeichnet, oder halten wir Entwicklung für eine Grundkonstante jeden

Lebens? Sobald wir an die Entwicklungsfähigkeit jedes Individuums zu jeder Zeit an jedem Ort glauben, entfesseln wir in uns eine Kraft, einen Entwicklungsoptimismus, der uns Hoffnung und Sicherheit verleiht in jeder noch so dunklen Stunde. Dabei ist es ganz gleich, wie wir diesen Glauben, wie wir diese Kraft nennen. Sobald wir diese Einstellung in uns tragen, vergrößert sich die Chance, dass wir unser Älterwerden tatsächlich als Glück begreifen, für das wir dankbar sein dürfen.

Dass ihnen dieses Kunstwerk gelingt, wünschen wir allen unseren Leserinnen und Lesern.

Danksagung

Wir möchten uns bei allen denen bedanken, ohne die dieses Buch und die Methode des domino-coachings niemals zustande gekommen wären.

Beginnen wir mit dem Buch. Hier gilt unser größter Dank dem großartigen Texter Torsten Schölzel aus Berlin. Ihm haben wir zu verdanken, dass aus komplizierten Sachverhalten verständliche Darstellungen wurden. Er hat unseren trockenen Fachjargon in lebendige, leicht lesbare Sprache verwandelt. Torsten Schölzel war unser Sparringspartner von der ersten Idee an. Ihm verdanken wir etliche Gedanken und Recherchen, die unsere Ausführungen fundierter gemacht haben. Ohne ihn hätten wir das „Abenteuer Buch" neben unser Alltagsarbeit nur schwerlich stemmen können.

Unser weiterer großer Dank geht an den Kohlhammer Verlag, insbesondere an Herrn Dr. Ruprecht Poensgen, der unser erster Ansprechpartner war. Dr. Poensgen stand unserem Vorhaben von Anfang an aufgeschlossen gegenüber und begleitete uns sehr fair vom Vertrag bis zur Veröffentlichung. Während wir von anderen Verlagen die Einschätzung erhielten, unser Exposé sei durchaus interessant, aber unser Thema womöglich schwer verkäuflich, so hatten wir beim Kohlhammer Verlag immer das Gefühl, dass man unserem Vorhaben genug Anziehungskraft zutraute. Danke dafür, denn sonst hätte es dieses Buch, zumindest zu diesem Zeitpunkt, möglicherweise nicht gegeben.

Und schließlich soll hier auch der Ort sein, an dem wir uns bei allen Menschen bedanken, die seit dem Jahr 2000 mit uns gemeinsam

Danksagung

die Methode des domino-coachings entwickelt haben. Diese Menschen sind unsere Mitarbeiterinnen und Mitarbeiter, die in all diesen Jahren und Jahrzehnten beim Unternehmen domino-world in Berlin und Brandenburg beschäftigt waren und sind.

Ohne unsere Pflegekräfte wäre das domino-coaching wahrscheinlich nur eine interessante Idee geblieben. Unsere Mitarbeitenden haben dafür gesorgt, dass unsere Visionen Bodenhaftung bekommen haben. Sie haben das theoretische Design unserer Methode in handhabbare Prozesse verwandelt. Die Stärke des domino-coachings ist seine Praxistauglichkeit, und genau die haben wir dem jahrzehntelangen Einsatz unserer Pflegekräfte zu verdanken.

Die Führungskräfte von domino-world wiederum waren es, die dafür gesorgt haben, dass trotz vieler anfänglicher Zweifel aus den eigenen Reihen die Methode niemals fallengelassen wurde. Gerade wenn wir lange Durststrecken zu bewältigen hatten, gab es immer wieder Führungskräfte, die uns den Rücken gestärkt und unsere Mitarbeitenden immer wieder mitgenommen haben auf dem langen Weg zu neuen Ufern. Ohne die Überzeugungskraft unserer Führungskräfte gäbe es heute ebenfalls kein domino-coaching und damit auch nicht dieses Buch.

Die Entwicklung des Verfahrens war und ist eine Gemeinschaftsleistung. Es funktioniert wahrscheinlich deshalb so gut, weil so viele unterschiedliche Menschen daran mitgewirkt haben.

Wir schätzen uns glücklich, dass wir bis heute mit so fantastischen Menschen so vertrauensvoll und gut zusammenarbeiten dürfen.

Literatur

Ach, N. (1910). Über den Willensakt und das Temperament. Leipzig: Quelle & Meyer.

Attia, P. (2024). Outlive – wie wir länger und besser leben können, als wir denken. Berlin: Ullstein.

Baltes, P. B., Baltes, M. (1989). Optimierung durch Selektion und Kompensation. Ein psychologisches Modell erfolgreichen Alterns. Zeitschrift für Pädagogik, 35, 85–105.

Baumeister, R. F., Bratslavsky, E., Muraven, M., Tice, D. M. (1998). Ego depletion: Is the active self a limited resource? Journal of Personality and Social Psychology, 74(5), 1252–1265. https://doi.org/10.1037/0022-3514.74.5.1252.

Bendau, A., Petzold, M., Ströhle, A. (2022). Bewegung, körperliche Aktivität und Sport bei depressiven Erkrankungen. Zugriff am 27.09.2024 unter http://www.ncbi.nlm.nih.gov/pmc/articles/PMC8852946/

Berg, D. A., Su, Y., Jimenez-Cyrus, D. et al. (2019). A common embryonic origin of stem cells drives developmental and adult neurogenesis. Cell Press, 177(3), 654–668. https://doi.org/10.1016/j.cell.2019.02.010

Bertelsmann Stiftung (2012). Themenreport „Pflege 2030". Was ist zu erwarten- was ist zu tun?. Zugriff am 27.09.2024 unter https://www.bertelsmann-stiftung.de/de/publikationen/publikation/did/themenreport-pflege-2023

Black, E., & Epel, E. (2017). Die Entschlüsselung des Alterns. Der Telomer-Effekt. München: Mosaik.

Blanchflower, D. G., & Oswald, A. J. (2008). Is well-being U-shaped over the life cycle? National Institutes of Health. https://doi.org/10.1016/j.socscimed.2008.01.030

Blum, R., & Perrig-Chiello, P. (2014). Das Alter kann zum zufriedensten Lebensabschnitt werden. Curaviva, 85(5), 773–779. https://doi.org/10.5169/seals-804048

Braumann, K.-M. (2015). Die Heilkraft der Bewegung: Gesund und aktiv durchs Leben. 2. Aufl. Hamburg: Ellert & Richter Verlag.

Brinkema, T. (2022). Gebrechlich, aber meist glücklich: Neueste Erkenntnisse aus Hundertjährigen-Studien über Vulnerabilität und Resilienz. Deutsche Gesellschaft für Geriatrie e.V. Zugriff am 12.09.2024 unter https://idw-online.de/de/news798958

Buettner, D. (2012). The Blue Zones: 9 Lessons for Living Longer From the People Who've Lived the Longest (2. Aufl.). Washington: National Geographic.

Csíkszentmihályi, M. (2017). Flow. Das Geheimnis des Glücks. Stuttgart: Klett-Cotta.

Dämon, K. (2017). Was unser Gedächtnis ruiniert. Zugriff am 25.09.2024 unter https://www.wiwo.de/erfolg/lernen-im-alter-was-unser-gedaechtnis-ruiniert/19333850.html

Literatur

Deutsche Stiftung Patientenschutz (2022). Pflegeheim oder begleiteteter Suizid?. Zugriff am 30.09.2024 unter https://www.stiftung-patientenschutz.de/uploads/docs/sonstige/Studie_Pflegeheim_vs_Suizid_02.09.2022.pdf

Ewert, K. (2021). So verändert sich die Zufriedenheit im Laufe des Lebens. Quarks. Zugriff am 12.09.2024 unter https://www.quarks.de/gesellschaft/psychologie/so-veraendert-sich-die-zufriedenheit-im-laufe-des-lebens/

Fawcett, J. (1998). Konzeptionelle Modelle der Pflege im Überblick (2. überarb. Aufl.). Bern: Hans Huber.

Flynn, J. R. (2007). What is intelligence? Beyond the Flynn Effect. Cambridge: Cambridge University Press.

Gierlinger, M. (2024). Wie Routinen und Rituale unser Verhalten prägen. ARD Alpha. https://www.ardalpha.de/wissen/psychologie/gewohnheit-aendern-definition-psychologie-rituale-routine-selbstoptimierung-100.html

Goleman, D., Boyatzis, R., McKee, A. (2003). Emotionale Führung. Berlin: Ullstein.

Groß, M. (2022). Raymond B. Cattell: Fluide und kristalline Intelligenz. Zugriff am 09.10.2024 unter https://intrapsychisch.de/raymond-b-cattel-fluide-und-kristalline-intelligenz/

Harari, Y. N. (2015). Eine kurze Geschichte der Menschheit. München: C.H. Beck.

Harari, Y. N. (2020). Homo Deus: Eine Geschichte von Morgen. München: C.H. Beck.

Hollersen, W. (2015). Sechs Wochen Training und die Muskeln bleiben weg. Zugriff am 25.04.2024 unter https://www.welt.de/gesundheit/article143301725/Sechs-Wochen-Training-und-die-Muskeln-bleiben-weg.html

Hubble, M. A., Duncan, B. L., Miller, S. D. (2001). So wirkt Psychotherapie: Empirische Ergebnisse und praktische Folgerungen. Dortmund: modernes Lernen.

Jeste, D. V., Savla, G. N., Thompson, W. K. et al. (2013). Association between older age and more successful aging: Critical role of resilience and depression. American Journal of Psychiatry, 170(2), 188–196. https://doi.org/10.1176/appi.ajp.2012.12030386

Jopp, D. S., Rott, C., Boerner, K. et al. (2013). Zweite Heidelberger Hundertjährigen-Studie: Herausforderungen und Stärken des Lebens mit 100 Jahren. Robert Bosch Stiftung. Zugriff am 09.10.2024 unter http://www.bosch-stiftung.de/de/publikation/zweite-heidelberger-hundertjaerigen-studie

Kessler, E., & Warner, L. M. (2023). Ageismus. Altersbilder und Altersdiskriminierung in Deutschland, Antidiskriminierungsstelle des Bundes (Hrsg.).

Kollewe, C. (2016). Anders Alt. Altersbilder im kulturellen Vergleich. Zugriff am 23.11.2023 unter https://www.bpb.de/themen/medien-journalismus/netzdebatte/223517/anders-alt-altersbilder-im-kulturellen-vergleich/

Kouchaki, M., & Smith, I. H. (2014). The morning morality effect: the influence of time of day on unethical behavior. Zugriff am 10.10.2024 unter https://pubmed.ncbi.nlm.nih.gov/24166855

Langer, E. J. (2009). Counterclockwise: Mindful health and the power of possibility. New York: Ballantine Books.

Literatur

LUM Magazine (2016). Feel younger to age more slowly. Zugriff am 11.09.2024 unter https://www.umontpellier.fr/en/articles/se-sentir-plus-jeune-pour-vieillir-moins-vite

Merton, R. K. (1995). Soziologische Theorie und soziale Struktur. Berlin: De Gruyter.

Mischel, W. (2015). Der Marshmallow-Test: Willensstärke, Belohnungsaufschub und die Entwicklung der Persönlichkeit. 3. Aufl. München: Siedler.

Moreno-Jiménez, E. P., Flor-García, M., Terreros-Roncal, J. et al. (2019). Adult hippocampal neurogenesis is abundant in neurologically healthy subjects and drops sharply in patients with Alzheimer's disease. Nature Medicine, 25, 554–560. https://doi.org/10.1038/s41591-019-0375-9

Pawlik, L. (2021). Todesursache: Bewegungsmangel. Die ignorierte Pandemie des digitalen Lebens, der Arbeit und Bildung. Zugriff am 27.09.2024 unter http://www.ncbi.nlm.nih.gov/pmc/articles/PMC7813970

Pedersen, B. K., Akerström, T. C. A., Nielsen, A. R., Fischer, C. P. (2007). Role of myokines in exercise and metabolism. Zugriff am 09.10.2024 unter https://pubmed.ncbi.nlm.nih.gov/17347387/

Podbregar, N. (2019). Schon zwei Wochen Faulsein machen schwach. Zugriff am 25.04.2024 unter https://www.scinexx.de/news/medizin/schon-zwei-wochen-faulsein-machen-schwach/

Robert Bosch Stiftung (Hrsg.) (2009). Altersbilder in anderen Kulturen. Studie in der Reihe »Alter und Demographie«. Zugriff am 27.09.2024 unter http://www.bosch-stiftung.de/de/publikation/altersbilder-anderen-kulturen

Roth, P. (2006). Jedermann. Berlin: Hanser.

Sinclair, D. A. (2019). Das Ende des Alterns. Köln: Dumont.

Spitzer, M., & Herschkowitz, N. (2019). Wie Kinder denken lernen. Die kognitive Entwicklung vom 1. bis 12. Lebensjahr. München: mvg Verlag.

Strittmatter, A., Sunde, U., & Zegners, D. (2020). Life cycle patterns of cognitive performance over the long run. Zugriff am 09.10.2024 unter https://www.pnas.org/doi/10.1073/pnas.2006653117

Süddeutsche Zeitung (2022). „Oh Gott, Mom, was hast du denn da gepostet?". Zugriff am 20.02.2025 unter https://www.sueddeutsche.de/panorama/promi-news-heidi-klum-cher-cate-blanchett-bono-u2-1.5510822

Tracy, B. (2011). Keine Ausreden! Die Kraft der Selbstdisziplin. Offenbach: Gabal.

van de Weyer, A., & Demann, J. (2023). Blue Zones: Orte, an denen Menschen besonders alt werden. Deutschlandfunk Nova. Zugriff am 10.10.2024 unter https://www.deutschlandfunknova.de/beitrag/blue-zones-wo-die-menschen-am-gesuendesten-alt-werden

von Krause, M., Radev, S. T., Voss, A. (2017). Mental speed is high until age 60 as revealed by analysis of over a million participants. Zugriff am 10.10.2024 unter https://pubmed.ncbi.nlm.nih.gov/35177809

Watzlawick, P. (2021). Anleitung zum Unglücklichsein. (5. Aufl.). München: Piper.

Literatur

Wettstein, M., Wahl, H.-W., Drewelies, J. et al. (2023). Younger than ever? Subjective age is becoming younger and remains more stable in middle-age and older adults today. Psychological Science, 34(6), 647–656. https://doi.org/10.1177/09567976231164553

Zittlau, J. (2023). Risiko Alltagsstress. Wer sich alt fühlt, stirbt auch eher. Zugriff am 11.10.2024 unter https://www.tagesspiegel.de/wissen/risiko-alltagsstress-wer-sich-alt-fuhlt-stirbt-auch-eher-9574472.html